HUBER | JAGD UND FISCHEREI
KIENZL | BAND I / JAGD

Weidmanns Heil — Lieber Vater!

Dein Junior!

24. Juli 1991

Jagd

Grundwissen für
Prüfung und Praxis

von
REGINALD HUBER

bearbeitet von
ING. FRANZ KIENZL

195 Abbildungen

ÖSTERREICHISCHER AGRARVERLAG
Druck- und Verlagsgesellschaft m.b.H.

Österreichischer Agrarverlag Wien, 1990
Alle Rechte vorbehalten
Gesamtherstellung: G. Grasl, 2540 Bad Vöslau
Printed in Austria 1990 — ISBN: 3-7040-1052-9
Schulbuch-Nr. 1100

Überarbeitete Neuausgabe des in der
BLV-Verlagsgesellschaft m.b.H. München 1981 erschienenen
Buches „Grundwissen für die Jägerprüfung".

INHALT

VORWORT

Passion ist für die Jagd unerläßlich! Gründliche Ausbildung und das damit erworbene solide Fachwissen ist jedoch die Voraussetzung für weidgerechtes Verhalten in der Jagdpraxis und trägt zum Verständnis der komplizierten Wechselbeziehungen in der Natur bei.

Über die Ausbildung im Rahmen der Jungjägerkurse hinaus ist es daher zu empfehlen, sich das für Prüfung und Praxis nötige Wissen aus Fachbüchern anzueignen oder vorhandene Kenntnisse aufzufrischen. Dafür ist dieses Buch bestimmt. Es bemüht sich, die Sachverhalte in möglichst kleinen Einheiten zusammenzufassen, die leicht überschaubar und merkbar sind. Die Texte sind sprachlich gestrafft und sachlich auf das Wesentliche beschränkt. Auf der linken Seite erscheint jeweils der Text, die rechte Seite enthält in der Regel informative Abbildungen und Tabellen. So kann man nicht nur Lesezeit, sondern auch die Mühe sparen, aus einer Fülle von Informationen die wirklich wichtigen Dinge herausfiltern.

Ein Fragenteil nach jedem Kapitel dient zur Selbstkontrolle. Obgleich die Fragen so ausgewählt wurden, daß sie aus dem Text beantwortet werden können, sind die Antworten am Schluß des Buches nochmals zusammengefaßt. Ein ausführliches Stichwortverzeichnis ergänzt das Buch und macht es nicht nur für Lernende, sondern auch für „alte Hasen" und andere an der Materie Interessierte zu einem praxisgerechten Nachschlagewerk.

April 1990

Reginald Huber

Einführung in die Ökologie

Begriffserklärungen

Die Ökologie (Umweltlehre) ist ein Teilgebiet der Biologie. Man bezeichnet sie auch als *Lehre vom Naturhaushalt,* als Wissenschaft von den Wechselbeziehungen zwischen den Lebewesen untereinander und zwischen ihnen und ihrer belebten und unbelebten Umwelt.

Der Biotop ist der *Lebensraum,* der Standort, wo eine Pflanzenart wachsen, eine Tierart leben kann. Das Edelweiß kann nicht im Augebiet wachsen, daher sind Auwälder nicht sein Biotop, wohl aber das Hochgebirge. Der Steinbock kann nicht im Augebiet leben, daher sind Auwälder nicht sein Biotyp, wohl aber das Hochgebirge. (Deshalb müssen aber nicht überall im Hochgebirge Edelweiß wachsen und Steinböcke leben!)

Das Habitat (Wohn- und Aktionsraum) ist die *Lebensstätte* eines Tieres, die es bewohnt und nutzt.

Die Population ist das Sozialgefüge von Tieren (Pflanzen) einer Art in einem bestimmten Gebiet, die eine gewisse Fortpflanzungsgemeinschaft bilden.

Die Lebensgemeinschaft (Biozönose) ist die Tier- und Pflanzenpopulation eines bestimmten Bereiches.

Das Ökosystem ist das Zusammenwirken von Lebensgemeinschaften und Biotop.

Das Ökosystem

Das vielfältige Zusammenwirken der pflanzlichen und tierischen Lebensgemeinschaften mit ihrer nichtlebenden Umwelt, dem Biotop, ist einerseits für uns kaum durchschaubar vernetzt, andererseits vollzieht es sich regelmäßig in geordneten Abläufen und folgt biologischen, chemischen und physikalischen Gesetzen.

Lebensgemeinschaft　　　*Biotop*　　　*Ökosystem*

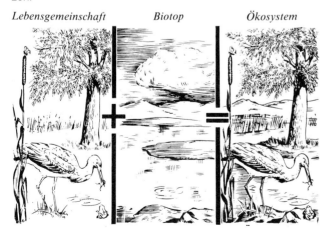

Die als Lebensgemeinschaft miteinander verbundenen Tiere und Pflanzen bilden zusammen mit dem Lebensraum (Biotop) ein Ökosystem.

9

Unser größtes Ökosystem ist unsere Erde. Sie umschließt unzählbare Ökosysteme höherer und niederer Ordnung: das Meer (aber auch Teile des Meeres, z. B. die Tiefsee, das Korallenriff), Seen, Teiche, Fluß- und Bachlandschaften (Wasser-Ökosysteme), Wälder (Laub-, Nadel-, Mischwälder, der Gebirgswald, der Auwald), die Tundra, die Savanne, die Steppe, die Wüste, Almen, Hochmoore, Gletscherregionen, aber auch Feldgehölze, Hecken (Land-Ökosysteme).

Schon diese beispielhafte Aufzählung zeigt, daß es kein Schema für ein natürliches Ökosystem gibt, daß es in seiner Größe, seiner Biotopbeschaffenheit und der tierischen und pflanzlichen Zusammensetzung seiner Lebensgemeinschaften ungemein variabel und vielfältig ist. Es gibt z. B. innerhalb einer Lebensgemeinschaft (etwa der Pflanzen und Tiere eines Buchenwaldes) Kleinbiotope, die von kleinen, oft zeitlich begrenzten Organismusgesellschaften (z. B. dem an Aas und Exkrementen lebenden Kleinstgetier) bewohnt werden. Andererseits bilden räumlich verbundene Biotope mit ihren Lebensgemeinschaften Ökosysteme höherer Ordnung (z. B. Wald, See, Hochmoor). Doch selbst ein Aquarium weist schon alle wesentlichen Bestandteile und Wirkungsweisen eines Ökosystems auf.

Nahrungsketten und Nahrungsnetze

In allen Fällen beruht die Wirkungsweise von Ökosystemen auf dem *„Fressen und Gefressenwerden":* Tierische Organismen ernähren sich von Pflanzen, werden selbst wieder von größeren Tieren gefressen, die wiederum die Nahrung für noch größere Tiere bilden usw. Man spricht von Nahrungsketten.

Einfache Nahrungskette

Die Nahrungskette verzweigt sich

10

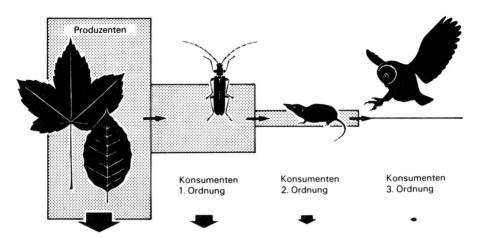

Beispiel einer Nahrungskette aus dem Wald. Der Käfer als Konsument 1. Ordnung lebt von Teilen des Baumes. Gleichzeitig ist er ein Beutetier der Spitzmaus, die ihrerseits vom Waldkauz verschlungen wird. Eine solche Reihe ineinandergreifender Glieder nennt man Nahrungskette. Sie beginnt mit den Produzenten und endet mit den Konsumenten höchster Ordnung. Die Individuenmasse (gerasterte Fläche) nimmt von Glied zu Glied mindestens um 90 % ab. Die Biomasse der Tiere macht im Wald nur etwa 1/1000 derjenigen der Pflanzen aus. Da sich die meisten Tiere von verschiedenen Lebewesen ernähren, sind die Organismen eines Biotops aus der Sicht der Nahrungsökologie nicht ketten-, sondern netzartig miteinander verknüpft (siehe Abbildung unten).

Nahrungsnetz in einem europäischen Laubmischwald (nach Odum/1971 und Leibundgut/1975).

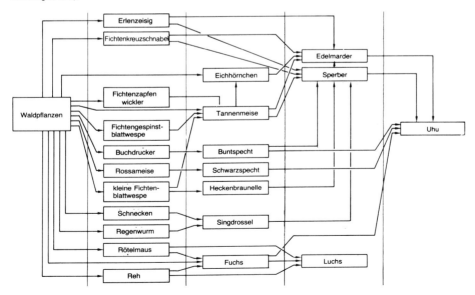

Einfache Nahrungskette: Gras — Heuschrecke — Frosch — Schlange — Storch. Nahrungsketten verlaufen aber nicht nur einfach, denn der Frosch lebt nicht nur von Heuschrecken, die Schlange nicht nur von Fröschen und der Storch nicht nur von Schlangen. Die Nahrungskette verzweigt sich also, die Pflanzen und Tiere werden Ausgangspunkt für anders laufende Nahrungsketten (z. B. Heuschrecke — Singvogel — Sperber). So verflechten sich schließlich die Nahrungsketten zu einem vielmaschigen *Nahrungsnetz.*

Mit dem Beginn jeder Nahrungskette, den grünen Pflanzen, wird organische Materie mit Hilfe der Sonne aufgebaut und darin Sonnenenergie in chemischer Form gespeichert. Diese Energiebindung in den Pflanzen, verbunden mit dem Aufbau pflanzlicher Biomasse, bezeichnet man, weil die Pflanzen die ersten sind, die lebende Materie schaffen, als Primär-Produktion, die Pflanzen selbst als (Primär-) *Produzenten.*

Von diesem organischen Material (Laub, Gräser, Früchte, Holz) lebt, direkt oder indirekt, alles Getier, die sogenannten *Konsumenten*. Das sind — als Konsumenten 1. Ordnung — Pflanzenfresser (z. B. pflanzenfressende Insekten, Schnecken, Vögel und Säuger wie Mäuse oder Hasen), oder sie ernähren sich — als Konsumenten 2. Ordnung — von Pflanzenfressern (z. B. insektenfressende Vögel, Kröten, Eidechsen, Spitzmäuse, Igel, Füchse), oder sie leben schließlich — als Konsumenten 3. oder noch höherer Ordnung — als Fleischfresser selbst wieder von solchen (wie Taggreifvögel, Eulen und die Marderartigen). Den Stoffkreislauf schließen die sogenannten *Reduzenten* (wörtlich: die „Zurückführer"), Kleinstlebewesen wie Bakterien, Pilze und andere „Zersetzer", welche Tierleichen oder Pflanzenteile wieder zersetzen und ihre Grundsubstanzen (Grundelemente) dem Boden zurückgeben, somit alles wieder zum Anfang „zurückführen".

Stoffkreislauf und Energiefluß

Unter normalen natürlichen Bedingungen kreist die Materie über die Produzenten und Konsumenten zu den Reduzenten. Sie kehrt wieder — und es geht nichts verloren, daher wird dieser Vorgang *„vollständiger Stoffkreislauf"* genannt.

Reichen dagegen die Produzenten nicht aus oder fehlen sie ganz, wie z. B. in der Tiefsee, so sind die Lebensgemeinschaften auf die Zufuhr organischer Stoffe von außen angewiesen (absinkende Pflanzen und Tierleichen). Schließlich kann es an Reduzenten mangeln, dann wird die organische Substanz der Pflanzen und Tiere nicht in den Kreislauf zurückgeführt; es bilden sich z. T. Torf, Braun- und Steinkohle oder Erdöl.

Die Energie fließt durch den Stoffkreislauf durch *(„Energiefluß")* und wird dabei verbraucht. In jedem Glied der Nahrungskette wird die im aufgenommenen Stoff enthaltene Energie zur Hälfte in Form von Wärme für die Zersetzung und Veratmung verbraucht. Die letzte im Stoff enthaltene Energie verbrauchen die

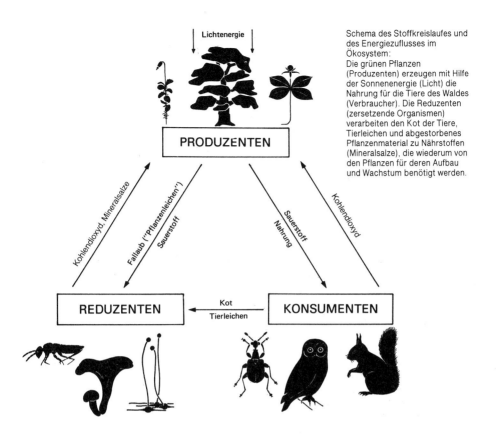

Schema des Stoffkreislaufes und des Energiezuflusses im Ökosystem:
Die grünen Pflanzen (Produzenten) erzeugen mit Hilfe der Sonnenenergie (Licht) die Nahrung für die Tiere des Waldes (Verbraucher). Die Reduzenten (zersetzende Organismen) verarbeiten den Kot der Tiere, Tierleichen und abgestorbenes Pflanzenmaterial zu Nährstoffen (Mineralsalze), die wiederum von den Pflanzen für deren Aufbau und Wachstum benötigt werden.

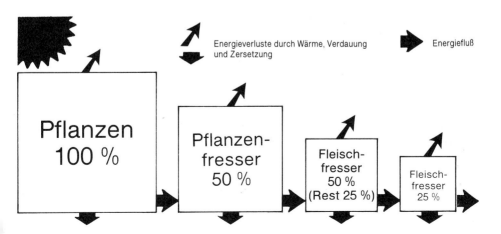

13

Zersetzer bei der Mineralisierung der organischen Substanz. Wegen dieses Einbahnweges ist das Ökosystem Erde auf ständige Zulieferung von Sonnenenergie angewiesen.

Das ökologische Gleichgewicht

In einem Ökosystem stehen viele Pflanzen und Tiere als Einzelwesen wie auch als Population zu anderen Pflanzen und Tieren in Beziehung, aber keineswegs zu allen. Als Nahrung dient einer Art nur eine sehr begrenzte Zahl von Pflanzen- und Tierarten; nur wenige Tiere sind ihre „zugehörigen" Freßfeinde, nur mit wenigen Arten tritt sie in der Regel in Konkurrenz, oft besteht Konkurrenz überhaupt nur zu Individuen der eigenen Art. Aber fast jede Art hat für das Funktionieren der Lebensgemeinschaft ihre Aufgabe — es besteht ein ökologisches Gleichgewicht. Der Mensch greift immer mehr in diese Lebensgemeinschaften und Ökosysteme ein. Damit bringt er sie aus dem „Gleichgewicht" und ist dann gezwungen, die Folgen seiner Eingriffe durch neue Eingriffe wieder gutzumachen.

Die ökologische Sukzession

Die Landschaft ändert sich im Laufe der Zeit, eine andere Pflanzenwelt siedelt sich an (oder wird angesiedelt) und ihr folgt zwangsläufig eine andere Tierwelt. Jedes Wildtier braucht ja den seinen Lebensbedürfnissen angemessenen Lebensraum (Biotop). Auch die Tiere selbst können Einfluß auf die Vegetation nehmen. Diese Vorgänge werden *Sukzession* (Aufeinanderfolge) genannt, weil eben verschiedene Landschaftstypen und mit ihnen verschiedene pflanzliche und tierische Lebewesen aufeinander folgen.

Die Bedeutung der ökologischen Sukzession für das Wild liegt in der Tragfähigkeit des Lebensraumes. Diese Vorgänge sind vorausbestimmbar und können von Menschen bis zu einem gewissen Grad gelenkt werden.

Artenreichtum und Landschaftsvielfalt

Es gibt für tierische und pflanzliche Lebensgemeinschaften zwei Grundregeln:

● Je verschiedenartiger und mannigfacher die Lebensbedingungen eines Biotops sind, desto größer ist die Artenzahl seiner pflanzlichen und tierischen Lebensgemeinschaften.

● Wenn sich die Lebensbedingungen eines Biotops verschlechtern, werden die Lebensgemeinschaften artenärmer, dafür aber charakteristischer, indem die wenigen Arten in größeren Individuenzahlen auftreten.

Kleingehölz mit Bäumen, dichtem Gebüsch und gut entwickelter, artenreicher Krautschicht. Dorngestrüpp, Lesesteinhaufen und Asthaufen sind weitere Strukturbestandteile des Biotops, welche zur Bereicherung der tierischen Vielfalt beitragen. Die eingekreisten Silhouettenbilder zeigen eine Auswahl typischer Faunenelemente:
1 Neuntöter, 2 Hermelin,
3 Ringeltaube, 4 Zauneidechse,
5 Waldohreule, 6 Rotkehlchen,
7 Bläuling, 8 Goldammer,
9 Zaunkönig, 10 Amsel,
11 Gartengrasmücke, 12 Igel,
13 Gefleckte Schnirkelschnecke,
14 Turmfalke.

Prüfungsfragen aus dem steiermärkischen Jagdrecht

Bearbeitet von

ORR Dr. Kurt Hemmelmayr

Die mit ⊙ bezeichneten Fragen und Antworten gelten als Prüfungs-
stoff für Jungjäger; die Prüfung für den Jagdaufsichtsdienst erfordert
die Kenntnis aller Fragen und Antworten dieses Behelfes.

⊙ **Was versteht man unter Jagdrecht?**

Das Jagdrecht besteht in der ausschließlichen Berechtigung, innerhalb
des zustehenden Jagdgebietes die jagdbaren Tiere unter Beachtung
der gesetzlichen Bestimmungen in der im weidmännischen Betrieb üblichen Weise zu hegen, zu verfolgen, zu fangen und zu erlegen, ferner
dieselben und deren etwa abgetrennte nutzbare Teile, wie abgeworfene
Geweihe u. dgl., beim Federwild die gelegten Eier, sowie verendetes Wild
sich anzueignen.

⊙ **Was versteht man unter Weidgerechtigkeit?**

Die Jagd wird weidgerecht ausgeübt, wenn die Vorschrift des Jagd-
gesetzes und seiner Verordnungen sowie die Regeln des jagdlichen Brauchtums und alle Maßnahmen beachtet werden, die zum Ziele haben, daß
sich ein artenreicher und gesunder Wildstand entwickeln könne und
erhalten werde. Dabei sind die Interessen der Land- und Forstwirtschaft
entsprechend zu berücksichtigen.

⊙ **Welche Tiere werden in Steiermark als jagdbar bezeichnet?**

Das Hochwild (Edelwild, Rotwild), Damwild, Steinwild, Muffelwild,
Rehwild, Gamswild, Schwarzwild, der Feldhase, der Alpenschneehase,
das Alpenmurmeltier, der Dachs, der Baum- und der Steinmarder, die
Wiesel, der Steinadler, das Auer-, Rackel-, Birk-, Hasel-, Stein-, Schnee-
und Rebhuhn, die Wachtel, der Fasan, der Regenpfeifer einschließlich
Kiebitz und Goldregenpfeifer, die Schnepfen, die Brachvögel, die Groß-
und Zwergtrappe, die Rallen einschließlich Wachtelkönig und Sumpf-
hühner, die Wildgänse, die Wildenten, die Wildtauben, der Krammets-
vogel.

⊙ **Welcher Unterschied besteht zwischen den Begriffen „verendetes Wild" und „Fallwild"?**

Wild, das bei Ausübung der Jagd eine Verletzung erlitten hat und dadurch früher oder später eingeht, ist „verendetes Wild"; Wildstücke, die infolge Alters oder Krankheit eingehen oder durch Naturkatastrophen (Überschwemmung, Kälte, Waldbrände u. dgl.) getötet werden oder infolge eines sonstigen Ereignisses in freier Wildbahn ohne Einwirkung des Jägers zugrunde gehen, nennt man „Fallwild".

⊙ **Wem steht das Jagdrecht überhaupt zu?**

Das Jagdrecht ist mit dem Grundeigentum verbunden und steht daher dem jeweiligen Grundbesitzer zu.

⊙ **Kann jeder auf seinem Grund das Jagdrecht ausüben?**

Nein; nur jener, der Besitzer eines Eigenjagdgebietes ist. Dabei muß das Eigenjagdrecht anerkannt und er im Besitz einer gültigen Jagdkarte sein.

⊙ **Was ist ein Eigenjagdgebiet?**

Unter einem Eigenjagdgebiet versteht man außer den Tiergärten eine demselben Besitzer gehörige zusammenhängende Grundfläche von mindestens 115 ha, die von der Jagdbehörde als Eigenjagdgebiet anerkannt ist.

Wann sind Grundflächen als zusammenhängend anzusehen?

Wenn die einzelnen Grundstücke unmittelbar, wenn auch nur an einem Punkt, aneinandergrenzen, so daß man von einem Grundstück auf das andere gelangen kann, ohne fremden Grund zu betreten. Ob dieses Gelangen von einem Grundstück zum andern ohne weiteres oder nur mit größeren oder geringeren Schwierigkeiten (z. B. ein Grundstück liegt am Bergfuß, das andere oberhalb einer steilen Felswand) bewerkstelligt werden kann, ist ohne Belang. — Durch den Längenzug von Grundstücken, die infolge ihrer Breite und Gestalt für eine zweckmäßige Jagdausübung ungeeignet sind, wird der für die Bildung von Eigenjagdgebieten erforderliche Zusammenhang nicht hergestellt. Wenn also z. B. zwei Grundflächen von je 100 ha Ausmaß nur durch eine demselben Eigentümer gehörige 400 m lange und 2 m breite Parzelle miteinander verbunden werden, so sind die Voraussetzungen für die Entstehung eines Eigenjagdgebietes nicht gegeben, weil eine solche Riemenparzelle den vorerwähnten gesetzlichen Vorschriften nicht entspricht und daher den Zusammenhang der beiden Grundteile nicht bewirken kann. Durch öffentliche Wege, Straßen, Eisenbahngrundstücke, natürliche und künstliche Wasserläufe sowie durch langgestreckte und schmale stehende Gewässer, die eine Grundfläche durchziehen, wird der Zusammenhang nicht unterbrochen, aber durch ihren Längenzug auch nicht hergestellt.

⊙ Was versteht man unter Tiergärten?

Tiergärten sind Grundflächen, die für die Wildhege geeignet, dieser gewidmet und gegen das Ein- und Auswechseln des gehegten Wildes von und nach allen benachbarten Grundstücken vollkommen abgeschlossen sind. Ungeachtet des Flächenausmaßes steht ihren Besitzern Eigenjagdbefugnis zu.

⊙ Was ist eine Enklave?

Eine Enklave (Jagdeinschluß) liegt vor, wenn ein das Ausmaß von 115 ha nicht erreichender Teil des Gemeindejagdgebietes
a) von einem Eigenjagdgebiet dem ganzen Umfang nach umschlossen wird, oder
b) außer an das Eigenjagdgebiet nur an das Ortsgemeindegebiet einer oder mehrerer anderer Ortsgemeinden oder an ein fremdes Staatsgebiet angrenzt.

⊙ Was ist ein Dreivierteleinschluß?

Die Bezirksverwaltungsbehörde kann auf Grund des Gutachtens der zuständigen Bezirkskammer für Land- und Forstwirtschaft Teile eines Gemeinde- oder Eigenjagdgebietes, die das Ausmaß von 115 ha nicht übersteigen, als Dreivierteleinschlüsse erklären, wenn sie auf mindestens drei Viertel ihres Umfanges von einem Nachbarjagdgebiet (Eigen- oder Gemeindejagdgebiet) umschlossen werden. — Wird ein Jagdeinschluß durch mehrere Jagdgebiete in der oben bezeichneten Weise umschlossen, so steht das oberwähnte Recht der Vorpachtung zunächst dem Besitzer der in längster Ausdehnung an den Jagdeinschluß oder Dreivierteleinschluß grenzenden Nachbarjagd (Eigen- oder Gemeindejagd) zu. — Die den Jagdeinschluß umgebenden Teile der Nachbarjagdgebiete (Eigen- oder Gemeindejagdgebiete) müssen eine für die zweckmäßige Ausübung der Jagd geeignete Gestaltung, insbesondere Breite haben. Längenzüge stellen keine geeignete Umschließung dar. Durch die Feststellung eines Dreivierteleinschlusses muß in jagdwirtschaftlicher Hinsicht ein sinnvolleres Ganzes entstehen, d. h. es muß eine Arrondierungsnotwendigkeit vorliegen.

Das Vorpachtrecht auf Jagdeinschlüsse aus einem Gemeindejagdgebiet kann nur von Pächtern in Anspruch genommen werden, die die Voraussetzungen zur Pachtung einer Gemeindejagd besitzen.

Welche Pflichten übernimmt der Pächter eines Dreivierteleinschlusses?

Er ist verpflichtet, das in dem Dreivierteleinschluß in tatsächlicher Benutzung stehende Ackerland (Ackerfrucht und Futterbau) rechtzeitig und wirksam durch Errichtung und Erhaltung geeigneter Schutzvorkehrungen gegen Wildschaden im Einvernehmen mit dem Grundeigentümer (Nutzungsberechtigten) zu schützen.

⊙ Was ist mit jenen Grundflächen, die kein Eigenjagdgebiet bilden bzw. nicht als ein solches anerkannt sind?

Diese Grundflächen bilden das Gemeindejagdgebiet. Das Jagdrecht im Gemeindejagdgebiet wird von der zuständigen Gemeinde als Vertreterin aller Grundbesitzer, die zum Gemeindejagdgebiet gehören, verwaltet.

⊙ **Die Versäumung der Frist zur Anmeldung von Eigenjagden hat welche Folge?**

Eigenjagdgebiete, die nicht innerhalb der vorgeschriebenen sechswöchigen Frist zur Ausscheidung aus dem Gemeindejagdgebiet angemeldet werden, gehören für die nächste Jagdperiode zum Gemeindejagdgebiet.

⊙ **Welchen Anspruch hat der einzelne Grundbesitzer innerhalb des Gemeindejagdgebietes?**

Er hat Anspruch auf anteilsmäßige Ausfolgung des Jagdpachtschillings, wenn nicht der Gemeinderat beschließt, den Pachtschilling für Gemeinde zwecke zu verwenden.

⊙ **Auf welchen Grundstücken hat die Jagd zu ruhen?**

Auf Friedhöfen, Eisenbahnstrecken und Gleisanlagen, auf öffentlichen Straßen, in öffentlich zugänglichen Parkanlagen darf das Wild weder aufgesucht noch getrieben noch erlegt werden. — Auf Grundstücken, welche zu einem Gemeindejagdgebiet gehören und durch eine natürliche oder künstliche ständige Umfriedung (Hecke, Gitter, Mauer u. dgl.) derart umschlossen sind, daß der Zutritt dritter Personen ohne Verletzung oder Übersetzung der Umfriedung auf keinem anderen Wege als durch die angebrachten schließbaren Türen oder Tore möglich erscheint, r u h t die Jagd während der Jagdpachtzeit, und zwar von dem Zeitpunkt an, in welchem der Jagdberechtigte durch den Grundbesitzer im Wege des Gemeindeamtes davon verständigt wird, daß letzterer die Ausübung der Jagd auf den bezeichneten Grundstücken nicht gestatte. Trotz des Ruhens der Jagd sind jedoch die Vorschriften des Forstgesetzes 1975 über die freie Begehbarkeit des Waldes einzuhalten.

⊙ **Welche Nachteile hat der Grundeigentümer aus dem Ruhen der Jagd?**

Für Grundstücke, auf denen die Jagd ruht, kann er weder einen Anteil am Jagdpachtschilling noch Wildschadenersatz beanspruchen.

⊙ **Für welchen Zeitraum erfolgt die Feststellung der Jagdgebiete?**

Die Feststellung der Jagdgebiete hat jeweilig für die nächstfolgende Jagdpachtzeit stattzufinden.

⊙ **Was ist die Jagdpachtzeit?**

Die Jagdpachtzeit ist ein Zeitraum von sechs mit 1. April beginnenden Jahren.

Ist eine Verlängerung der Jagdpachtung möglich?

Die Bezirksverwaltungsbehörde kann für Niederwildreviere die Verlängerung der kommenden Jagdpachtzeit auf höchstens neun, für Hochwildreviere auf höchstens zwölf Jahre verfügen, wenn der Gemeinderat eine solche Verlängerung vor Schluß des vorletzten Jahres der laufenden Jagdpachtzeit aus triftigen Gründen beantragt.

⊙ **Was ist das Jagdjahr?**

Das Jagdjahr läuft vom 1. April bis zum 31. März.

⊙ **In welcher Weise üben die Grundbesitzer das ihnen zustehende Jagd-ausübungsrecht durch die Gemeinde aus?**

Die Jagd ist entweder im Wege der öffentlichen Versteigerung oder im Wege des freien Übereinkommens zu verpachten. Nur dann, wenn die Verpachtung weder auf die eine noch auf die andere Art erzielt werden kann oder wenn es im Interesse der vom Gemeinderat vertretenen Grundeigentümer wünschenswert erscheint, hat die Gemeinde zur Ausübung der Jagd und zur Betreuung des Jagdgebietes einen Sachverständigen zu bestellen. Aus dem bei der Verpachtung erzielten Jagdpachtschilling bzw. aus den bei der Verwaltung der Jagd durch einen Sachverständigen sich ergebenden Einnahmen erhält jeder Grundbesitzer im Gemeindejagdgebiet den auf ihn nach dem Flächenausmaß seiner Grundstücke entfallenden verhältnismäßigen Anteil, wenn der Gemeinderat nicht die Verwendung für Gemeindezwecke beschließt.

Welche Voraussetzung ist für die Bestellung als Sachverständiger zur Ausübung einer Gemeindejagd nötig?

Als Sachverständiger zur Ausübung einer Gemeindejagd kann bestellt werden, wer von der Erlangung einer Jagdkarte nicht ausgeschlossen ist und die Befähigung zur Anstellung als Jagdschutzorgan nachweist.

Wer kann die Gemeindejagd pachten?

Die Gemeindejagd kann an eine physische oder juristische Person oder an eine Jagdgesellschaft verpachtet werden.

Welche Personen sind zur Pachtung einer Jagd nicht zugelassen?

Zur Jagdpachtung sind jene Personen nicht zugelassen, die von der Erlangung einer Jagdkarte ausgeschlossen sind und den Besitz einer Jagdkarte durch 3 (nicht unbedingt aufeinanderfolgende!) Jahre hindurch nicht nachweisen können oder bei denen Gründe zur Annahme vorliegen, daß sie den gesetzlichen sowie den vertraglich festzusetzenden Obliegenheiten nicht nachkommen können. — Personen und Jagdgesellschaften, welche in der letzten Pachtzeit als Jagdpächter den gesetzlichen Vorschriften, betreffend die Jagdausübung, wiederholt nicht entsprochen haben, können von der Bezirksverwaltungsbehörde für die nächste Pachtzeit von der Pachtung einer Gemeindejagd ausgeschlossen werden.

Wann ist eine Jagdgesellschaft zur Pachtung einer Jagd zuzulassen?

Eine Jagdgesellschaft ist zur Jagdpachtung nur zuzulassen, wenn keines ihrer Mitglieder von der Erlangung einer Jagdkarte ausgeschlossen ist, zumindest die Hälfte der Gesellschafter den Besitz einer Jagdkarte durch 3 (nicht unbedingt aufeinanderfolgende!) Jahre nachweisen kann und wenn sie in ihrer Gesamtheit den ihr aus der Übernahme der Jagdpachtung erwachsenden Obliegenheiten nachzukommen vermag.

⊙ **Wer ist Jagdausübungsberechtigter und wer Jagdausübender?**

Jagdausübungsberechtigte sind die Eigenjagdberechtigten, Pächter von Eigenjagden, Pächter von Gemeindejagden und der vom Gemeinderat bestellte Sachverständige. — Jagdausübende sind die vorbesagten Jagdausübungsberechtigten, ferner Jagdaufseher, Abschußnehmer und Jagdgäste, wenn sie eine gültige Jagdkarte besitzen.

⊙ **Welche Rechte und Pflichten haben Jagdgäste?**

Jagdkarteninhaber, die die Erlaubnis haben, im Jagdgebiet eines Jagdausübungsberechtigten zu jagen, sind Jagdgäste. Der Jagdausübungsberechtigte ist stets für eine den jagdgesetzlichen Bestimmungen entsprechende Jagdbetriebsführung auf seinem Jagdgebiete — daher auch für die Art der Jagdausübung seiner Jagdgäste — verantwortlich. Der Jagdgast ist zur Betätigung im Jagdbetrieb nur innerhalb des Rahmens der ihm erteilten Jagderlaubnis befugt, es stehen ihm keinerlei darüber hinausgehende Rechte zu, er ist aber anderseits auch nur verpflichtet, die jagdpolizeilichen Bestimmungen (z. B. Schonzeitbestimmungen, Wildfolge, sachliche und örtliche Verbote und anderes mehr) genauest einzuhalten.

⊙ **Welche Jagdkarten gibt es?**

Landesjagdkarten, ermäßigte Jagdkarten für das Jagdschutzpersonal und Jagdgastkarten.

Was ist eine Jagdgastkarte?

Zur Legitimierung solcher Jagdgäste, welche in jenem Verwaltungsbezirk, in dem sie die Jagd ausüben wollen, nicht ihren ständigen Wohnsitz haben und nicht in der Lage sind, rechtzeitig vor Ausübung der Jagd die erforderliche Jagdkarte bei der zuständigen Bezirksverwaltungsbehörde (im Stadtgebiet Graz bei der Polizeidirektion) zu lösen, werden eigene Jagdgastkarten ausgegeben. Diese Karten werden von der Bezirksverwaltungsbehörde (Polizeidirektion) den Jagdinhabern (Eigentümer, Fruchtnießer, Pächter) über ihr Ersuchen auf deren Namen ausgefertigt, jedoch unter Offenlassung der Rubrik, in welcher der Name des Jagdgastes, dessen Beruf und ständiger Wohnsitz sowie der Tag der Ausfolgung dieser Karte an den Jagdgast einzusetzen sind.

⊙ **Welche Voraussetzung gilt für die Ausstellung einer Jagdkarte?**

Voraussetzung ist der Nachweis einer Jagdhaftpflichtversicherung und der Nachweis der jagdlichen Eignung des Bewerbers. — Jeder Bewerber um eine Jagdkarte hat nachzuweisen, daß er bei einer österreichischen Versicherungsanstalt zumindest auf die Dauer des laufenden

Jagdjahres gegen Jagdhaftpflicht versichert ist. — Die erste Erteilung einer Jagdkarte ist davon abhängig, daß der Bewerber vor der Bezirksverwaltungsbehörde (im Stadtgebiet Graz vor der Polizeidirektion) eine Jägerprüfung mit Erfolg abgelegt hat. Außerdem kann die Ausstellung einer Jagdkarte an Personen verweigert werden, die schon einmal wegen Verstoßes gegen die Jagdvorschriften mit Entzug der Jagdkarte oder Ausschluß aus der Steirischen Landesjägerschaft bestraft worden sind und deshalb keine Gewähr für eine ordnungsgemäße und weidgerechte Ausübung der Jagd bieten. Diese Bestimmung gilt auch für Personen, gegen die in einem anderen Bundesland gleichartige Maßnahmen verhängt worden sind.

⊙ **Wer muß neben der Jagdkarte bei Ausübung der Jagd einen Jagderlaubnisschein mit sich führen?**

Der Abschußnehmer und der Jagdgast, der die Jagd nicht in Gesellschaft des Jagdausübungsberechtigten oder dessen Jagdaufsehers ausübt, muß sich außer mit der Jagdkarte auch noch mit einer auf seinen Namen lautenden schriftlichen Bewilligung des Jagdausübungsberechtigten ausweisen können.

⊙ **Wann kann eine bereits ausgefertigte Jagdkarte wieder entzogen werden?**

Wenn Tatsachen, derentwegen die Jagdkarte zu verweigern ist, erst nach Erteilung der Jagdkarte eintreten oder bekannt werden, so hat die Behörde die Jagdkarte für ungültig zu erklären und einzuziehen. Ein Anspruch auf Rückerstattung der entrichteten Jagdkartenabgabe besteht in diesem Falle nicht. Wenn die Bezahlung des Mitgliedsbeitrages für die Steirische Landesjägerschaft verweigert wird oder der Jagdkartenbesitzer aus der Steirischen Jägerschaft ausgeschlossen wurde (auf die Dauer des Ausschlusses).

⊙ **Wer ist zur Vertretung der Interessen der Jagd berufen?**

Zur Vertretung der Interessen der Jagd ist die Steirische Landesjägerschaft berufen. Diese besteht aus der Gesamtheit der Besitzer von Landes- und ermäßigten Jagdkarten, die von einer Bezirksverwaltungsbehörde (Polizeidirektion) ausgestellt wurden, und ist eine Einrichtung öffentlichen Rechtes mit Rechtspersönlichkeit.

Welche Verpflichtungen bestehen bezüglich Bestellung von Jagdaufsehern?

Jeder Jagdausübungsberechtigte ist verpflichtet, zur Beaufsichtigung und zum Schutze der Jagd Jagdaufseher in entsprechender Anzahl — für jedes Jagdgebiet mindestens einen — zu bestellen.

Wer kann als Jagdaufseher bestätigt und beeidet werden?

Jeder, der die österreichische Staatsbürgerschaft besitzt; das 21. Lebensjahr vollendet hat; die Befähigung zur Erlangung einer Jagdkarte besitzt, körperlich und geistig rüstig, vertrauenswürdig ist und die für den Jagdschutzdienst erforderlichen Kenntnisse besitzt und sich hierüber durch eine vor der Bezirksverwaltungsbehörde (Magistrat Graz) mit Erfolg abgelegte Prüfung ausweist. — Von der Ablegung der vorgeschriebenen Prüfung sind diejenigen enthoben, welche eine der nachstehend bezeichneten Prüfungen mit Erfolg abgelegt haben: die Prüfung für das hauptberufliche Jagdschutzpersonal (Berufsjäger-prüfung; LGBl. Nr. 35/1954); die Staatsprüfung für den Forstschutz- und technischen Hilfsdienst; die Staatsprüfung für Forstwirte; die Staatsprüfung für den forsttechnischen Staatsdienst; die Staatsprüfung für den höheren Forstverwaltungsdienst.

Welche Pflichten übernimmt der Jagdaufseher durch die Ver- eidigung?

Das ihm anvertraute Jagdrecht mit Sorgfalt und Treue zu überwachen und zu schützen; alle diejenigen, welche das Jagdrecht zu schädigen trachten oder schädigen, ohne persönliche Rücksicht anzuzeigen oder nach Erfordernis festzunehmen und ihnen Gegenstände abzunehmen; keinen Unschuldigen fälschlich anzuklagen oder zu verdächtigen; jeden Schaden möglichst hintanzuhalten, verursachte Beschädigung ge- wissenhaft anzugeben und abzuschätzen; sich den übernommenen Pflichten nicht unrechtmäßig zu entziehen; über das ihm anvertraute Gut jederzeit gehörig Rechenschaft zu geben.

Können Jagdausübungsberechtigte Jagdaufseher sein?

Ja; wenn keine Bedenken obwalten, können ausnahmsweise Jagd- ausübungsberechtigte, vorausgesetzt, daß sie die erforderlichen Eigen- schaften besitzen, selbst als Jagdaufseher bestätigt und beeidet werden. Diese Personen haben aber keinen Anspruch auf eine ermäßigte Jagdkarte.

Ist der Jagdausübungsberechtigte von der Verpflichtung zur Be- stellung eines weiteren Jagdaufsehers befreit, wenn er selbst als Jagdaufseher bestätigt und beeidet wurde?

Nur dann, wenn er die Gewähr dafür bietet, daß er selbst das Jagd- gebiet ausreichend und dauernd beaufsichtigen wird.

Wann ist ein Jagdaufseher als öffentliche Wache anzusehen?

Wenn er sich in Ausübung seines Dienstes befindet und das vorgeschrie- bene Dienstzeichen (ovales Metallschild mit dem Wappen) allgemein sichtbar trägt. — Der Jagdaufseher erhält das Dienstabzeichen und den Dienstausweis von der Bezirksverwaltungsbehörde, in deren Ver- waltungsbezirk das Jagdgebiet gelegen ist, zu dessen Beaufsichtigung und Schutz der Jagdaufseher bestellt wurde. — Der Jagdaufseher ist verpflichtet, sich bei dienstlichem Einschreiten über Verlangen mit dem Dienstausweis über die erfolgte Bestätigung und Beeidigung als öffent- liche Wache auszuweisen.

Welche besonderen Rechte hat der beeidete Jagdaufseher (als öffentliche Wache)?

Er genießt den besonderen Schutz des Strafgesetzbuches und kann vor Gericht, soweit es sich um Übertretungen handelt, unter Diensteid aussagen.

Welche Waffe darf ein Jagdaufseher tragen?

In Ausübung des Dienstes darf er ein Jagdgewehr, eine Faustfeuerwaffe sowie eine kurze Seitenwaffe tragen.

Wann darf ein Jagdaufseher von der Waffe Gebrauch machen?

Er darf in Ausübung seines Dienstes von seiner Waffe Gebrauch machen, wenn ein rechtswidriger Angriff auf Leib oder Leben seiner eigenen oder einer anderen Person unternommen wird oder unmittelbar droht, oder wenn eine mit einer Schußwaffe versehene Person, die beim verbotswidrigen Durchstreifen des Jagdgebietes betreten wird, die Waffe nach Aufforderung nicht sofort ablegt oder die abgelegte Waffe ohne Erlaubnis des Jagdaufsehers wiederaufnimmt. Der Gebrauch ist jedoch nur insoweit zulässig, als er zur Abwehr des unternommenen oder zu befürchtenden Angriffes notwendig ist.

Darf der Jagdaufseher Personen festnehmen?

Der Jagdaufseher darf Personen, die er bei Verübung einer strafbaren Handlung an den seiner Beaufsichtigung anvertrauten Gegenständen betritt, festnehmen, wenn sie unbekannt sind oder innerhalb seines Schutzgebietes keinen festen Wohnsitz haben. Andere Personen darf er nur festnehmen, wenn sie sich seiner dienstlichen Aufforderung widersetzen, sich an ihm vergreifen oder bedeutende Beschädigungen verüben. Entflieht eine solche Person, kann sie der Jagdaufseher verfolgen und auch außerhalb seines Aufsichtsgebietes festnehmen. Ein Festgenommener ist ohne Verzug der Sicherheitswache zu übergeben.

Der Jagdaufseher stößt auf einen mit einem Gewehr bewaffneten Wilderer, der sofort hinter einem Baum Deckung sucht. Trotz Anruf legt der Wilderer das Gewehr nicht ab. Kann der Jagdaufseher von der Schußwaffe Gebrauch machen?

Weil der Wilderer ihm sonst zuvorkommen könnte und daher sein Leben, solange der Wilderer die Schußwaffe noch in Händen hält, gefährdet ist, kann er von der Schußwaffe Gebrauch machen.

Der aus dem Hinterhalt beschossene Jagdaufseher nimmt sofort Deckung und bemerkt hinter einem Baum einen Wilderer, der soeben repetiert. Darf der Jagdaufseher von seiner Schußwaffe Gebrauch machen?

Ja, ohne Anruf, da ein Angriff auf sein Leben unternommen wurde und noch andauert.

Ein Wilderer hat sein Gewehr neben sich an einen Baum gelehnt. Beim Ansichtigwerden des Jagdaufsehers ergreift der Wilderer, ohne den Anruf abzuwarten, das Gewehr und versucht, es in Anschlag zu bringen. Darf der Jagdaufseher schießen?

Der Jagdaufseher kann von seiner Schußwaffe Gebrauch machen, weil ein Angriff auf sein Leben unmittelbar droht.

Beim Aufbrechen eines Rehes betritt ein Jagdaufseher einen Wilderer, dessen Gewehr neben ihm liegt. Beim Anruf läßt der Wilderer das Gewehr liegen und läuft auf das nächste Dickicht zu. Darf der Jagdaufseher nachschießen?

Nein, weil eine Gefährdung nicht mehr zu gewärtigen und der Waffengebrauch zur Verhinderung der Flucht nicht zulässig ist.

Der Jagdaufseher trifft auf einen Wilderer, der mit einer Hacke versehen und damit beschäftigt ist, ein Reh aus der Schlinge zu lösen. Auf Anruf flüchtet der Wilderer mit der Hacke in den nahen Jungmaiß. Darf ihm der Jagdaufseher nachschießen?

Nein, weil ein Anschlag auf das Leben des Jagdaufsehers nicht unternommen wurde und auch nicht unmittelbar droht, denn der Wilderer kann mit der Hacke auf diese Distanz nichts ausrichten.

Der Jagdaufseher stellt einen schlingenstellenden Wilderer. Auf den Anruf ergreift der Wilderer die neben ihm liegende Hacke und springt mit erhobener Hacke auf den Jagdaufseher zu, offensichtlich, um ihn niederzuschlagen. Darf der Jagdaufseher von seiner Schußwaffe Gebrauch machen?

Ja, denn es wird ein Angriff auf sein Leben unternommen.

Der Schlingensteller ist zwar mit einer Hacke bewaffnet, legt aber auf Anruf die Hacke nicht ab. Darf der Jagdaufseher von der Schußwaffe Gebrauch machen?

Der Waffengebrauch wäre erst dann zulässig, wenn der Wilderer den Jagdaufseher unmittelbar mit der Hacke bedroht.

Der Jagdaufseher sieht einen Wilderer, der das Gewehr gegen seinen Jagdherrn zu erheben im Begriff ist. Darf der Jagdaufseher gegen diesen Wilderer von der Waffe Gebrauch machen?

Ja, weil das Leben einer anderen Person unmittelbar bedroht ist.

Über Anruf hat ein Wilderer das Gewehr bereits abgelegt. Plötzlich bückt er sich danach. Darf der Jagdaufseher von seiner Waffe Gebrauch machen?

Der Jagdaufseher darf in dem Augenblick von der Schußwaffe Gebrauch machen, in dem der Wilderer sein Gewehr wiederaufnimmt.

Wie wird der Jagdaufseher einen von ihm betretenen Wilderer anrufen?

Er wird ihn mit einem energischen Zuruf „Halt! — Waffe ablegen!" anrufen. Dabei wird der Jagdaufseher trachten, selbst gedeckt und unbedingt schußfertig zu sein.

Was versteht man unter erweitertem Waffengebrauchsrecht?

Das Recht, von der Waffe nicht nur in Ausübung „gerechter Notwehr" im Sinne des Strafgesetzes, also zur Abwehr eines rechtswidrigen Angriffes auf sein eigenes Leben oder das eines anderen Gebrauch zu machen, sondern darüber hinaus; beispielsweise also auch dann, wenn ein vom Jagdschutzorgan betretener Wilderer trotz Aufforderung die Waffe nicht ablegt.

Ist der Jagdaufseher berechtigt, Hausdurchsuchungen vorzunehmen?

Dem Jagdschutzorgan ist nicht zu empfehlen, Wohnungen zum Zwecke der Auffindung des Täters oder der von ihm entwendeten Sachen zu durchsuchen, da nach einem Erlaß des Bundesministeriums für Inneres aus dem Jahre 1922 die Jagdschutzorgane nicht zu den „Sicherheitsorganen" im Sinne des Gesetzes zum Schutze des Hausrechts zu rechnen sind, obwohl ihnen durch die einschlägigen Gesetze ausdrücklich ein „Sicherheitsdienst" anvertraut ist. Dem Jagdaufseher steht aber das Recht zu, eine auf frischer Tat betretene, vor ihm fliehende Person in eine Wohnung zu verfolgen, in die sie sich geflüchtet hat, oder eine Wohnung zu dem Zwecke zu betreten, um sich in den Besitz eines Gegenstandes zu setzen, dessen Vorhandensein an einer bestimmten Stelle von vornherein feststeht, zu dessen Auffindung es also keiner Wohnungsdurchsuchung bedarf. — Zur Vornahme von Hausdurchsuchungen sind nach dieser Auffassung nur die Gendarmeriebeamten und die im allgemeinen Sicherheitsdienst stehenden Organe der Bundespolizei und der Ortsgemeinden berechtigt. Wenn sich daher aus Gründen des Jagdschutzdienstes die Notwendigkeit zur Vornahme einer Hausdurchsuchung ergibt, so soll sich der Jagdaufseher an die vorerwähnten Sicherheitsorgane wenden.

⊙ Dürfen die jagdbaren Tiere während des ganzen Jahres bejagt werden?

Nur Schwarzwild (ausgenommen führende Bachen) kann ganzjährig bejagt werden; für die anderen jagdbaren Tiere sind Schußzeiten festgelegt. Jagdbares Wild, für welches keine Schußzeit festgesetzt ist, ist ganzjährig zu schonen.

Wann hat das Schwarzwild Schußzeit?

Mit Ausnahme der führenden Bache ganzjährig. Für die führende Bache ist derzeit die Schußzeit vom 1. 6. bis 31. 1. festgelegt.

Kann die Schonzeit verlängert oder verkürzt werden?

Wenn sich in einem Gemeinde- oder Eigenjagdgebiet die Verminderung einer Wildgattung im Interesse der durch dieselbe geschädigten Land- und Forstwirtschaft oder aus Gründen der Wildstandsregelung als notwendig erweist, hat die Bezirksverwaltungsbehörde über Antrag des Gemeinderates, der Eingeforsteten, des Jagdberechtigten oder von Amts wegen nach Anhören der Bezirkskammer für Land- und Forstwirtschaft und von Sachverständigen im Jagdfach die nötigenfalls zahlenmäßig festzusetzende Verminderung anzuordnen, welche vom Jagdberechtigten, falls erforderlich, auch während der Schonzeit durchzuführen ist. — Unter denselben Voraussetzungen hat die Bezirksverwaltungsbehörde in Gemeinden mit hervorragendem Weinbau oder überwiegendem Obstbau die zum Schutze dieser Kulturen gegen Hasen- oder Rehverbiß erforderlichen vorerwähnten Abschußanordnungen zu treffen.

⊙ Wie wird durch das Gesetz der Nachwuchs des Federwildes gesichert?

Das Sammeln und Vernichten der Eier des jagdbaren Wildgeflügels, das Ausnehmen des jungen Wildes aus den Nestern sowie das absichtliche Zerstören der Nester ist verboten. Ausnahmsweise ist dem Jagdberechtigten oder dem von ihm bestellten Hilfspersonal das Sammeln von Eiern behufs Ausbrütung durch zahme Hühnerarten gestattet.

⊙ Was ist der Abschußplan?

Jeder Jagdausübungsberechtigte ist verpflichtet, bis spätestens 1. Mai — für Auer- und Birkwild bis 1. April — eines jeden Jahres dem zuständigen Bezirksjägermeister einen Plan darüber vorzulegen, was auf Grund des festgestellten Wildbestandes in seinem Jagdgebiet an Schalenwild, Schwarzwild ausgenommen, sowie an Auer- und Birkwild zum Abschuß vorgesehen ist. Vor Genehmigung des Abschußplanes ist ein Abschuß untersagt. Die Genehmigung des Abschußplanes erfolgt durch den Bezirksjägermeister im Einvernehmen mit der zuständigen Bezirkskammer für Land- und Forstwirtschaft. Kommt ein solches Einvernehmen nicht zustande, wird der Abschußplan von der Bezirksverwaltungsbehörde festgelegt. — Der Abschußplan ist ein Bescheid, an dessen Aussage jeder, der im betreffenden Revier die Jagd ausübt, gebunden ist! Auch der Jagdgast hat sich daher über die laut Abschußplan bestehenden Möglichkeiten zu informieren.

⊙ Was bezweckt der Abschußplan?

Der Abschußplan bezweckt einerseits die qualitative Hebung des Wildstandes, andererseits die Verhinderung übermäßiger Wildnutzung und schließlich die Erzwingung eines erhöhten Abschusses in jenen Jagdgebieten, die einen für die Jagd- bzw. Land- und Forstwirtschaft nicht erträglichen Schalenwildstand aufweisen. Bei Auer- und Birkwild soll dem übermäßigen Nachstellen auf diese immer seltener werdenden Wildarten vorgebeugt werden.

Welche außergewöhnlichen Maßnahmen sind bei Nichterfüllung des Abschußplanes vorgesehen?

Tätigung des vorgeschriebenen Abschusses durch Sachverständige auf Kosten des Jagdberechtigten, zeitweiser Entzug der Jagdausübung, behördliche Verfügungen gemäß § 94 Abs. 3, erhöhter Abschuß in angrenzenden Revieren des Wildzählgebietes durch den dort Jagdberechtigten.

Was ist die Abschußliste?

Jeder Jagdausübungsberechtigte hat das zum Abschuß gelangte Wild in einer Liste laufend und chronologisch einzutragen. Sie ist mit Ende des Jagdjahres abzuschließen und auf Verlangen vorzulegen.

⊙ **Was besagt das Jagdgesetz hinsichtlich der Wildfütterung?**

Ständige Futterstellen für Hochwild dürfen in Gemeindejagdgebieten nur mit Zustimmung des Gemeinderates angebracht werden. Die Errichtung solcher Futterstellen sowie das Streuen von Futter innerhalb 200 m von der Grenze des Jagdgebietes und von Waldbeständen unter 50 Jahren ist jedenfalls verboten. — In der Notzeit hat der Jagdberechtigte für die Fütterung des Wildes in hinreichender Weise zu sorgen.

Kann der Jagdausübungsberechtigte in seinem Jagdgebiet Wildzäune, Ansitze, Futterstellen, Jagdsteige und ähnliche Jagdeinrichtungen anlegen?

In unverpachteten Eigenjagdgebieten ohne weiteres, in verpachteten Eigenjagdgebieten sowie in Gemeindejagdgebieten jedoch nur mit Zustimmung des jeweils in Betracht kommenden Grundeigentümers.

⊙ **Was besagt das Verbot des unbefugten Durchstreifens von Jagdgebieten?**

Es ist jedermann verboten, ein Jagdgebiet außerhalb der öffentlichen Straßen und Wege oder solcher Wege, die allgemein als Verbindung zwischen Ortschaften und Gehöften benützt werden, ohne Bewilligung des Jagdausübungsberechtigten mit einem Gewehr zu durchstreifen, es läge denn seine Berechtigung oder Verpflichtung hiezu in seiner amtlichen Stellung oder amtlichen Ermächtigung (Forstorgane und Gendarmeriebeamte).

Was hat der Jagdaufseher zu tun, wenn er eine zur Jagd ausgerüstete Person beim Durchstreifen seines Schutzgebietes betritt?

Der Jagdaufseher hat dem Betreffenden, wenn dieser die ihm etwa erteilte Bewilligung des Jagdausübungsberechtigten nicht nachzuweisen oder glaubhaft zu machen vermag, das mitgeführte Gewehr sofort abzunehmen und es mit einer entsprechenden Meldung dem Gendarmerieposten oder der Bezirksverwaltungsbehörde abzuliefern.

⊙ **Was ist ein Jägernotweg?**

Wenn der Jagdausübende und die beim Jagdbetrieb verwendeten Personen zum Jagdgebiet nicht auf einem zum allgemeinen Gebrauch bestimmten Weg oder nur auf einem unverhältnismäßig großen oder beschwerlichen Umweg gelangen können, ist mit dem Jagdberechtigten dieses Jagdgebietes zu vereinbaren, welchen Weg sie durch das fremde Jagdgebiet nehmen können. Bei Benutzung dieses Notweges dürfen Schußwaffen nur ungeladen und Hunde nur an der Leine mitgeführt werden.

⊙ **Darf krankgeschossenes Wild über die Grenze des Jagdgebietes hinaus verfolgt werden?**

Ohne Wildfolgeübereinkommen darf krankgeschossenes oder auch nur vermutlich getroffenes Wild, das in ein fremdes Jagdgebiet überwechselt, oder Federwild, das dorthin abstreicht, vom Schützen nicht weiter bejagt werden: seine Verfolgung, Erlegung und Besitznahme bleibt vielmehr dem Jagdausübungsberechtigten des fremden Jagdgebietes vorbehalten.

⊙ **Wie hat man sich zu verhalten, wenn krankgeschossenes Wild über die Reviergrenze flüchtet?**

Der Schütze hat die Anschußstelle, die Fluchtrichtung und nach Möglichkeit auch die Stelle, an der das Wild über die Grenze geflüchtet ist, kenntlich zu machen (zu verbrechen); er ist verpflichtet, für die eheste Verständigung des Jagdnachbarn Sorge zu tragen.

⊙ **Was gilt, wenn kein Wildfolgeübereinkommen besteht?**

Die Trophäen (Kopfschmuck, Bart, Grandln) und das Wildbret des übergewechselten Wildes gehören, falls nicht durch ein Wildfolgeübereinkommen etwas anderes bestimmt wird, dem am Fundort Jagdberechtigten. Dieser muß sich Wild, für das ein Abschußplan besteht, auf seinen Abschußplan anrechnen lassen. Wenn jedoch bei Schalenwild auf Grund eines Wildfolgeübereinkommens das Wildbret dem Jagdberechtigten des Gebietes, in dem das Wild angeschossen wurde, zur Verfügung bleibt, so ist das Stück auf dessen Abschußplan anzurechnen.

⊙ **Wann darf auf bebauten Feldern und in Weingärten nicht gejagt werden?**

Vom Frühjahrsbeginn bis nach beendeter Ernte darf, vorbehaltlich einer besonderen Gestattung des Grundbesitzers, auf bebauten Feldern und in Weingärten weder gejagt noch getrieben noch das Wild mit Hunden aufgesucht werden. Ausgenommen sind Felder, die mit Kartoffeln oder mit Reihensaaten von Mais, Rüben, Kraut oder mit anderen, in weiten Abständen gedrillten Feldfrüchten bestellt sind. — In der Zeit vom 16. Jänner bis 15. Oktober darf mittels Brackierhunden nicht gejagt werden; doch darf der Jagdberechtigte das Hochwild aus kultivierten Grundstücken jederzeit mit Hunden aushetzen.

⊙ **Dürfen Hunde bei der Jagdausübung auf Viehweiden verwendet werden?**

Auf Grundstücken mit Weidevieh darf nur insoweit mit Hunden gejagt werden, als das Weidevieh hiedurch nicht gefährdet wird.

⊙ **Wo darf, abgesehen von den Grundflächen, auf denen die Jagd ruht, nicht gejagt werden?**

In der nächsten Umgebung von Ortschaften, von Stätten, die der Heilung oder Erholung Kranker und Rekonvaleszenter dienen, von einzelnen Häusern und Scheunen darf zwar das Wild aufgesucht und getrieben, nicht aber mit Schußwaffen erlegt werden.

⊙ **Welche wichtigen Beschränkungen gelten für die Abhaltung von Treibjagden?**

An Sonn- und Feiertagen dürfen solche Jagden während der Zeit des vormittägigen Gottesdienstes nicht stattfinden, es sei denn, daß das Jagdgebiet so liegt, daß eine Störung des Gottesdienstes ausgeschlossen ist. Kinder unter 14 Jahren dürfen als Treiber nicht verwendet werden.

⊙ **Welche Schußwaffen dürfen zur Jagdausübung nicht verwendet werden?**

Die Verwendung von Randfeuerwaffen (beispielsweise Flobertgewehre, Mauserlein und dergleichen), ferner von Luftdruck- und sonstigen Garten- und Zimmergewehren mit Kugelgeschossen oder mit Schalldämpfern versehenen Waffen und von Pistolen ist zur Erlegung von Wild überhaupt, die Verwendung von Schrot zur Erlegung von Schalenwild verboten.

⊙ **Darf die Jagd bei Nacht ausgeübt werden?**

Die Verwendung von Scheinwerfern zur Ausübung der Jagd sowie das Jagen auf Schalenwild (Schwarzwild ausgenommen) bei Mondschein ist verboten.

⊙ **Welches Wild darf mit Fallen gefangen werden?**

Zum Fangen der jagdbaren Tiere mit Ausnahme des Dachses dürfen Fangeisen, Fallen, Schlingen und andere Vorrichtungen zum Selbstfang nicht verwendet werden. Es dürfen nur solche Fanggeräte verwendet werden, welche eine Gefahr für Menschen und Nutztiere ausschließen und bei denen nach Möglichkeit Qualen der zu fangenden Tiere vermieden werden.

⊙ **Worauf hat der Jäger beim Anbringen der zulässigen Fanggeräte zu achten?**

Die zulässigen Fanggeräte dürfen keinesfalls an Orten angebracht werden, an denen sie Menschen oder Nutztiere gefährden können; auf ihr Vorhandensein ist durch Anbringen von Warnungszeichen aufmerksam zu machen, die von jedermann unschwer wahrgenommen und als solche erkannt werden können.

⊙ **Darf Wild mit Gift vertilgt werden?**

Zum Erbeuten der im § 66 St.JG bezeichneten Tiere, das ist insbesondere gefährliches oder schädliches Haarraubwild und Federraubwild, kann der Jagdberechtigte unter Beobachtung der für den Verkehr und die Gebarung mit Gift jeweils geltenden Vorschriften auch Gift auslegen; doch darf dies nicht an Stellen vorgenommen werden, an welchen sich hieraus eine Gefahr für Menschen oder Nutztiere ergeben kann. Es müssen jedenfalls dabei solche Zeichen aufgestellt werden, die von jedermann leicht wahrgenommen und erkannt werden können. Erforderlichenfalls ist die Anwendung von Gift im Sinne der für das Auslegen von Giftködern geltenden Vorschriften (Giftverordnung) entsprechend zu verlautbaren.

⊙ **Wie hat ein Hundebesitzer seinen Hund zu halten?**

Jeder Hundebesitzer hat seinen Hund so zu halten, daß er dem Wildstand keinen Schaden zufügen kann.

Hundebesitzer, die ihre Hunde im fremden Jagdgebiet wiederholt umherstreifen lassen, machen sich einer Übertretung schuldig.

⊙ **Von wem können jagende Hunde und streunende Katzen getötet werden?**

Hunde, die abseits von Häusern, Wirtschaftsgebäuden, Herden und öffentlichen Wegen allein jagend angetroffen werden, sowie im Wald streunende Katzen dürfen vom Jagdberechtigten, seinen beeideten Jägern und von mit schriftlicher Erlaubnis versehenen Jagdgästen getötet werden.

Wer hat Wildseuchen anzuzeigen?

Jeder Jagdberechtigte ist verpflichtet, bei Wahrnehmung von dem Ausbruch ansteckender Tierkrankheiten unter dem Wildbestand seines Jagdreviers binnen drei Tagen der für das Jagdrevier zuständigen Bezirksverwaltungsbehörde sowie dem Gemeindeamt des Jagdreviers die Anzeige zu erstatten. Diese Verpflichtung gilt auch für die mit der Jagdaufsicht betrauten Organe sowie alle jene Personen, welche vermöge ihres Berufes in die Lage kommen, Wahrnehmungen über den Ausbruch von Wildseuchen zu machen.

⊙ **Darf auf allen Grundstücken ohne Rücksicht auf die Kulturgattung jederzeit gejagt werden?**

Nein; ohne ausdrückliche Bewilligung des Grundbesitzers darf auf bebauten Feldern und in Weingärten vom Beginn des Frühjahres bis nach beendeter Ernte weder gejagt noch getrieben noch das Wild mit Hunden aufgesucht werden.

⊙ **Auf welchen Feldern kann die Jagd während des ganzen Jahres ausgeübt werden?**

Auf Feldern, welche mit Kartoffeln oder mit Reihensaaten von Mais, Rüben, Kraut oder anderen, in weiten Abständen gedrillten Feldfrüchten bestellt sind.

◉ **Gibt es jagdliche Beschränkung hinsichtlich der Viehweiden?**

Auf Grundstücken, auf welchen Vieh aufgetrieben wurde, dürfen Hunde zur Jagd nur insofern verwendet werden, als dadurch keinerlei Gefährdung des Weideviehs verursacht wird.

◉ **Welche Vorschriften gelten hinsichtlich des Aussetzens von Schwarzwild und von Wildkaninchen?**

Schwarzwild darf nur in solchen Einfriedungen ausgesetzt werden, die sein Ausbrechen wirksam verhindern.

Das Aussetzen revierfremder Wildarten, z. B. Wildkaninchen, Damwild, Muffelwild, ist nur mit ausdrücklicher Bewilligung der Landesregierung zulässig.

◉ **Was ist Jagdschaden?**

Als Jagdschaden ist jeder bei Ausübung der Jagd von den Jagdausübenden, Treibern und Jagdhunden an Grund und Boden oder an dessen noch nicht eingebrachten Erzeugnissen verursachte Schaden zu verstehen.

◉ **Was ist Wildschaden?**

Als Wildschaden ist der innerhalb des Jagdgebietes an Grund und Boden und an dessen noch nicht eingebrachten Erzeugnissen entstandene Schaden anzusehen, wenn er durch jagdbare Tiere verursacht worden ist, sofern dieser nicht auf Grundstücken während des Ruhens der Jagd eingetreten ist.

Wie werden Wildschäden im Wald bewertet?

Wildschäden im Wald (an Stämmen, Pflanzungen, natürlichen Verjüngungen, Vorkulturen usw.) sind nach forstwirtschaftlichen Grundsätzen zu bewerten. Hiebei ist zwischen Verbiß- und Schälschäden zu unterscheiden und zu berücksichtigen, ob nur Einzelstammschädigung oder bereits Bestandesschädigung oder betriebswirtschaftliche Schädigung eingetreten ist.

Wer hat den entstandenen Jagd- und Wildschaden zu ersetzen?

Die Schadenersatzpflicht trifft stets den Jagdausübungsberechtigten jenes Jagdgebietes, in dem der Schaden entstanden ist. Dem Jagdausübungsberechtigten steht es jedoch frei, im Falle der Verursachung von Jagdschäden gegen den unmittelbar Schuldtragenden (z. B. gegen den Jagdgast) und im Falle des Ausbruches nicht jagdbarer Tiere aus Tiergärten gegen den Tiergartenbesitzer im ordentlichen Rechtswege Rückgriff zu nehmen.

◉ **Darf der Grundbesitzer zum Vertreiben des Wildes frei laufende Hunde verwenden?**

Die Verwendung frei laufender Hunde zum Verscheuchen des Wildes ist dem Grundbesitzer vom Gesetz ausdrücklich untersagt. Nur der

Jagdausübungsberechtigte darf zum Austreiben des Hochwildes aus Kulturflächen Hunde benützen.

Wie kann das Wild aus Weingärten vertrieben werden?

Der Weingartenhüter kann das Wild auch durch blinde Schreckschüsse verscheuchen.

⊙ **Kann der Jagdausübungsberechtigte Schadenersatz fordern, wenn das aus Kulturflächen von dem Grundbesitzer verscheuchte Wild sich bei der Flucht verletzt oder zugrunde geht?**

Der Jagdausübungsberechtigte hat in diesem Falle keinen Anspruch auf Ersatz.

Hat der Grundeigentümer Vorkehrungen gegen Wildschaden zu treffen?

Niemand ist verpflichtet, zur Abhaltung des Wildes von seinen Grundstücken Mauern, Hecken, Zäune, Gräben oder dgl. zu errichten, sofern er hiezu nicht auf Grund eines besonderen Vertrages gebunden ist. Der Jagdberechtigte bleibt für den trotz solcher Vorkehrungen vom Wilde zugefügten Schaden ersatzpflichtig, wenn nicht von ihm dargetan wird, daß der Zweck dieser Vorkehrungen durch ein Verschulden des Geschädigten vereitelt worden ist. Wildschaden in Obst-, Gemüse- und Ziergärten, Baumschulen, gartenmäßig bewirtschafteten Grundstücken, auf denen die Jagd nicht ohnedies ruht, und an einzelnstehenden Bäumen sind nur insoweit zu ersetzen, als erwiesen ist, daß der Grundeigentümer vergeblich solche Vorkehrungen getroffen hat, durch die ein ordentlicher Landwirt solche Gegenstände zu schützen pflegt.

Welche Ausnahmebestimmungen gibt es im Interesse des Schutzes der Haustiere gegen Raubwild und Raubvögel?

Füchse, Marder, Iltisse und der Hühnerhabicht, welche sich in Häusern, Gehöften und Höfen zeigen, dürfen dort von deren Besitzern oder deren Beauftragten, auch wenn diese Personen nicht im Besitz einer Jagdkarte sind, zum Schutze des Hausgeflügels auch ohne Bewilligung des Jagdberechtigten gefangen oder mit der Schußwaffe erlegt werden. Das gefangene oder erlegte Raubwild ist dem Jagdberechtigten abzuliefern.

Wie kann ein Grundbesitzer das Wild von seinen Grundstücken fernhalten?

Jedermann ist befugt, das Wild von seinem Grundstück durch hiezu bestimmte Personen, durch Klappern, Aufstellung von Wildscheuchen, Nachtfeuer und sonstige geeignete Vorkehrungen, jedoch ohne Benützung frei laufender Hunde, fernzuhalten. Im Weingartengebiet ist der Hüter in der Zeit vom 1. September bis 31. Oktober berechtigt, das Wild auch durch blinde Schreckschüsse zu vertreiben.

18

⊚ Wer entscheidet über Ansprüche auf Ersatz von Jagd- und Wildschäden?

Hierüber entscheidet, soweit sich die Parteien nicht gütlich einigen, mit Ausschluß des Rechtsweges ein Schiedsgericht, das für jede Gemeinde (oder mehrere benachbarte Ortsgemeinden) bestellt wird und aus je einem Obmann oder seinem Stellvertreter und zwei anderen Schiedsrichtern besteht; einer von diesen wird vom Geschädigten, der andere vom Ersatzpflichtigen bestellt. Der Obmann und sein Stellvertreter werden von der Bezirksverwaltungsbehörde auf die Dauer der Jagdperiode ernannt.

Welcher Vorgang ist bei der Schadensanmeldung einzuhalten?

Der Geschädigte hat vor Anrufung des Schiedsgerichtes von seinem Anspruch dem Pächter der Gemeindejagd oder dessen bestellten Vertreter Mitteilung zu machen. Kommt eine gütliche Vereinbarung nicht zustande, so hat der Geschädigte seinen Schadenersatzanspruch bei dem Obmann des zuständigen Schiedsgerichtes zu einem Zeitpunkt, in dem der Schaden noch wahrgenommen und beurteilt werden kann, anzubringen.

Unterläßt der Geschädigte die rechtzeitige Anmeldung seines Anspruches beim Obmann des Schiedsgerichtes, so erlischt sein Entschädigungsanspruch, sofern er nicht nachzuweisen vermag, daß er durch ein unvorhergesehenes oder unabwendbares Ereignis ohne sein Verschulden an der rechtzeitigen Geltendmachung seines Ersatzanspruches gehindert war.

Ist der Wildschaden, der auf Grundstücken während des Ruhens der Jagd verursacht wurde, zu ersetzen?

Nein!

Sind Wildschäden zu ersetzen, die an gartenmäßig bewirtschafteten Grundstücken und sonstigen wertvollen Anpflanzungen entstanden sind?

Wildschäden in Obst-, Gemüse- und Ziergärten, Baumschulen und Weichselgärten (sofern die Jagd auf solchen Grundstücken nicht ohnehin ruht) sowie an einzelstehenden Bäumen hat der Jagdausübungsberechtigte nur dann und nur insoweit zu ersetzen, als festgestellt ist, daß der Schaden eingetreten ist, obwohl der Grundbesitzer alle Vorkehrungen getroffen hat, durch die ein ordentlicher Landwirt solche wertvolle Anpflanzungen zu schützen pflegt.

Welche Vorkehrungen dieser Art kommen hier gewöhnlich in Betracht?

Das Einbinden der Stämme mit Stroh bis zur Höhe von 120 cm, das Umkleiden der Stämme bis zur gleichen Höhe mit Baumkörben, die allseitige Umfriedung der Anlage durch eine mindestens 1 m hohe, hasendichte Umzäunung (Drahtgitter, Mauer oder dgl.). — Zum Ausschaufeln der Einfriedung und der Baumumkleidungen bei hoher Schneelage ist der Grundbesitzer nicht verpflichtet.

Wie ist Jagd- und Wildschaden zu ersetzen?

Bei der Ermittlung der Schäden ist, sofern nichts anderes vereinbart wurde, der Schadensberechnung der jeweilige Marktpreis der beschädigten oder vernichteten Erzeugnisse zugrunde zu legen.
Bei noch nicht erntereifen Erzeugnissen, deren voller Wert sich erst zur Ernte bemessen läßt, ist der Schaden in jenem Umfang zu ersetzen, in welchem er sich zur Zeit der Ernte darstellt, in allen anderen Fällen in dem Umfang, den er zur Zeit seiner Entstehung hatte.

Wozu dient der Wildursprungsschein?

Zum Nachweis der Herkunft des erlegten Schalenwildes bzw. für den rechtmäßigen Erwerb, Transport und Verkauf.

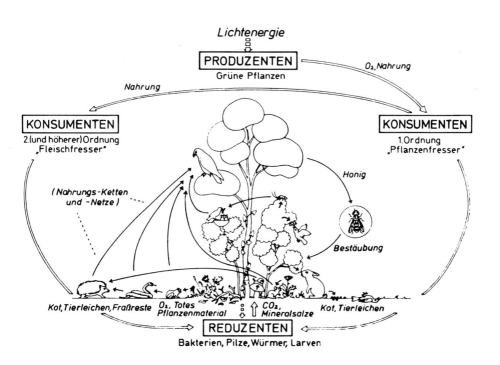

Lichtenergie

PRODUZENTEN
Grüne Pflanzen

O_2, Nahrung

Nahrung

KONSUMENTEN
2.(und höherer)Ordnung
„Fleischfresser"

KONSUMENTEN
1.Ordnung
„Pflanzenfresser"

(Nahrungs-Ketten
und -Netze)

Honig

Bestäubung

Kot,Tierleichen,Fraßreste O_2, Totes
Pflanzenmaterial CO_2,
Mineralsalze   Kot, Tierleichen

REDUZENTEN
Bakterien, Pilze,Würmer, Larven

Artenreiche Lebensgemeinschaften sind relativ konstant, weil sie anpassungs- und widerstandsfähig sind. Artenarm gewordene dagegen sind besonders anfällig gegen Kalamitäten und Katastrophen. Intensiv genutzte Lebensräume sind immer arm an Strukturen und an Pflanzenarten, damit aber auch arm an Tierarten.

Populationsdynamik

Die Größe und Dichte einer Population verändert sich ständig in der Zeit und im Raum. Nimmt die Dichte zu, so beginnt der kompensatorische (ausgleichende) **Mechanismus der Fruchtbarkeit** zu wirken. Das einzelne Tier hat weniger Nahrung zur Verfügung, der relative Nahrungsmangel verursacht mit der Zeit schwächeren körperlichen Zustand (Hungerformen), stärkeren Parasitenbefall, verringerte Fruchtbarkeit (immer mehr weibliche Tiere nehmen nicht auf, Leibesfrüchte sterben ab, es werden weniger Junge zur Welt gebracht). Dieser Kreislauf bewirkt mit der Zeit, daß die Population (wieder) schrumpft und sich den Gegebenheiten ihres Lebensraumes anpassen kann.

Die Sterblichkeitsrate, das sind die durch Tod bewirkten Abgänge, ist bei den Neugeborenen (1. Lebensjahr) sehr hoch, im Schnitt aller Wildarten rund 50—80 %; bei den Mittelalten ist sie gering, weil der überlebende Rest der Jugendklasse von guter Kondition ist und an „Erfahrung" gewonnen hat; in der Vergreisungsperiode ist die Sterblichkeitsrate wiederum hoch, weil bei überalterten Tieren Abnützungserscheinungen an Zähnen, Gelenken, Muskeln usw. auftreten — das, was man als Altersschwäche bezeichnet.

Entfällt in einem Lebensraum ein Sterblichkeitsfaktor, so werden andere umso stärker wirksam und begrenzen die Population auf den Umfang, der dem Lebensraum angemessen ist.

Aus: „Eine Einführung in die Grundbegriffe der Wildökologie"
von Dr. ANDERLUH, Klagenfurt

Im naturnahen Mischwald ist neben der Baumschicht (B) auch die Strauch- (S), Kraut- (K) und Moosschicht (M) gut entwickelt. Dank dem reich strukturierten Aufbau kann sich eine optimale pflanzliche und tierische Artenvielfalt entwickeln. Speziell bedeutsam für die biologische Vielfalt ist der strauchreiche, höchstens extensiv bewirtschaftete Waldmantel.

Fragen:

1 Was ist ein Biotop?

2 Was versteht man unter einer Population?

3 Nennen Sie eine Nahrungskette.

4 Wie heißen die drei großen Organismengruppen im Stoffkreislauf?

5 Was treibt den Stoffkreislauf an?

6 Warum sind artenreiche Lebensgemeinschaften konstant?

7 Wie ändert sich die Fruchtbarkeit bei zu hoher Wilddichte?

Im dunklen naturfernen Fichtenforst stellt sich nur ein spärlicher Unterwuchs ein. Besonders nachteilig wirkt sich der kahlgeschlagene Waldrand aus, der ohne Pufferzone hart an das intensiv bewirtschaftete Kulturland grenzt.

Naturnaher Mischwald

Naturferner Fichtenforst

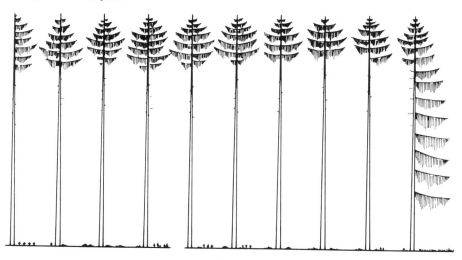

8 In welcher Altersgruppe ist bei den Wildtieren die Sterblichkeitsrate am größten?

9 Warum ist bei den Tieren mittleren Alters die Sterblichkeit am geringsten?

10 Was tritt ein, wenn bei Wildtieren ein Sterblichkeitsfaktor entfällt?

Die richtigen Antworten zu den Fragen 1—220 finden Sie ab Seite 219.

Wildtierkunde

Die Landesjagdgesetze führen die Tierarten an, deren freilebende Exemplare dem Jagdrecht unterliegen. Die anderen freilebenden Tiere werden von den Naturschutzgesetzen erfaßt, die ihnen mehr oder weniger ausgedehnten Schutz vor Verfolgung, Störung usw. bieten.

Einteilung des Wildes

Haarwild (Säugetiere), Federwild (Vögel). Jagdlich unterscheidet man zwischen „Hoher Jagd" und „Niederjagd".
Hohe Jagd: Dazu zählt das Schalenwild, Bär, Wolf, Luchs, Auerwild, Trappe, Schwan, Kranich, Trutwild, Adler und Uhu.
Niederjagd: Umfaßt das übrige Wild (Niederwild).

Zoologische und biologische Einführung

Säugetiere und Vögel unterscheiden sich in der Art der Fortpflanzung: Säugetiere bringen lebende Junge zur Welt, die in der ersten Lebenszeit durch die Milch der Mutter ernährt werden.
Vögel stehen auf einer niedrigeren Entwicklungsstufe. Sie legen das befruchtete, aber noch unentwickelte Ei, das erst im Nest ausreift (ausgebrütet wird). Die ausgeschlüpften Jungen werden vom ersten Tag an mit nicht im Körper der Mutter entwickeltem Futter ernährt. Achtung: Säugetiere und Vögel können nicht an der Art der Fortbewegung unterschieden werden. Es gibt auch fliegende Säugetiere (Fledermäuse). Dennoch bedingt die spezielle Art der Fortbewegung die Unterschiede im Körperbau von Säugetieren und Vögeln.

Säugetiere

Die Wiederkäuer stellen für den Jäger eine besonders wichtige Art dar, weil alles europäische Schalenwild außer Schwarzwild zu den Wiederkäuern gehört.
Haut: Die Haut ist behaart, das Haar wird gewöhnlich zweimal im Jahr (Frühjahr und Herbst) gewechselt.
Körperbau: Der Schädelknochen wird durch die Wirbelsäule mit dem Rumpf verbunden. In ihr liegt das Rückenmark, in dem sich die Nervenstränge sammeln und zum Gehirn geleitet werden.
Der Brustgürtel wird aus den Brustwirbeln und den Rippen gebildet. Er umschließt die Atmungsorgane und das Herz. Der Brustraum (Kammer) wird vom Bauch- und Beckenraum durch das Zwerchfell getrennt. Im Bauch- und Beckenraum liegen die Verdauungs- und Fortpflanzungsorgane. Wirbelsäule und Läufe sind durch Gelenke miteinander verbunden (Schulter- und Hüft-

Alle Tiere werden nach dem zoologischen System eingeteilt. Es gliedert sich in großen Zügen nach Ordnung, Familie und Art. Die Landesjagdgesetze bestimmen, ob eine Tierart zu den jagdbaren Tieren (als Wild) zählt. Laut Hubertus-Jahrbuch 1988 waren die nebenstehenden Tierarten wenigstens in einem der neun Bundesländer jagdbar, wenn auch vielleicht ganzjährig geschont. Die Jagd- und Schonzeiten werden von den einzelnen Landesregierungen durch Verordnungen festgelegt.

Die Einteilung der jagdbaren Tiere nach dem zoologischen System

Ordnung	Familie	Arten
Säugetiere		
Hasentiere	Hasen	Feld-, Alpenhase, Wildkaninchen
Nagetiere	Biberratten	Nutria
	Hörnchen	Eichhörnchen, Murmeltier
	Biber	Biber
	Schlafmäuse	Bilch
	Wühlmäuse	Bisamratte
Raubtiere	Hunde	Wolf, Fuchs, Marderhund
	Marder	Nerz, Iltis, Mauswiesel, Hermelin, Otter, Dachs, Baum-, Steinmarder
	Bären	Braunbär
	Kleinbären	Waschbär
	Katzen	Luchs, Wildkatze
Paarhufer	Schweine	Wildschwein
	Hornträger	Mufflon, Gemse, Alpensteinbock
	Hirsche	Rothirsch, Damhirsch, Reh, Sikahirsch, Elch
Vögel		
Hühnervögel	Fasanenvögel	*Rauhfußhühner:* Auer-, Birk-, Hasel-, Alpenschneehuhn
		Echte Hühner: Rebhuhn, Wachtel, Steinhuhn, Fasan
	Truthühner	Wildtruthuhn
Kranichvögel	Rallen	Teich-, Bläßhuhn
	Kraniche	Kranich
	Trappen	Großtrappe
Wat- u. Möwenvögel	Regenpfeifer	Kiebitz, Großer Brachvogel, Wasserläufer, Waldschnepfe, Sumpfschnepfe (Bekassine), Zwergschnepfe, Strandläufer
	Triele	Triel
	Möwenvögel	Lach-, Silber-, Sturmmöwe
Gänsevögel	Entenvögel	*Schwäne:* Höckerschwan
		Gänse: Grau-, Saat-, Bläßgans
		Schwimmenten: Löffel-, Spieß-, Pfeif-, Stock-, Schnatter-, Krick-, Knäkente
		Tauchenten: Kolben-, Moor-, Tafel-, Reiher-, Berg-, Schellente
		Meerenten: Trauer-, Samt-, Eis-, Eiderente
		Säger: Zwerg-, Mittel-, Gänsesäger
Schreitvögel	Ibisse	Löffler
	Störche	Weiß-, Schwarzstorch
	Reiher	Grau-, Purpur-, Silber-, Seiden-, Nacht-, Rallenreiher, Zwergrohr-, Große Rohrdommel
Greifvögel	Falkenvögel	*Habichtartige:* Wespenbussard, Roter Milan, Schwarzer Milan, Habicht, Sperber, See-, Stein-, Kaiser-, Schrei-, Schelladler, Mäuse-, Rauhfußbussard, Bart-, Gänsegeier, Rohr-, Wiesen-, Kornweihe, Zwerg-, Schlangen-, Fischadler
		Falken: Rotfuß-, Rötel-, Turm-, Baum-, Wanderfalke, Merlin, Würgfalke
Eulen	Eulen	Schleiereule, Uhu, Sperlings-, Stein-, Waldkauz, Waldohr-, Sumpfohreule, Rauhfußkauz
Ruderfüßer	Kormorane	Kormoran
Steißfüßer	Lappentaucher	Hauben-, Rothals-, Zwerg-, Ohren-, Schwarzhalstaucher
Taubenvögel	Tauben	Ringel-, Hohl-, Turtel-, Türkentaube
Sperlingsvögel	Drosseln	Wacholderdrossel (Krammetsvogel)
	Rabenvögel	Eichelhäher, Elster, Tannenhäher, Kolkrabe, Saat-, Raben-, Nebelkrähe, Dohle, Alpendohle

gelenk). Bänder und Muskeln bewegen den Körper, Gelenke bewirken die Beweglichkeit des Knochenapparates.

Die Stirnwaffen: Sie sind eine Besonderheit des wiederkäuenden Schalenwildes. (Jagdtrophäen). Hirsche *(Cerviden)* haben Geweihe, Hornträger *(Boviden)* haben Hörner.

Geweihe werden jährlich neu gebildet. Während des Wachstums umgibt sie eine Haut (Bast), durch Blutgefäße werden sie mit Aufbaustoffen versorgt. Wenn das Geweih verfestigt ist, wird der Bast durch Fegen entfernt. Eine gewisse Zeit nach Ablauf der Brunft wird das Geweih abgeworfen, unmittelbar darauf beginnt die Entwicklung eines neuen. Mit Ausnahme des Rentieres tragen nur die männlichen Cerviden Geweihe. Form und Stärke des Geweihs sind altersabhängig, doch ist eine genaue Altersschätzung durch Beurteilung des Geweihes nicht möglich. Hörner werden nicht abgeworfen und auch von unseren weiblichen Boviden getragen. Form und Stärke des Hornes ist allerdings unter den Geschlechtern verschieden. Meist ist die Stärke bei den weiblichen Tieren gleichen Alters geringer.

Die Hörner bestehen aus Hornsubstanz und wachsen über einem knöchernen Stirnzapfen. Das Hauptwachstum erfolgt in den ersten 4—5 Lebensjahren, später wird das jährliche Wachstum geringer. Durch Zählen der einzelnen Jahresringe ist eine Altersschätzung möglich.

Verdauung der Nichtwiederkäuer: Die mit den Zähnen zerkleinerte Nahrung wandert in den Magen, von da in den Dünndarm. Hier wird der Nahrungsbrei weiter zersetzt, die lebenswichtigen Stoffe werden ihm entzogen. Der Rest wird durch den Darm als Kot ausgeschieden.

Verdauung der Wiederkäuer: Der Vorgang ist wesentlich komplizierter. Der Magen besteht aus mehreren Teilen. Pansen und Netzmagen sind die erste Station der Nahrung, die hier durch Bakterien verarbeitet wird. Aus diesem Grund ist die Gefahr der Erkrankung von Wiederkäuern durch falsche Ernährung oder zu plötzliche Nahrungsumstellung besonders groß: die Bakterienkulturen im Pansen sind sehr empfindlich und können sich nicht plötzlich auf andere Nahrung umstellen. Wenn sie nicht mehr zur richtigen Vorverarbeitung der Nahrung fähig sind, verhungert das Tier bei vollem Magen. Wenn die Bakerien ihre Arbeit getan haben, wandert das Produkt in den Rachen zurück und wird mit mahlenden Kieferbewegungen zerkleinert. Dann wird der Brei in den Blättermagen abgeschluckt, geht über den Labmagen in den Dünndarm und weiter den gleichen Weg wie bei Nichtwiederkäuern.

Gebiß: Es ist das erste Gebiß vom Dauergebiß zu unterscheiden. Die Zahnkronen weisen Unregelmäßigkeiten auf, die mit zunehmendem Alter abgeschliffen werden. Dadurch ist eine Möglichkeit zur Altersschätzung gegeben, die aber nie ganz exakt sein kann.

Das Gebiß besteht aus Schneidezähnen *(Incisivi)*, Eckzähnen *(Canini)*, vorderen Backenzähnen *(Prämolaren)* und hinteren Backenzähnen *(Molaren)*. Allesfresser, Fleischfresser, Pflanzen-

1 Stirnwaffen des Schalenwildes

a Rothirsch

b Sikahirsch. Ein Achtergeweih ist die Regel. Unter günstigen Verhältnissen kommt es zu einer höheren Endenzahl.

c Elch

d Damhirsch. Der ausgewachsene Damhirsch entwickelt »Schaufeln«. Er wird dann »Schaufler« genannt. »Spießer« heißt ein Hirsch vom ersten Kopf. Wenn er die erste Entwicklung zu Schaufeln zeigt, heißt er »Halbschaufler«.

e Rehbock

f Mufflon

g Gams sind an der »Hakelung« der Krucken nach Geschlechtern zu unterscheiden. Die Krümmung der Bockkrucke ist wesentlich stärker.

h Steinbock

Bei Steinbock, Gams und Mufflon ist das Alter an den Jahresringen des Gehörnes zu erkennen. Daneben entwickeln sich aber auch Schmuckringe, die bei der Zählung übersehen werden müssen.

2 Schematische Darstellung der Verdauung beim Wiederkäuer

1 △

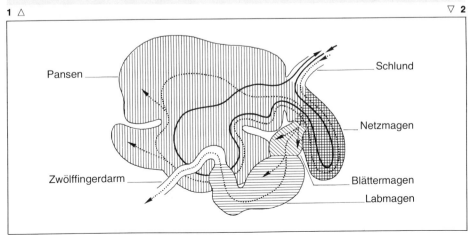

▽ 2

Pansen

Schlund

Netzmagen

Zwölffingerdarm

Blättermagen

Labmagen

fresser besitzen ganz spezielle Gebißtypen und sind im Zweifelsfall am Gebiß zu erkennen und innerhalb der Arten einzuordnen. Die Zahnformel gibt die Art des Gebisses an.

Beispiel einer Gebißformel (fertiges Dauergebiß von Schwarzwild):

$I\frac{3}{3}\,C\frac{1}{1}\,P\frac{4}{4}\,M\frac{3}{3} = 22$ Zähne auf einer Kieferhälfte, Gesamtzahl also 44 Zähne.

Übliche gekürzte Darstellung: $\dfrac{3\,1\,4\,3}{3\,1\,4\,3}$

I Incisivi = Schneidezähne
C Canini = Eckzähne
P Prämolaren = Vordere Backenzähne
M Molaren = Hintere Backenzähne

Dargestellt werden in der Zahnformel immer nur die Zähne einer oberen und unteren *Kieferhälfte.* Zur Ermittlung der Gesamtzahl muß die Summe der Zahnformel also verdoppelt werden. Demnach lautet die Zahnformel für ausgewachsenes Schwarzwild wörtlich ausgedrückt:
In jeder der beiden Ober- und Unterkieferhälften sitzen je 3 Schneidezähne, je ein Eckzahn, je vier vordere Backenzähne, je drei hintere Backenzähne.

Fortbewegung: Die Art der Fortbewegung der Säugetiere hat sich nach dem jeweiligen Entwicklungsstand und nach den natürlichen Gegebenheiten ausgebildet. Wir unterscheiden Sohlengänger (Dachs, Waschbär, Bär, viele Nagetiere, Affen, Mensch), Zehengänger (nur noch 4 Zehen — die meisten Raubtiere), Spitzengänger, die nur noch zwei bzw. eine Zehe haben, auf der sie laufen (Paarhufer, Einhufer). Unsere Schalenwildarten sind *Paarhufer.* Es gibt noch eine Reihe weiterer Spezialisierungen der Fortbewegungsorgane, wie die zu Flossen umgebildeten Gliedmaßen der Robben, die Greifhände von Waschbären, die einziehbaren Krallen der Katzen.

Vögel

Der Bau der Vögel ist grundlegend von dem der Säugetiere verschieden. Die andere Art ihrer Fortpflanzung und Fortbewegung bedingt einen anderen Körperbau und andere Sinne.
Knochengerüst: Die Knochen sind hohl und damit leicht. Die vorderen Gliedmaßen sind zu Flügeln entwickelt. Die Zehen der hinteren Gliedmaßen sind zum Greifen eingerichtet, bei Wasservögeln sind sie häufig mit Schwimmhäuten versehen.
Federkleid: Das Großgefieder bildet die Schwungfedern an den Flügeln (Schwingen) und die Schwanzfedern (Stoß). Es ermöglicht das Fliegen.
Das übrige Federkleid wird durch das Kleingefieder gebildet. Jede Feder steckt in einer Hauttasche. Die Federn entsprechen den Anforderungen, die die Lebensweise der Vögel stellt. Sie

3 Raubwildschädel
Allem Haarraubwild gemeinsam sind die Reißzähne. Der Dachsschädel ist an seinem deutlich ausgeprägten Knochenkamm erkenntlich.
Der Fuchsschädel hat ein sehr langgestrecktes Nasenbein, während der Schädel des Hundes ein höheres Stirnbein hat. Der Katzenschädel ist im Oberteil fast eiförmig und hat vor allem nicht das weitgespaltene Kiefer von Iltis, Marder, Dachs, Fuchs und Hund.

a Iltis
b Marder
c Dachs
d Fuchs
e Hund
f Katze

4 Alle Vögel wechseln in der »Mauser« einmal jährlich ihr gesamtes Federkleid (Vollmauser). Die meisten Vögel bleiben dabei flugfähig, nur einige Arten, z. B. Gänse, Schwäne, Enten sind dann für einige Zeit flugunfähig.

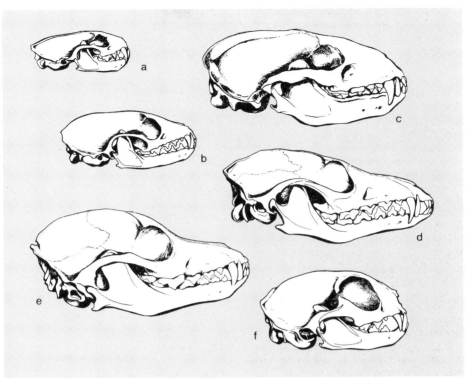

3 △

▽ **4**

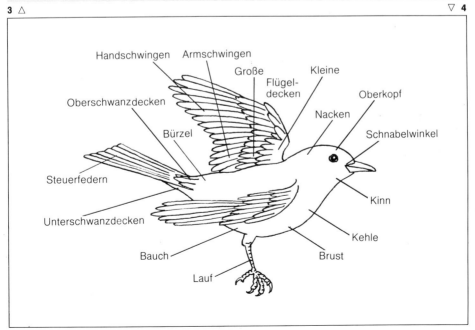

brauchen ein leichtes Kleid, das gut gegen Kälte isoliert und eine Körperform schafft, die den Flug erleichtert.

Bei den Flügeln sind die leichten Röhrenknochen durch die Federn zu einer breiten, tragenden Fläche vergrößert.

Der Federwechsel (die Mauser) entspricht teilweise dem Haarwechsel der Säugetiere. Die Mauser ermöglicht den Ersatz verlorener Federn, deren dauernder Verlust allmählich zur Flugunfähigkeit führen könnte.

Ernähung und Verdauung: Bei den meisten Vögeln ist die Speiseröhre sackartig zu einem Kropf erweitert. Er dient der Aufbewahrung und Vorverdauung der Nahrung. Zwerchfell und Harnblase fehlen. Harn und Kot werden nicht getrennt, sondern gemeinsam durch die Kloake abgesetzt.

Fortpflanzung: Die von den Weibchen entwickelten Eizellen werden als Eier abgesetzt, auch wenn sie unbefruchet sind. Die Eier werden bebrütet, in den befruchteten Eiern entsteht ein Embryo, das nach der völligen Entwicklung die Eischale durchbricht und schlüpft. Man unterscheidet Nestflüchter und Nesthocker. Nestflüchter verlassen das Nest schnell und ernähren sich selbst (Fasan, Rebhuhn), Nesthocker werden längere Zeit von den Eltern geatzt (Greifvögel).

Fortbewegung und Lebensweise: Es gibt *Kurzstreckenflieger* (die meisten Hühnervögel), *Segler* (Bussarde, Milane) *Langstreckenflieger* (Wildgänse), *schnelle Jäger* (Falken) und besonders *wendige Flieger* (Sperber, Habicht). Sie sind an charakteristischen Flügel- und Schwanzformen zu erkennen.

Daneben gibt es *Schwimm- und Tauchvögel*. Schwimmvögel (Stockente) liegen höher im Wasser und sind leichter. Tauchenten und Taucher (Reiherente, Haubentaucher, Teichhühner) liegen tief im Wasser; Taucher benutzen häufig die Flügel als Ruder.

Zugvögel besuchen uns, um hier zu brüten. In der kalten Jahreszeit ziehen sie in wärmere Winterquartiere.

Teilzieher weichen innerhalb ihres Verbreitungsgebietes bei großer Kälte in wärmere Gebiete aus (Bussard).

Standvögel verweilen das ganze Jahr über in ihrem Brutgebiet.

5 Schwimmfüße

a Schwimmente

b Tauchente. Sie hat einen sehr viel stärker ausgeprägten »Daumen« als die Schwimmenten.

5

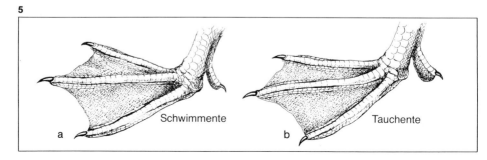

Schwimmente

a

Tauchente

b

Jagdwissenschaft

In den letzten Jahrzehnten hat die Jagd durch die Forschungsarbeit von Verhaltenslehre und Ökologie wesentliche neue Erkenntnisse gewonnen. In Österreich sind insbesondere das Institut für Wildbiologie und Jagdwirtschaft der Universität für Bodenkultur und das Forschungsinstitut für Wildtierkunde der Veterinärmedizinischen Universität auf diesem Gebiet tätig.

Jeder gute Jäger ist aber auch selbst ein Verhaltensforscher. Gerade deshalb sollte er sich auch die wissenschaftlichen Grundlagen dafür aneignen. Fachpresse und Fachliteratur können ihm dabei nützlich sein.

Fragen:

11 Gibt es auch Vögel, die zur Hohen Jagd zählen?

12 Welches Schalenwild ist kein Wiederkäuer?

13 Worin unterscheiden sich Geweihe und Gehörne?

14 Was geschieht im Pansen und Netzmagen der Wiederkäuer?

15 Welche von unseren Wildarten gehören zu den Paarhufern?

16 Was ist am Knochenbau der Vögel besonders charakteristisch?

17 Wie nennt man den Federwechsel der Vögel, und welchem Vorgang bei den Säugetieren entspricht er?

18 Wie unterscheiden sich Schwimm- und Tauchenten?

Die einzelnen Wildarten

Haarwild

Schalenwild

Rotwild

Man unterscheidet Hirsche, Alttiere, Schmaltiere und Kälber. Ein Hirsch wiegt aufgebrochen zwischen 80 und 150 kg, je nach Alter und Standort.

Lebensraum: Der Lebensraum des Rotwildes sind große Waldgebiete mit zusammenhängenden Dickungen und die unteren und mittleren Regionen der Alpen.

Lebensweise: Lebt gesellig, bildet Rudel (Kahlwild und geringe Hirsche), die von einem Alttier (Leittier) geführt werden. Stärkere Hirsche leben meist in eigenen Trupps. Alte, starke Hirsche werden zu Einsiedlern, die nur in der Brunft zu ihrem Kahlwildrudel treten, dieses zusammenhalten und gegen Nebenbuhler verteidigen.

Ernährung: Rotwild ist im Gegensatz zum Rehwild kein Nahrungsselektierer. Wichtig ist, daß *Rauhfutter* (zellulosereiche Nahrung wie Gräser, im Winter Heu, Knospen, Triebe) und *Kraftfutter* (Eicheln, Kastanien, künstliches Kraftfutter) im rechten Verhältnis stehen. Wenn die Nahrungszusammensetzung nicht stimmt oder wenn das Wild zur Äsungsaufnahme und zum Wiederkäuen nicht genug Ruhe findet, *schält es die Rinde der Bäume* und macht erheblichen Forstschaden.

Haarwechsel: April bis Mai und September bis Oktober. Junge und gesunde Stücke verfärben früher als alte oder kranke. In der Brunft hat der Hirsch lange, dunklere Haare am Träger (Brunftkragen).

Das Geweih: Das Alter der Hirsche wird nach der Zahl der Geweihe bemessen, die sie getragen haben. Der Hirsch trägt im zweiten Lebensjahr sein erstes Geweih und ist dann ein Hirsch vom ersten Kopf. Ein reifer Hirsch vom zehnten Kopf ist also 11 Jahre alt.

Das Kalb: Gegen Ende des ersten Lebensjahres entwickelt das Hirschkalb Rosenstöcke.

Hirsch vom 1. Kopf: Etwa ein Jahr nach der Geburt, im Juni entwickelt der Junghirsch Spieße. Bei sehr gut veranlagten Stücken können sich auch schon Enden zeigen. Dieses Erstlingsgeweih wird September/Oktober verfegt und April/Mai des folgenden Jahres abgeworfen. Es hat noch keine Rosen. Dadurch ist es vom Geweih älterer Spießer zu unterscheiden.

Hirsch vom 2. Kopf: Er entwickelt bei normaler Veranlagung in der Regel ein Geweih von 6 Enden. Sehr gut veranlagte Hirsche zeigen bereits 8 und mehr Enden.

Ältere Hirsche: Nach dem Reife-Alter, das mit etwa 10 Jahren erreicht ist, beginnt der Hirsch „zurückzusetzen".

6 Hirschrudel zur Brunftzeit Der Platzhirsch, ein starker Kronenhirsch steht bei seinem Rudel.

7 Altersschätzung

a Rotspießer vom ersten Kopf

b Gut veranlagter Hirsch vom 4.–5. Kopf

c Starker 1a Hirsch vom 10.–12. Kopf

d Alter Hirsch, der bereits zurückgesetzt hat
bei (c) und (d) ist der Brunftkragen deutlich sichtbar.
Beim Rotwild ist eine ungefähre Altersschätzung durch Bewertung des Geweihes noch eher möglich, als beim Rehwild, weil die Entwicklung des Rotwildgeweihes weniger von Umwelteinflüssen abhängig ist.

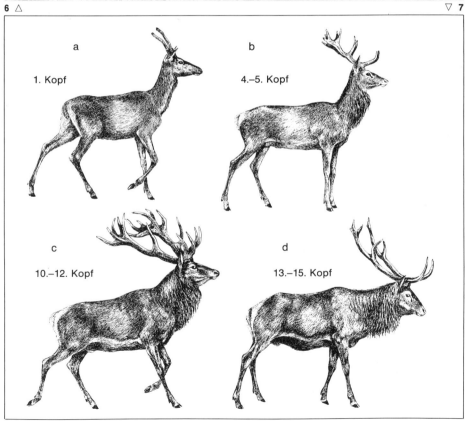

a

1. Kopf

b

4.–5. Kopf

c

10.–12. Kopf

d

13.–15. Kopf

Während des Wachstums ist das Geweih von einer pelzigen stark durchbluteten Haut überzogen, dem „Bast", der im Juli/August eintrocknet und an Bäumen und Sträuchern abgefegt wird; der Hirsch „verfegt". Im Frühling wird das Geweih abgeworfen. Alte Hirsche werfen früher ab (Februar).

Geweihformen: Wenn sich das Stangenende in mehr als 2 Enden teilt, spricht man von *„Kronengeweih".* Die unterste Sprosse des Geweihes ist die *„Augsprosse",* die letzte Sprosse vor dem gegabelten oder in eine Krone aufgeteilten Stangenende ist die *„Mittelsprosse".* Wenn zwischen Aug- und Mittelsprosse nochmals eine Sprosse erscheint, heißt diese *„Eissprosse".* Hirsche, die kein Geweih schieben, heißen „Mönch" oder „Plattkopf".

Gebiß: Wie bei allen Wiederkäuern unterscheiden wir zwischen Milchgebiß und Dauergebiß. Das Dauergebiß ist im 31. Lebensmonat fertig ausgebildet. Rotwild hat als Wiederkäuer keine oberen Schneidezähne.

Grandeln: Im Oberkiefer kommen noch stark zurückgebildete Eckzähne vor, die als Trophäen gelten. Sie heißen Grandeln (hin und wieder auch noch beim Dam- und Rehwild erscheinend).

Schneidezähne des Unterkiefers: Die beiden mittleren Schneidezähne heißen Zangen. Die beiden unteren Eckzähne sind ebenfalls zu Schneidezähnen umgebildet.

Backenzähne: Jede Kieferhälfte hat 6 Backenzähne. Die drei vorderen (Prämolaren) sind schon im Milchgebiß vorhanden, die drei hinteren (Molaren) entwickeln sich erst mit dem Dauergebiß. Dadurch ist eine Altersfeststellung bis zum Herbst des 3. Lebensjahres möglich.

Gebißentwicklung: *Im ersten Sommer* sind nur die drei Prämolaren vorhanden. P3 ist dreiteilig. Alle Schneidezähne sind Milchgebiß. — *Im ersten Winter* ist der erste bleibende Molar zusätzlich vorhanden. Alle Schneidezähne Milchgebiß. — Im *zweiten Sommer* ist der zweite bleibende Molar vorhanden. Die Zangen sind bereits Dauergebiß. — *Im dritten Sommer* sind die drei Molaren vollständig vorhanden, die Prämolaren sind noch Milchgebiß. (P3 ist noch dreiteilig). Alle Schneidezähne Dauergebiß. — *Im dritten Herbst* ist das bleibende Gebiß vollständig, P3 ist jetzt zweiteilig.

Die Eckzähne des Oberkiefers sind zu kleinen Haken (Grandeln) zurückentwickelt. Der untere Eckzahn ist zum Schneidezahn umgebildet.

1. Winter:	I	$\dfrac{0\ 0\ 0\ 0}{1\ 2\ 3\ 4}$	C	$\dfrac{1}{0}$	P u. M	$\dfrac{1\ 2\ 3\ IV}{1\ 2\ 3\ IV}$
2. Sommer:		$\dfrac{0\ 0\ 0\ 0}{I\ II\ 3\ 4}$		$\dfrac{1}{0}$		$\dfrac{1\ 2\ 3\ IV\ V}{1\ 2\ 3\ IV\ V}$
3. Sommer:		$\dfrac{0\ 0\ 0\ 0}{I\ II\ III\ IV}$		$\dfrac{I}{0}$		$\dfrac{1\ 2\ 3\ IV\ V\ VI}{1\ 2\ 3\ IV\ V\ VI}$
3. Herbst:		$\dfrac{0\ 0\ 0\ 0}{I\ II\ III\ IV}$		$\dfrac{I}{0}$		$\dfrac{I\ II\ III\ IV\ V\ VI}{I\ II\ III\ IV\ V\ VI}$

Ab 32. Lebensmonat ist das Gebiß endgültig: $I\frac{0}{4}\ C\frac{1}{0}\ P\frac{3}{3}\frac{M}{M}\frac{3}{3}$

8 Die voll ausgebildete Stange eines Rothirsches. Nicht jeder Hirsch entwickelt eine Krone. Der »Kronenhirsch« war bisher ein Hegeziel, heute hat man bei der Rotwildjagd mehr an ökonomische und ökologische Ziele zu denken.

9 In der Mitte ein guter, älterer Hirsch, links ein jüngerer Zukunftshirsch, dazu ein weibliches Tier und ein Kalb.

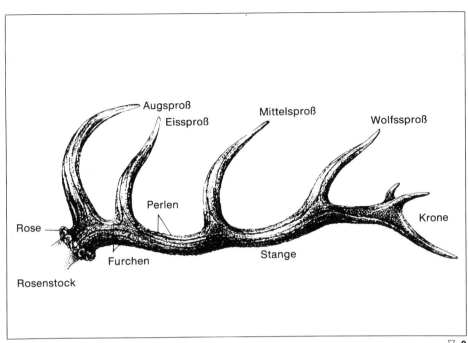

Augsproß
Eissproß
Mittelsproß
Wolfssproß
Perlen
Rose
Krone
Furchen
Stange
Rosenstock

8 △ ▽ 9

Fortpflanzung: Im September beginnt die Hirschbrunft. Die „Platzhirsche", die stärksten Hirsche der Population, treiben ihr Kahlwild zu einem „Brunftrudel" zusammen, das sie gegen schwächere Hirsche („Beihirsche") verteidigen.

Lautäußerungen: Der Brunftruf besteht aus einem lauten *Schreien* oder *Röhren* und aus einem leiseren *Trenzen* oder *Knören*. Der Warnlaut klingt heiser bellend und heißt *„Schrek-ken"*. Das *Mahnen* ist ein Verständigungslaut zwischen Tier und Kalb. Bei Verletzungen *klagt* das Rotwild.

Setzzeit: Im Mai/Juni wird das Kalb nach einer Tragzeit von 34—36 Wochen gesetzt. Es wird in den ersten Tagen nach der Geburt von der Mutter „abgelegt", das heißt, es drückt sich an sicheren Orten bewegungslos auf den Boden. Die Mutter kommt mehrmals täglich, um es zu säugen.

Pirschzeichen: Rotwild ist scheu. Es in Anblick zu bekommen ist weit schwieriger als bei Rehwild. Der „hirschgerechte Jäger" erkennt deshalb an verschiedenen Zeichen seine Anwesenheit. Fährten und Losungen sind die Hauptzeichen, durch die Rotwild zu bestätigen ist. Man spricht dabei von *„hirschgerechten Zeichen"*.

Jagd: Sie findet beim Ansitz, auf der Pirsch, durch Riegel- und Drückjagden und durch die Lockjagd statt. Bei der Lockjagd wird durch Triton-Muscheln, Ochsenhörner oder künstlich hergestellte Geräte der Brunftschrei nachgeahmt und der Hirsch, der einen Gegner vermutet, dadurch angelockt.

Damwild

Erwachsene Damhirsche wiegen aufgebrochen etwa 60—70 kg. Die Sommerdecke ist rötlich-braun mit weißen Flecken, die Winterdecke dunkler graubraun.

Gebiß: Es entspricht dem des Rotwildes, Grandeln sind selten.

Lebensweise: Gesellig lebend. Tagaktiver als das Rotwild. Gegen Störungen weniger empfindlich.

Lebensraum: Parkartiges Gelände.

Ernährung: Ähnlich der des Rotwildes. Geringere Schälschäden.

Geweihbildung: Das Hirschkalb entwickelt im Frühjahr Spieße, im nächsten Jahr kommen Rosen, Augsproß, Mittelsproß und meist eine Gabel am Stangenende. Dann verbreitert sich das Stangenende zur Schaufel. Im Alter von 9—12 Jahren werden die Geweihe am stärksten. Abwurfzeit ist im April; August/September wird verfegt.

Fortpflanzung: Brunft ab Ende Oktober. Der Hirsch schlägt sich zur Brunftzeit eine Brunftkuhle, in die er näßt und in der er sich niedertut. Tragzeit 31—32 Wochen.

Jagd: Ansitz und Pirsch. Wie bei allem wiederkäuenden Schalenwild ist ein Geschlechterverhältnis von 1 : 1 anzustreben.

Damwild ist leichter zu bejagen als Rotwild, weil es vertrauter ist und sich meist in übersichtlicherem Gelände aufhält.

Hirschgerechte Zeichen
(Abb. 10-12) Der Rotwildjäger kennt die »hirschgerechten Zeichen«. Fährten, Trittsiegel und Losung ermöglichen Schlüsse auf Qualität und Quantität des Rotwildvorkommens.

10 *Rotwildfährten*
Von Fährte spricht man, wenn mehrere Trittsiegel hintereinanderstehen.

11 *Trittsiegel*
a   Übereilen
b   Zurückbleiben
c   Beitritt
d   Kreuztritt

12 *Rotwildlosung*
Sie ermöglicht eine Unterscheidung zwischen Hirsch und Alttier: Die Losung des Tieres ist kleiner, beim Hirsch ist sie durch »Näpfchen« und »Zäpfchen« miteinander verbunden.

13 Ein starker Damhirsch der einen Damspießer abwehrt. Der Pinsel ist bei beiden Hirschen deutlich zu sehen, manchmal ein wichtiges Hilfsmittel zum Ansprechen.

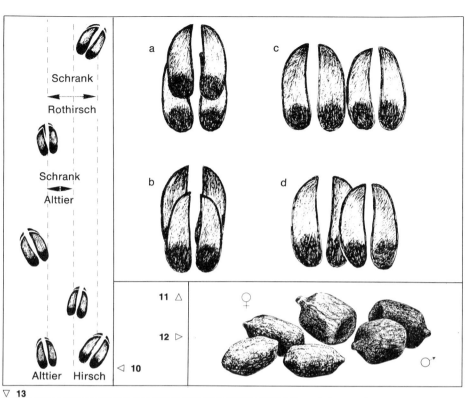

Schrank
Rothirsch

Schrank
Alttier

a

b

c

d

11 △

12 ▷

◁ 10

♀

♂

Alttier   Hirsch

▽ 13

Sikawild

Das Sikawild ist eng mit dem Rotwild verwandt. Größe und Gewicht etwa wie beim Damwild, Decke im Sommer hell gefleckt, im Winter fast schwarz, Zahnformel wie beim Rotwild.
Vorkommen: Es stammt aus Ostasien. In Österreich existieren kleine Bestände in freier Wildbahn bei Tulln und am Ostrong (NÖ).
Lebensweise: Ähnlich wie bei Damwild.

Elchwild

Kommt in Österreich in freier Wildbahn nicht vor. Diese größte Hirschart der Erde ist das Wildtier weiträumiger Moorlandschaften in Nordeuropa, Nordasien und Nordamerika.

Rehwild

Das Rehwild ist seit langer Zeit unsere Hauptschalenwildart. Sein Bestand hat von Kriegsende bis heute stark zugenommen. Das Gewicht eines durchschnittlichen Rehbockes beträgt aufgebrochen etwa 16—18 kg.
Vorkommen: Das Reh ist entwicklungsgeschichtlich ein „Schlüpfer", das heißt ein Tier, das leicht und gern durch Lükken im Unterholz schlieft. Dementsprechend liebt es unterholzreiche Wälder. Doch ist dieses Wild so anpassungsfähig, daß man es fast als einen „Kulturfolger" bezeichnen kann und hat zahlreiche Räume unserer Zivilisationslandschaft besiedelt. In reinen Feldrevieren ohne Deckung entwickelt es sich zum „Feldreh".
Lebensweise: Im Sommer leben die Böcke einzeln, die Gaisen zusammen mit ihren Kitzen, im Winter bilden sich häufig „Sprünge", aus mehreren Tieren bestehend. Meist tritt das Rehwild in den frühen Morgen- und späten Abendstunden vom Wald zur Äsung ins Feld aus, in ruhigen Gegenden auch mittags.
Die Böcke entwickeln ein ausgeprägtes Territorialverhalten.
Duftdrüsen an der Stirn ermöglichen es ihnen, ihr Gebiet geruchlich zu markieren. Sie schlagen dazu mit dem Geweih an schwache Stämme und reiben die Stirn an ihnen. Fremde Böcke werden abgeschlagen. Rehwild äugt mäßig, der Geruchssinn ist sehr gut entwickelt.
Ernährung: Rehwild ist ein ausgesprochener *Nahrungsselektierer*, das heißt, es sucht aus dem Nahrungsangebot nur bestimmte, ihm zusagende Teile heraus. Im Sommer hauptsächlich Kraut- und Knospenäsung auf Feld- und Wiesenflächen, im Winter hält es sich in den Dickungen auf und äst junge Triebe, Rinde von Weichhölzern, Brombeer- und Himbeerlaub. Durch das Verbeißen der Triebe ist es forstschädlich.

14 Sikahirsch
Sein Geweih ist schwächer, als das des Rothirsches. Nur unter sehr guten Lebensbedingungen weist es mehr als acht Enden auf. Kreuzungen mit dem Rotwild sind möglich, aber unerwünscht.

15 Jüngerer Elch

16 Guter Rehbock mit Gais

14 △   15 △   ▽ 16

Die Notwendigkeit der Nahrungsauswahl macht das Rehwild besonders anfällig für Magen-Darmkrankheiten. Schnelle Nahrungsumstellungen, wie der Wechsel von der zähen und trockenen Winteräsung zur zarten Frühlingsäsung, sind besonders bedrohlich und äußern sich in lebensgefährlichen Durchfällen.

Geweihbildung: Das im Mai bis Juni gesetzte Bockkitz schiebt bereits im Alter von 3—4 Monaten ein *Erstlingsgeweih,* kleine Spieße oder Knöpfe ohne Rosen, die etwa im Dezember fertig ausgebildet sind. Sie werden bereits nach Tagen oder höchstens Wochen *wieder abgeworfen* und das Folgegeweih beginnt sich zu entwickeln. *Das Jährlingsgeweih:* Es entwickelt sich nach Abwerfen des Erstlingsgeweihes. Meist besteht es aus Spießen, bei sehr gut veranlagten Böcken oder sehr guten Äsungsverhältnissen aus Gabeln. Sechsergehörne bei Jährlingen sind selten, doch treten auch sie auf.

Weitere Geweihentwicklung: Die folgenden Jahre bringen ein Ansteigen der Geweihqualität. Die Norm sind Sechsergeweihe, doch treten auch Achter und Zehner auf.

Geweihwachstum: Die Zeit zwischen dem Abwerfen (Oktober bis November) des Vorjahresgeweihes und dem Verfegen des neuen beträgt etwa 20 Wochen. Harte Winter verzögern das Geweihwachstum. Sofort nach dem Abwerfen beginnt das Wachstum des neuen Geweihes. Es ist von einer pelzigen, sehr stark durchbluteten Haut überzogen, dem „Bast", der nach Ausbildung des Geweihes abstirbt und durch Reiben an Büschen und Bäumen abgefegt wird; der Bock „verfegt".

Altersschätzung nach Geweihentwicklung: Böcke, die bis Ende Februar fertig geschoben und vereckt haben, sind meist alt.

Jüngere Böcke (3—5jährig) schieben und verecken später.

Böcke, bei denen das Geweihwachstum erst im Februar beginnt, sind höchstens zweijährig.

Jährlingsböcke schieben meist erst im März.

Eine Altersschätzung anhand der Geweihqualität ist sehr zweifelhaft, weil sie sehr stark von Witterungs- und Äsungsverhältnissen abhängig ist.

Verfärben: Im Frühjahr und Herbst unterliegt das Rehwild einem Haarwechsel. Während im Winter dichtes, dunkler gefärbtes Winterhaar vor der Kälte schützt, wird im Sommer kürzeres, helleres Sommerhaar getragen. Der Zeitpunkt des Verfärbens gibt eine Möglichkeit zur Altersschätzung: *Alte Rehe verfärben im Frühjahr später.* Rehe, die Mitte Juni noch grau sind, sind entweder überaltert oder krank.

Etwa Mitte Oktober entwickelt sich dann wieder das Winterhaar; auch hier gilt: Jung verfärbt zuerst.

Gebiß: Das Gebiß weist eine Besonderheit auf, durch die sich ein knapp einjähriges von einem älteren Stück unterscheiden läßt: Der dritte untere Backenzahn (P 3) ist bis zum Alter von höchstens 14 Monaten dreiteilig, später ist er zweiteilig. Altersschätzung durch Messung des Zahnabschliffes ist möglich, führt aber nicht zu ganz exakten Ergebnissen.

17 Die einzelnen Teile der Rehbockstange

18 Altersschätzung

a Schlecht veranlagter Jährling (Knopfbock)

b Schlecht veranlagter 2jähriger Spießer

c Gut veranlagter 2jähriger Sechser

d Älterer mittelmäßiger Sechser

Die Altersschätzung des Rehbockes ist anhand seiner Geweihentwicklung äußerst schwierig.
Ein Knopfbock wie (a) ist wahrscheinlich ein Jährling und immer abschußwürdig, ein Spießer wie (b) kann ein guter Jährling sein, oder ein schlechter zwei- oder dreijähriger Bock. Der Sechser von (c) ist wahrscheinlich jung und gut veranlagt, und der Sechser von (d) ist vielleicht ein drei- bis vierjähriger mittelmäßig veranlagter Bock.

19 Spiegel des Rehwildes
a Bock
b Gais
c In Erregung wird der Spiegel weit gespreizt.
Am Spiegel des Rehwildes erkennt man auch das Geschlecht. Der Spiegel des Bockes ist nierenförmig, bei der Gais ist die Schürze deutlich erkennbar. Die weißen Haare des Spiegels sind ein Kommunikationsmittel. Weit gespreizt signalisieren sie: Vorsicht! Gefahr!

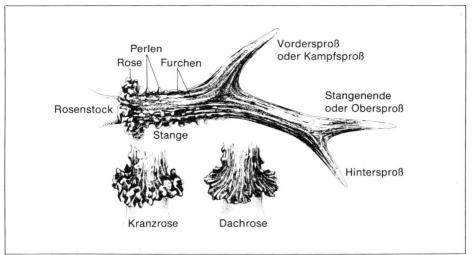

Perlen
Rose Furchen
Rosenstock
Stange
Vordersproß oder Kampfsproß
Stangenende oder Obersproß
Hintersproß
Kranzrose Dachrose

17 △

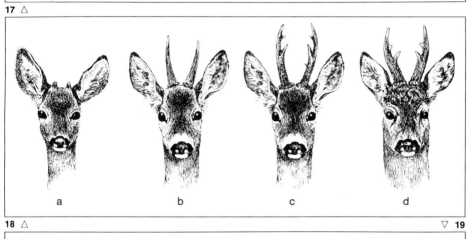

a   b   c   d

18 △   ▽ **19**

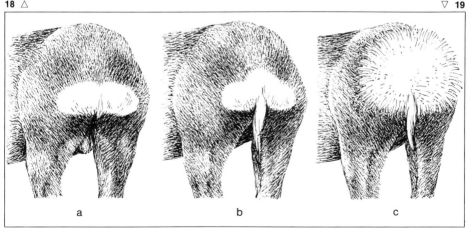

a   b   c

Gebißentwicklung

1. Lebensjahr (bis August)

$$I\ \frac{0\ 0\ 0\ 0}{1\ 2\ 3\ 4}\qquad C\ \frac{0}{0}\qquad P\ u.\ M\ \frac{1\ 2\ 3}{1\ 2\ 3}$$

1. Lebensjahr (bis Dezember)

$$I\ \frac{0\ 0\ 0\ 0}{1\ 2\ 3\ 4}\qquad C\ \frac{0}{0}\qquad P\ u.\ M\ \frac{1\ 2\ 3\ IV\ V}{1\ 2\ 3\ IV\ V}$$

2. Lebensjahr (bis Mai)

$$I\ \frac{0\ 0\ 0\ \ 0}{I\ \ II\ \ III\ \ 4}\qquad C\ \frac{0}{0}\qquad P\ u.\ M\ \frac{1\ 2\ 3\ IV\ V}{1\ 2\ 3\ IV\ V}\quad \text{(P 3 ist dreiteilig)}$$

2. Lebensjahr (bis Juni)

$$I\ \frac{0\ 0\ 0\ \ 0}{I\ \ II\ \ III\ \ IV}\qquad C\ \frac{0}{0}\qquad P\ u.\ M\ \frac{I\ \ II\ \ III\ IV\ V\ VI}{I\ \ II\ \ III\ IV\ V\ VI}\quad \text{(P III ist zweiteilig)}$$

Dauergebiß: $I\frac{0}{4}\ C\frac{0}{0}\ P\frac{3}{3}\ M\frac{3}{3} = 32$ Zähne

Die arabischen Zahlen der Tabelle bedeuten die ersten Zähne, die gegen die bleibenden Zähne (römische Zahlen) ausgewechselt werden.

Der Zahn $I\frac{0}{4}$ bzw. $I\frac{0}{IV}$ ist der zu einem Schneidezahn umgewandelte Eckzahn.

Fortpflanzung: Die Brunft (Blattzeit) findet von Mitte Juli bis Mitte August statt. Die Gais teilt ihre Brunftbereitschaft durch einen Fiepruf mit, der Bock treibt jeweils eine Gais.

Im Mai/Juni des folgenden Jahres werden nach einer Tragzeit von 40 Wochen 1—2, selten 3 Kitze gesetzt. Die lange Tragzeit erklärt sich durch die Eiruhe: Damit das Kitz nicht im Winter gesetzt wird, entwickelt sich das befruchtete Ei in der Gais bis Dezember fast überhaupt nicht. Erst dann beginnt die Entwicklung des Embryos. Die Kitze werden von der Mutter in den ersten Lebenswochen abgelegt. Sie drücken sich bewegungslos in den Bodenbewuchs und werden von der Mutter versorgt und notfalls auch verteidigt.

Jagd: Ansitz und Pirsch sind die Hauptjagdarten.

In der Brunftzeit kommt die „Blattjagd" dazu, bei der das Fiepen der brunftigen Gais nachgeahmt wird.

Gamswild

Das Gamswild gehört zu den Hornträgern.

Der Gamsbock wiegt aufgebrochen etwa 22—28 kg.

Vorkommen: Alpen (Gratgams) und Alpenvorland (Waldgams).

Lebensweise: Rudelwild, Gaisen, Kitze, junge Böcke leben außer in der Setzzeit zusammen (Graffel).

Die Schalen sind scharfrandig und können weit gespreizt werden.

Gamswild ist tagaktiv und leidet ganz besonders unter dem immer mehr werdenden Tourismus in den Alpen.

Als Warnsignal und als Zeichen der Erregung wird die Luft mit einem zischenden Pfeifton durch den Windfang ausgestoßen.

20 Zahnentwicklung und Zahnabschliff sind die wesentlichen Hilfsmittel zur Altersschätzung beim Rehwild. Auch hier sind aber Fehlerquellen vorhanden. In Revieren, die sehr weiche Äsung bieten, ist der Zahnabschliff wesentlich geringer, als in Revieren, in denen das Reh z. B. mit der Äsung viel Sand aufnimmt. Dadurch schleifen sich die »Kunden«, die plastische Oberfläche der Zähne, schneller ab.

21 Der Wildretter bewahrt das Jungwild vor dem Ausmähen.

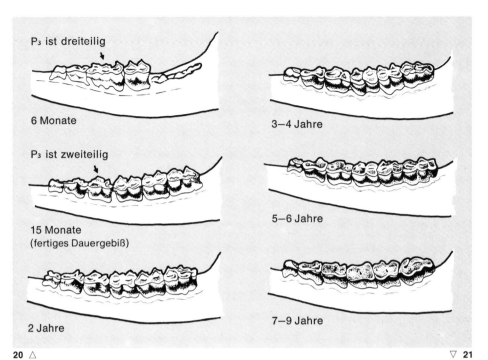

P₃ ist dreiteilig

6 Monate

P₃ ist zweiteilig

15 Monate
(fertiges Dauergebiß)

2 Jahre

3—4 Jahre

5—6 Jahre

7—9 Jahre

20 △

▽ **21**

Ernährung: Kräuter, Gräser, Weichholztriebe, Zwergsträucher. Im Winter werden an aperen Stellen Moose und Flechten, auch Triebe und Rinde von Latschen aufgenommen. Waldgams verursachen Verbiß an Forstpflanzen.

Haarwechsel: Die Sommerdecke ist gelb bis braun, im Winter wird sie fast schwarz. Der Bock trägt in der Brunft am Rücken einen langhaarigen fast schwarzen Streifen, aus dem der *Gamsbart* gebunden wird. Der Kopf der Gams ist vom Äser zur Kehle und vom Nasenrücken zur Stirn weiß, über die Backen läuft ein schwarzer *Streifen,* der „Zügel".

Gehörn: Die Krucken werden von beiden Geschlechtern getragen. Die des Bockes sind stärker gehakelt, das heißt, um etwa 180° zurückgebogen, während die Biegung bei der Gais nur etwa 135° beträgt. Die Hornmasse der Krucken (Schlauch) sitzt auf einem Knochenzapfen und wird jährlich um ein Stück weitergeschoben. Es findet also kein jährliches Abwerfen, sondern nur ein Weiterwachsen statt. Das jährliche Wachstum prägt sich in Ringen aus. Ein Auszählen der Ringe ermöglicht genaue Altersbestimmung.

Gebißentwicklung

2. Monat	I	$\dfrac{0\ 0\ 0\ 0}{1\ 2\ 3\ 4}$	C $\dfrac{0}{0}$	P u. M	$\dfrac{1\ 2\ 3}{1\ 2\ 3}$
6.—14. Monat	I	$\dfrac{0\ 0\ 0\ 0}{1\ 2\ 3\ 4}$	C $\dfrac{0}{0}$	P u. M	$\dfrac{1\ 2\ 3\ IV}{1\ 2\ 3\ IV}$
18.—26. Monat	I	$\dfrac{0\ 0\ 0\ 0}{1\ 2\ 3\ 4}$	C $\dfrac{0}{0}$	P u. M	$\dfrac{1\ 2\ 3\ IV\ V}{1\ 2\ 3\ IV\ V}$
28. Monat	I	$\dfrac{0\ 0\ 0\ 0}{I\ II\ 3\ 4}$	C $\dfrac{0}{0}$	P u. M	$\dfrac{1\ 2\ 3\ IV\ V}{1\ 2\ III\ IV\ V\ VI}$
32.—38. Monat	I	$\dfrac{0\ 0\ 0\ 0}{I\ II\ III\ 4}$	C $\dfrac{0}{0}$	P u. M	$\dfrac{I\ II\ III\ IV\ V\ VI}{I\ II\ III\ IV\ V\ VI}$

Dauergebiß: $I\frac{0}{4}\,C\frac{0}{0}\,P\frac{3}{3}\,M\frac{3}{3}=32$ Zähne

Der Zahn $I\frac{0}{4}$ bzw. $I\frac{0}{IV}$ ist der zu einem Schneidezahn umgewandelte Eckzahn.

Fortpflanzung: Brunft Ende November bis Mitte Dezember. Die Böcke sind territorial, es kommt zu Einstandskämpfen. Setzzeit ist nach einer Tragzeit von 25—26 Wochen im Mai; meist 1, sehr selten 2—3 Kitze.

Jagd: Durch die extremen Verhältnisse in den Alpen hat das Gamswild im Winter hohe Abgänge. Zu hohe Wilddichten bringen Gefahr der Gamsräude mit sich.

Hauptjagdart ist Pirsch und Verbindung von Pirsch und Ansitz.

Muffelwild

Muffelwild war ursprünglich in Österreich nicht beheimatet, wurde aber im letzten Jahrhundert in Gatterrevieren, aber auch in freier Wildbahn in allen Bundesländern eingebürgert. Die Stammheimat sind Korsika und Sardinien. Es kreuzt sich mit anderen Wildschafen und auch mit Hausschafen. Der Widder wiegt 30—35 kg aufgebrochen.

22 Aufbau der Gamskrucke Der Hornschlauch sitzt auf einem Knochenzapfen. Zu beachten ist, daß alle Boviden neben den Jahresringen auch Schmuckringe an ihren Hornschläuchen bilden. Die Altersermittlung anhand der Jahresringe ist also zwar möglich, doch müssen die Schmuckringe ausgeschlossen werden.

23 Die Gaiskrucke ist viel schwächer gehakelt, als die Bockkrucke und oval, während die Bockkrucke mehr kreisrund ist.

24 Brunftige Gamsböcke. Die langen Rückenhaare der Brunft, aus denen der Gamsbart gebunden wird, sind deutlich sichtbar.

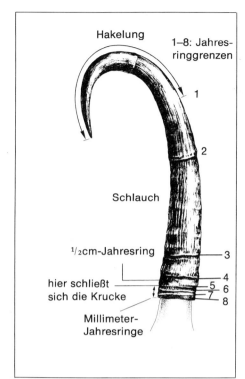

Hakelung

1–8: Jahres-
ringgrenzen

Schlauch

¹/₂cm-Jahresring

hier schließt
sich die Krucke

Millimeter-
Jahresringe

1
2
3
4
5
6
7
8

22 △   23 △   ▽ 24

Vorkommen: Bei uns meist in Mittelgebirgsrevieren, aber auch im Hochgebirge.

Lebensweise: Geselliges Waldtier. Starke Widder einzeln oder in eigenen Sprüngen.

Ernährung: Sehr genügsam: Gräser, Kräuter, Triebe.

Schnecken: Wie beim Gamswild stecken die Hornschläuche auf einem Knochenzapfen und werden nicht abgeworfen. Die „Schnecken" kommen nur beim Widder vor. Schafe tragen manchmal kurze Hörner. Die Schläuche wachsen bis zu einer Länge von etwa 80 cm in der charakteristischen nach vorne gedrehten Schneckenform. Wie beim Gamswild bilden sich Jahresringe.

Fortpflanzung: Brunft Oktober und November. Setzzeit nach 21 Wochen im März bis April, meist nur ein Lamm.

Jagd: Hauptsächlich Pirsch. Ansitz bringt nur Zufallserfolge, weil Muffelwild keine Wechsel einhält. Beim Abschuß ist zu achten auf „Einwachser" bei denen durch falsche Krümmung der Schnecken die Spitzen in Haut und Wildpret einwachsen.

Steinwild

Bewohnte früher nahezu alle Hochregionen der West- und Zentralalpen. Durch Aberglauben auf Heilwirkung verschiedener Körperteile des Steinwildes im 16. und 17. Jh. bis auf ca. 50 Stück, die bei Aosta in Italien noch vorkamen, ausgerottet, wurde das Steinwild von dort aus über die Schweiz auch in Österreich wieder eingebürgert und umfaßte bei uns 1984 einen Bestand von ca. 2000 Stück.

Teilweise Räudebefall.

Gehörn oder Aufsatz: Säbelförmig nach hinten gebogen bei Bock und Gais; es wird nicht abgeworfen.

Vorkommen: Hochgebirgsregion

Lebensweise: Gesellig

Ernährung: Hochgebirgsflora. Äußerst genügsam

Fortpflanzung: Brunft im Jänner, Setzzeit nach 21—23 Wochen im Juni.

Jagd: Pirsch und Ansitz.

Schwarzwild

Schwarzwild ist kein Wiederkäuer, sondern ein Allesfresser. Ein starker Keiler wiegt bis zu 200 kg, eine starke Bache bis zu 100 kg.

Haarwechsel: Die Färbung der Schwarte ist im Sommer graubraun bis grau, im Winter fast schwarz. Im Sommer ist das Haar kurz, fast wie geschoren, im Winter wachsen wesentlich derbere und längere Borsten und feine Unterwolle.

Gebiß: Die Eckzähne des Keilers im Oberkiefer heißen „Haderer", die im Unterkiefer „Gewehre", beide zusammen sind das „Gewaff". Die Eckzähne der Bache im Ober- und Unterkiefer nennt man „Haken".

25 Kapitaler Muffelwidder. Ursprünglich nicht in unserer Wildbahn beheimatet, wurde das »Mufflon« bei uns ausgesetzt. Einkreuzungen von Hausschafen sind möglich und vorhanden. Darauf ist vor allem beim Abschuß zu achten.

26 Kapitaler Steinbock

Gebißentwicklung

1. Monat	I $\frac{1\ 2\ 3}{1\ 2\ 3}$	C $\frac{1}{1}$	P u. M	$\frac{0}{0}$		
4. Monat	I $\frac{1\ 2\ 3}{1\ 2\ 3}$	C $\frac{1}{1}$	P u. M	$\frac{0\ 2\ 3\ 4}{0\ 2\ 3\ 4}$		
9. Monat	I $\frac{1\ 2\ 3}{1\ 2\ 3}$	C $\frac{1}{1}$	P u. M	$\frac{1\ 2\ 3\ 4\ V}{1\ 2\ 3\ 4\ V}$		
12. Monat	I $\frac{1\ 2\ III}{1\ 2\ III}$	C $\frac{1}{1}$	P u. M	$\frac{1\ 2\ 3\ 4\ V}{1\ 2\ 3\ 4\ V}$		
16. Monat	I $\frac{1\ 2\ III}{1\ 2\ III}$	C $\frac{1}{1}$	P u. M	$\frac{I\ II\ III\ IV\ V}{I\ II\ III\ IV\ V}$		
20. Monat	I $\frac{I\ II\ III}{I\ II\ III}$	C $\frac{1}{1}$	P u. M	$\frac{I\ II\ III\ IV\ V\ VI}{I\ II\ III\ IV\ V\ VI}$		

$I\frac{3}{3}\ C\frac{1}{1}\ P\frac{4}{4}\ M\frac{3}{3} = 44$ Zähne.

Das Schwarzwild hat im Gegensatz zu den Wiederkäuern noch das vollständige Säugetiergebiß.
Der Zahnwechsel ist erst im *zweiten Lebensjahr* vollendet. Die Eckzähne haben keine Wurzeln, was die Auslösung der begehrten Trophäen nach Abkochen der Kieferäste erleichtert.
Vorkommen: Große Forste, Gatter. Bevorzugt werden Eichen- und Buchenwälder. Sauen benötigen Dickungen, Schilfflächen, dichtes Gebüsch, in das sie sich untertags einschieben können und seichte Wasserflächen zum Suhlen.
Lebensweise: Gesellig; Bachen, Überläufer und Frischlinge bilden „Rotten". Keiler kommen nur zur Rauschzeit zur Rotte. Am Abend verläßt die Rotte den Kessel und geht auf Nahrungssuche. Dabei werden oft große Strecken zurückgelegt.
In der Nähe der Suhlen findet man meistens „Malbäume" an denen die Sauen sich die Schwarte wetzen.
Ernährung: Schwarzwild ist Allesfresser; Mäuse und Erdinsekten sind ein wesentlicher Bestandteil der Nahrung, daneben werden Junghasen, Gelege von Bodenbrütern und vor allem Kadaver aufgenommen. Hauptnahrung sind aber Eicheln, Bucheln, Obst, wo es erreichbar ist und Feldfrüchte, wo die Waldmast nicht ausreicht. Wenn die Sauen nachts auf die Felder gehen, richten sie erheblichen Schaden an. Sie wühlen mit ihrem „Gebrech" den Boden auf (gehen ins Gebräch) und pflügen so ganze Kartoffeläcker und. Wiesen um.
Fortpflanzung: Die Rauschzeit ist nicht so scharf begrenzt wie bei den wiederkäuenden Schalenwildarten. Sie kann schon im Oktober beginnen und im März enden. Hauptzeit ist November bis Dezember. Die *Bache trägt 18 Wochen.* Dann baut sie einen „Frischkessel" und „frischt" in ihm zwischen drei und neun Frischlinge. Sie sind anfangs braun und gelb gestreift.
Jagd: Hauptjagdarten sind: Ansitz (auch nachts), Drück- und Treibjagden bei Schnee, besonders mit Hunden. Grundsatz muß sein, daß keine führende Bache und kein mittelschwerer Keiler erlegt wird.

27 Schwarzwild. Bachen mit Überläufer

28 Das Gebrech eines starken Keilers.
»Haderer« und »Gewehre« bilden sein »Gewaff«, mit dem starken Rüssel geht er ins »Gebräch« und wühlt den Boden auf der Suche nach Insekten, Würmern, Mäusen und Wurzeln um.

44

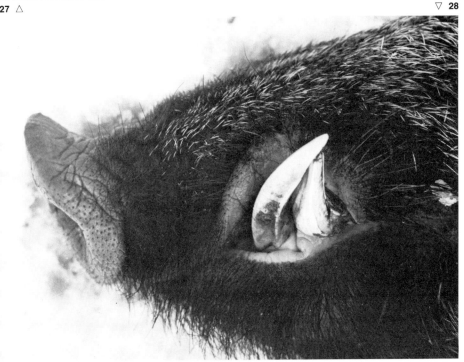

Sonstiges Haarwild

Feldhase

Nach dem Rebhuhn hat kein Wild so empfindlich auf die Veränderungen unserer Umwelt reagiert wie der Feldhase. Es darf allerdings nicht übersehen werden, daß eine Reihe von Jahren, die für Hasen ungünstige Witterung bringen, den Bestand ebenfalls erheblich verringern kann. Der Hase, vor allem der Junghase, ist sehr anfällig für bestimmte Krankheiten, die wiederum witterungsabhängig sind.

Vorkommen: Der Hase ist ein Steppentier; er lebt auf großen Feldflächen ebenso gerne wie im Vorfeld des Waldes. Ausgesprochene Waldhasen gibt es kaum — er sucht zwar am Tage Deckung im Wald, zieht aber nachts auf Felder und Wiesen.

Lebensweise: Wenig gesellig, standorttreu. Der moderne Landbau hat ihn zu verstärktem Nachtleben gezwungen. Die langen Löffel weisen ihn als ein Tier aus, dessen Gehör besonders gut ausgebildet ist. Die großen, auf den Seiten des Kopfes liegenden Seher verschaffen ihm hervorragende Orientierungsmöglichkeit.

Ernährung: Zur Ernährung benötigt der Hase Kräuter und saftreiche Feldfrüchte. Beliebt ist die Rinde von Weichholztrieben, besonders von Obstbäumen. Eine Besonderheit des Hasen ist die Aufnahme von Blinddarmlosung (Coecotrophie). Diese vitaminreiche Losung wird mit dem Äser direkt vom Waidloch wieder aufgenommen. In ihr ist das Vitamin der Nahrung so aufgeschlossen, daß der Hase es verwerten kann. Im zweiten Durchgang scheidet er harte, vitaminarme Losung aus.

Fortpflanzung: Rammelzeit von Februar bis Ende August. Mehrere Rammler folgen dabei der Häsin. Tragzeit 42 Tage. Die Häsin setzt bis zu dreimal jährlich 1—3 behaarte, sehende Junge (Nestflüchter). Die Jungen werden etwa 3 Wochen lang gesäugt. Von Mai bis Juli ist die Hauptsetzzeit, der erste Satz kommt schon im März. Bei ungünstiger Witterung in diesen Monaten kann fast der gesamte Zuwachs ausfallen. Nasse Sommer bringen verstärkten Befall mit Kokzidiose, die ebenfalls einen Großteil der Junghasen wegraffen kann.

Zahnformel: $\dfrac{2\ 0\ 3\ 3}{1\ 0\ 2\ 3} = 28$ Zähne

Hinter den Nagezähnen des Oberkiefers stehen noch sogenannte Stiftzähne.

Gebiß: Die Schneidezähne sind auf je einen pro Kieferhälfte reduziert, dafür sind sie zu starken Nagezähnen entwickelt. Zum Ausgleich für die starke Abnutzung wachsen die Nagezähne lebenslang immer weiter: Trotz dieser Merkmale zählt die Familie der Hasen nicht zu den Nagetieren.

Jagd: Einzeljagd und Treibjagd. Eine einmal im Jahr stattfindende Treibjagd ist wesentlich schonender als häufige kleine Streifen. Sehr schädlich ist auch zu intensiver Einzelabschuß an den

29 Feldhase. Die seitlich liegenden großen Seher ermöglichen beste Sicht, die großen Löffel deuten auf hervorragendes Gehör hin.

30 Das »Stroh'sche Zeichen«

Bis zum Alter von 10 Monaten hat der Vorderlauf des Hasen eine knotige Knochenverdikkung.

a Junghasenlauf mit dem »Stroh'schen Zeichen«

b Lauf eines älteren Hasen

c Der Pfeil zeigt, wo das »Stroh'sche Zeichen« erfüllt werden kann.

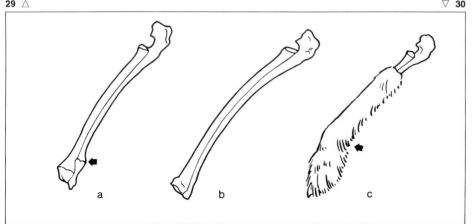

a   b   c

Waldrändern morgens und abends. Die Häsinnen rücken abends früher vom Wald ins Feld als die Rammler und werden deshalb bei der Ansitzjagd häufiger erlegt.

Altersschätzung: Sie ist nur am erlegten Tier möglich. Der Hase ist mit etwa einem Dreivierteljahr erwachsen, mit 3—4 Monaten heißt er Dreiläufer, mit 2 Monaten Halbhase und mit 1 Monat Quarthase. Bei jungen Hasen lassen sich die Löffel leichter einreißen, außerdem haben sie das „Stroh'sche Zeichen", ein Knötchen 1 cm über dem Fußwurzelgelenk, das sich ertasten läßt.

Schneehase (Alpenhase)

Körperliche Merkmale: Kleiner als der Feldhase, kürzere Löffel. Wesentlichstes Merkmal: reinweißer Balg im Winter.
Vorkommen: Alpen ab etwa 1000 m.
Jagd: Pirsch.

Kaninchen

Ausgesetzte und entlaufene Hauskaninchen verwildern sehr schnell und nehmen in den nächsten Generationen die Form der Wildkaninchen an.
Körperliche Merkmale: Wesentlich kleiner als der Hase. Gewicht 1,5 kg. Kürzere Löffel.
Vorkommen: Sandige Böden, nicht zu rauhes Klima.
Lebensweise: In Kolonien lebend. Als Lager und zum Werfen werden Baue gegraben. Dämmerungsaktiv. Gefährlichster Feind ist die Seuche Myxomatose. Wo es in zu großer Zahl vorkommt, richtet das Kaninchen beträchtliche Schäden an, sowohl durch Abäsen wertvoller Pflanzen als auch durch Anlegen von Bauen im kultivierten Boden.
Fortpflanzung: Äußerst vermehrungskräftig. 4—6 mal jährlich 4—12 Junge. Tragzeit 30 Tage. Die Jungen werden im Bau gesetzt und sind Nesthocker (anfangs blind und nackt, das Nest nicht verlassend).
Jagd: Einzelansitz, Jagd mit Frettchen und Beizvögeln, Treiben.

Nutria

Aus Pelztierfarmen stammend, fallweise in freier Wildbahn anzutreffen.

Murmeltier

Lebt in den Alpen in Bauen; hält einen Winterschlaf; Bärzeit Mai bis Juni, nach 5 Wochen Tragzeit 2—6 Junge. Nesthocker. Gefährlichster Feind ist der Adler.
Jagd: Ansitz am Bau.

Biber

Einbürgerungsversuche in den Donauauen bei Wien.

31 Der Schneehase ist etwas kleiner als der Feldhase. Ein im Spurschnee erkennbares Unterscheidungsmerkmal ist, daß seine Sohlen breiter und stärker behaart sind, als die des Feldhasen.

32 Kaninchen. Es ist noch etwas kleiner, als der Schneehase. Während der Schneehase sich mit dem Feldhasen kreuzen kann, ist dies dem Kaninchen nicht möglich.

33 Murmeltier. Vom Gliederbandwurm befallene Tiere speichern zu wenig Fett und gehen oft im Winterbau zugrunde.

34 Biber. Baut Dämme. Nährt sich von Wasserpflanzen und der Rinde selbstgefällter Bäume.

31 △   ▽ 33 32 △   ▽ 34

Bisam

Langer, seitlich zusammengedrückter Schwanz. Pflanzenfresser, wertvolles Pelzwerk. Aus Nordamerika eingeführt.

Raubwild

Wildkatze

Vorkommen in großen Waldgebieten. 5—8 kg schwer. Unterscheidung von der Hauskatze vor allem durch die Rute: *drei deutlich sichtbare schwarze Ringe* und schwarzes Ende. Kreuzungen mit der Hauskatze kommen vor. Ranzzeit Februar/März. Keine Jagdzeit.

Luchs

1977 in der Steiermark ausgesetzt — heute bereits verbreitet zu fährten. Durch die pinselartigen Haarbüscheln an den Ohren unverkennbar. Keine Jagdzeit.

Fuchs

Der Fuchs ist das am häufigsten vorkommende Raubwild. Als Hauptüberträger der Tollwut verdient er besondere jagdliche Beachtung. Gewicht 6—10 kg.
Haarwechsel: Nach dem Haarwechsel im Spätherbst ist der Balg dicht, lang und glatt. Dadurch ist der Winterbalg besonders begehrt. Färbung fuchsrot in verschiedenen Schattierungen.
Vorkommen: Von der Ebene bis ins Hochgebirge. Der Fuchs ist außerordentlich anpassungsfähig und kann auch Außengebiete großer Städte besiedeln, wenn er ruhig gelegene Baue findet oder anlegen kann.
Lebensweise: Nachtaktiv. Der Tag wird in ruhigen Dickungen oder im Bau verbracht. Außerordentlich scharfe Sinne, hauptsächlich Pirschjäger.
Ernährung: Reiner Fleischfresser, der gelegentlich auch Beeren und Früchte aufnimmt. Hauptnahrungsgrundlage bilden Mäuse, daneben Niederwild, Insekten und Aas.
Zahnformel: $\dfrac{3\,1\,4\,2}{3\,1\,4\,3} = 42$ Zähne
Fortpflanzung: Ranzzeit Jänner bis März. Nach 7½ Wochen Tragzeit werden 3—8 Welpen gewölft. Nesthocker. Nach etwa 2 Wochen Säugezeit trägt die Fähe den Welpen Beute zu, etwa ein Vierteljahr nach dem Wölfen unternimmt das Geheck mit der Fähe die ersten Beutezüge.
Jagd: Baujagd mit Erdhunden, Ansitz mit Anlocken durch Mäuseln oder Hasenklage, in mondhellen Nächten während der Ranzzeit oder am Luderplatz, Drückjagd; Fallenjagd.

35 Der Bisam gehört zu den Wühlmäusen und schadet durch Unterwühlen von Teichdämmen und Flußufern.

36 Wildkatze. In großen Waldgebieten wie dem Wald- und Mühlviertel ist sie noch heimisch.

37 Luchs. Sinnvoll sind Aussetzaktionen nur, wenn ein entsprechender Biotop vorhanden ist.

38 Fuchs. Er ist unser häufigstes Haarraubwild. Trotz intensivster Bejagung durch Jahrhunderte hindurch war er nie gefährdet. Auch nach Tollwut-Seuchenzügen erholt er sich sehr schnell wieder.

39 Spur von Hund und Fuchs. Die Hundespur ist breiter, als die des Fuchses.

39 ▽

35

36

37

Hund   Fuchs

Hund   Fuchs

▽ **38**

Wolf

Forschungen haben ergeben, daß der Wolf der Stammvater des Haushundes ist. Sehr selten als Wanderer aus dem Osten und Süden.

Marderhund (Enok)

Aus Rußland langsam nach Westen vordringender Allesfresser. Seine Einbürgerung ist nicht erwünscht.

Braunbär

Fallweise Wanderer aus dem Süden in Kärnten und seit einigen Jahren bei Mariazell auch überwinternd.

Waschbär

Aus Nordamerika stammend, bei uns aus Bayern eingewandert. Nachtaktiv, im Wald lebend, Allesfresser, schädlich besonders als Nesträuber. Er ist möglichst kurzzuhalten. Beste Bejagungsmöglichkeit mit der Kastenfalle.

Marder

Wir unterscheiden zwischen *Baummarder* (oder Edelmarder) und *Steinmarder* (oder Hausmarder).
Körperliche Merkmale: Hauptunterscheidungsmerkmal ist: Gelber, unten runder Kehlfleck beim Baummarder; weißer, bis zu den Vorderläufen gegabelter Kehlfleck beim Steinmarder.
Vorkommen: Der Baummarder ist ein Waldtier, lebt in hohlen Bäumen usw., der Steinmarder lebt in Scheunen und Dachböden und scheut die Nähe des Menschen nicht.
Lebensweise: Nachtaktiv.
Ernährung: Entsprechend dem Vorkommen: Der Baummarder jagt Eichhörnchen, fängt Vögel, Mäuse und Jungwild. Der Steinmarder lebt hauptsächlich von Mäusen, Ratten, daneben auch Hühnern. Seine Vorliebe für Hühnereier wird beim Fang mit dem Abzugseisen genutzt.
Zahnformel: $\dfrac{3\,1\,4\,1}{3\,1\,4\,2} = 38$ Zähne
Fortpflanzung: Ranz im Juni/August. Keimruhe wie bei Rehwild. Im März/April werden 2—5 Junge geworfen.
Jagd: Hauptsächlich Fang mit der Falle, daneben „Ausneuen", das heißt Ausgehen der Spur bei Neuschnee.
Der Steinmarder wird aus Scheunen und Dachböden auch durch „Ausklopfen" bejagt. Dabei macht man sich seine Lärmempfindlichkeit zunutze, indem man mit Blechbüchsen und ähnlichem Gerät so lange Lärm macht, bis er sein Versteck verläßt.

40 Der Marderhund gehört nicht in unsere Wildbahn. Größe zwischen Katze und Fuchs, ein anpassungsfähiger Allesfresser.

41 Waschbär. Zu den Kleinbären gehörender gewandter nachtaktiver Kletterer. Er kann mit der Kastenfalle recht wirkungsvoll bejagt werden.

42 Baummarder. Gelber, unten runder Kehlfleck. Waldbewohner.

43 Steinmarder. Weißer, gegabelter Kehlfleck. Kulturfolger, der in Scheunen und Dachböden lebt.

44 Spur vom Baum- und Steinmarder. Die Spur des Baummarders ist etwas breiter, die Sohle ist stärker behaart.

44 ▽

40 △

41 △   ▽ 42   ▽ 43

Marder
Paarspur   flüchtig

Steinmarder Baummarder

53

Iltis

Wird auch Stinkmarder genannt, da er bei Gefahr ein stinkendes Sekret aus den beiden Afterdrüsen absondert.

Körperliche Merkmale: Etwas kleiner als der Marder. Helle Gesichtsmaske. Dunkel behaarte Unterseite.

Vorkommen: Nähe von Einzelgehöften und Siedlungen.

Lebensweise: Nachtaktiv.

Nahrung: Mäuse, Reptilien, Insekten. Daneben Beeren und Obst.

Fortpflanzung: Ranzzeit Februar bis April. Nach etwa 6 Wochen 3—7 Junge.

Jagd: Der Iltis verrät sich durch seine stark riechende Losung. Fang in Fallen.

Zahnformel: $\dfrac{3\,1\,3\,1}{3\,1\,3\,2} = 34$ Zähne

Wiesel

Wir unterscheiden zwischen dem *Großwiesel* (Hermelin) und dem *Mauswiesel*. Die Wiesel sind unsere kleinsten Raubtiere.

Körperliche Merkmale: Das Großwiesel ist ohne Lunte 22—29 cm lang. Im Winter verfärbt es bis auf die schwarze Luntenspitze rein weiß. Der Balg gehört zu den wertvollsten aller Raubwildbälge.

Das Mauswiesel ist ohne Lunte 16—23 cm lang. Es verfärbt im Winter nicht.

Vorkommen: Fast überall, außer in reinen Waldgebieten, besonders auch in Gebäudenähe.

Lebensweise: Beide Wiesel sind tag- und nachtaktiv. Das Mauswiesel kann durch seine Kleinheit Mäuse in die Mauslöcher hinein verfolgen.

Ernährung: Kleinsäuger, Bodenbrüter. Das Hermelin nimmt auch schwache Hasen und Vögel an.

Fortpflanzung: Ranzzeit Frühjahr bis Sommer, Tragzeit 9 Monate (mit Eiruhe) oder 2 Monate (ohne Eiruhe).

Jagd: Fallen; vereinzelt Anlocken durch Mäuseln.

Zahnformel: $\dfrac{3\,1\,3\,1}{3\,1\,3\,2} = 34$ Zähne

Dachs

Mit einem Gewicht zwischen 10 und (bei starken Dachsen im Herbst) 20 kg unser schwerster Vertreter der Marder.

Körperliche Merkmale: Der Dachs ist unverkennbar. Der Kopf ist keilförmig und schwarz-weiß gestreift.

Vorkommen: Größere und kleinere Wälder, in denen der Bau liegt.

45 Iltis. Ausgesprochenes Nachtraubtier. Die Unterseite des Körpers ist dunkler behaart (Verkehrtfärbung). In Nordburgenland, im Marchfeld und im Tullnerfeld kommt der etwas zarter gebaute Steppeniltis vor.

46 Mauswiesel. Im Gegensatz zum Großwiesel legt es kein weißes Winterkleid an, wohl aber das mit dem Mauswiesel eng verwandte und im Hochgebirge lebende Zwergwiesel.

47 Großwiesel (Hermelin) im Winterkleid.

48 Spur des Hermelins.

45 △   **46** ▽

47 ▽

Hermelin
48 △

Lebensweise: Nachtaktiv. Tagsüber liegt er im Bau, nachts geht er auf Nahrungssuche, wobei er den Wald auch verläßt und auf Feldern und Wiesen „auf Weide" geht.

Ernährung: Insekten, Bodenbrüter, Junghasen, Obst.

Jagd: Bejagung durch Baujagd (Graben), Ansitz am Bau.

Zahnformel: Sie entspricht der Zahnformel der Marder.

$$\frac{3\ 1\ 4\ 1}{3\ 1\ 4\ 2} = 38\ \text{Zähne}$$

Fischotter

Durch Schwund seines Lebensraumes vom Aussterben bedroht. Hauptnahrung Fische, Wasservögel, Bisam, Krebse. Vorzüglicher Schwimmer (Schwimmhäute zwischen den Zehen). Nachtaktiv. Bau meist mit Zugang unter der Wasseroberfläche. Ranzzeit über das ganze Jahr verteilt. Tragzeit 9 Wochen, 2—4 Junge. Ganzjährig geschont.

Zahnformel: $\frac{3\ 1\ 4\ 1}{3\ 1\ 3\ 2} = 36\ \text{Zähne}$

Nerz

Aus Pelztierfarmen stammende Exemplare behaupten sich gegendweise in freier Wildbahn. Keine Jagdzeit.

Fragen:

19 Wann beginnt der Rothirsch zurückzusetzen?

20 Was ist ein Kronengeweih?

21 Wie heißen die Eckzähne des Oberkiefers?

22 Wann ist die Hirschbrunft?

23 Wie soll der Lebensraum von Damwild aussehen?

24 Was ist für den Damhirsch in der Brunftzeit besonders charakteristisch?

25 Kann sich Sikawild mit Rotwild kreuzen?

26 Welche Stücke verfärben zuletzt?

27 Was ist das Erstlingsgeweih beim Rehbock?

28 Wie unterscheidet man ein knapp einjähriges Stück Rehwild von einem älteren?

29 Wozu dienen die Duftdrüsen an der Stirn der Rehböcke?

30 Warum nennt man Rehwild einen „Nahrungsselektierer"?

31 Was ist die Eiruhe?

32 Welche wichtigen Kennzeichen zur Altersschätzung beim Rehwild gibt es?

33 Was ist charakteristisch am Gehörn des Gamswildes?

34 Wie prägt sich das jährliche Wachstum der Gamskrucken aus?

49 Spur des Dachses. Charakteristisch ist das »Nageln«, der ausgeprägte Krallenabdruck im Trittsiegel.

50 Dachs. Allesfresser mit kräftigem Gebiß. Der Schädel des Dachses ist am Knochenkamm über dem Scheitelbein leicht zu erkennen, s. Seite 25.

51 Fischotter. Durch die fortschreitende Gewässerverseuchung und durch dauernde Beunruhigung geht sein Bestand mehr und mehr zurück.

9 △

Dachs

50 △ ▽ 51

35 Wie unterscheiden sich die Hauptaktivitätszeiten der Gams vom übrigen Schalenwild?

36 Wie ist das Warnsignal der Gams?

37 Wie nennt man das Gehörn beim Muffelwild?

38 Aufenthalt stärkerer Muffelwidder außerhalb der Brunft?

39 Aus welchen Bestandesresten stammt das heute wieder verbreitet vorkommende Steinwild?

40 Wie unterscheidet sich das Verdauungssystem des Schwarzwildes vom übrigen Schalenwild?

41 Wie heißen die Eckzähne des Keilers in Ober- und Unterkiefer?

42 Wie ernährt sich das Schwarzwild?

43 Was ist die Rauschzeit und wann findet sie statt?

44 Was ist beim Schwarzwild das „Gebrech" und was ist das „Gebräch"?

45 Was ist für die Nagezähne des Hasen charakteristisch?

46 Welche Ernährungsbesonderheit weist der Hase auf?

47 Wann kommt der erste Satz?

48 Wie nennt man die verschiedenen Jugend-Altersstufen?

49 Welche Veränderung zeigt der Schneehase im Winter?

50 Können sich Kaninchen und Feldhase kreuzen?

51 Wie heißt die gefährlichste Krankheit der Kaninchen?

52 Was unterscheidet die frischgesetzten Jungen der Kaninchen von denen der Hasen?

53 Wie verbringt das Murmeltier den Winter?

54 Zu welcher Familie gehört der Bisam?

55 Hauptunterscheidung der Wildkatze von der Hauskatze?

56 Weshalb muß der Fuchs heute besonders scharf bejagt werden?

57 Wovon ernährt sich der Fuchs?

58 Wie nennt man die Paarungszeit des Fuchses und wann ist sie?

59 Wie lange dauert die Tragzeit des Fuchses?

60 Wie wird der Waschbär am besten bejagt?

61 An welchen körperlichen Merkmalen sind Baum- und Steinmarder zu unterscheiden?

62 Woran erkennt man das Vorhandensein des Iltis am leichtesten?

63 Welche zwei Hauptarten des Wiesels gibt es?

64 Welche der beiden Arten wird im Winter nicht weiß?

65 Wann geht der Dachs auf Nahrungssuche?

Datenübersicht Haarwild

Art, Körper- bzw. Schwanzlänge in cm	männl. Tier, weibl. Tier, Jungtier	Gewicht in kg „aufgebrochen"	Lautäußerungen	Vorkommen, Gesellschaftsform	Äsung Fraß	Brunst, Tragezeit Wochen/Tage	Setzzeit, Anzahl d. Würfe, Junge	Säuge-, Hockezeit, Blindsein M/W/T	Junge selbständig nach J/M/W	Geschlechtsreife mit Jahren/Monaten
Rotwild 200+14	Hirsch Tier Kalb	80—150 70—100 35-50	Röhren Mahnen Schrecken	Waldgebiet Almen Rudel	Gräser Knospen Rinde	Brunft IX—X 34—36 W	V 1 1	Sz bis 6 M — 	9—12 M	1,5 J
Damwild, Sikawild 130+18	Hirsch Tier Kalb	60—70 30—40 ca. 20	Knörren Röcheln Pfeiflaut	Mischwald Rudel	Gräser Knospen Früchte	Brunft X—XI 31—32 W	V—VI 1 1—2	Sz 3—4 M —	9—12 M	1,5 J
Rehwild 110+2	Bock Gais Kitz	16-18 15—17 10—12	Schrecken Fiepen Klagen	Wald, Feld im Winter Sprünge	Selekt. Kräuter Knospen	Brunft VII—VIII 40 W	V—VI 1 1—2 (3)	Sz 2—3 M —	9—12 M	14 M
Gamswild 130+4	Bock Gais Kitz	22—28 18—25 10—12	Pfeifen Bläddern Klagen	Mittel- und Hochgebirge Rudel	Kräuter Moose Knospen	Brunft XI—XIII 25—26 W	V 1 1—2 (3)	Sz 6 M —	1,5 J	1,5 J
Muffelwild 120+5	Widder Schaf Lamm	30—35 20—30	Pfeifen Bähen Muffeln	Mittel- und Hochgebirge Rudel	Gräser Kräuter Triebe	Brunft X—XI 21 W	III—IV 1 1—2	Sz 6 M —	6 M	1,5 J
Steinwild 130+14	Bock Gais Kitz	80—120 40—60	Pfeifen Meckern	Hochgebirge Rudel	Kräuter Moose Flechten	Brunft I 21—23 W	VI 1 1—2	Sz 6 M —	6 M	1,5 J
Schwarzwild 130+18	Keiler Bache Frischling	bis 200 bis 100 20—30	Grunzen Blasen Klagen	Laubwald Rotten	Alles-fresser	Rauschz. XI—XII 18 W	III—IV 1—2 mal 4—12	Sz 2—3 M —	6 M	9—18 M
Feldhase 58+9	Rammler Häsin Junghase	3—5 3—5	Murksen-der Laut Klagen	Feldhase Waldhase Einzel	Kräuter Gräser Rinde	Rammelz. II—VIII 42 T	III—X 3—4 mal 2—4	Sz 2 W —	3 W	im nächsten Frühjahr

Art, Körper- bzw. Schwanzlänge in cm	männl. Tier, weibl. Tier, Jungtier	Gewicht in kg „aufgebrochen"	Lautäußerungen	Vorkommen, Gesellschaftsform	Äsung Fraß	Brunst, Tragezeit Wochen/ Tage	Setzzeit, Anzahl d. Würfe, Junge	Säuge-, Hockezeit, Blindsein M/W/T	Junge selbständig nach J/M/W	Geschlechtsreife mit Jahren/ Monaten
Schneehase 53+6	Rammler Häsin Junghase	2—3 2—3	wie Feldhase	1000—3000 m Seehöhe Einzel	Kräuter Gräser Rinde	Rammelz. III—VII 50 T	V—VIII 2 mal 2—5	Sz ca. 2 W —	3 W	im nächsten Frühjahr
Wildkaninchen 40+6	Rammler Weibchen Jungkanin.	1—1,5 1—1,5	ähnlich Feldhase	Bis 500 m Seehöhe Gesellig	Gräser Knospen Rinde	Rammelz. II—X 28—31 T	III—XI 4—6 mal 4—12	Sz 3 W 3 W blind	4—5 W	8—10 M
Murmeltier 54+14	Bär Katze Affen	4—7 4—7	Pfeifen	Hochgebirge Gesellig	Kräuter Wurzeln	Bärzeit V—VI 33—34 T	VI—VII 1 mal 2—6	Sz 6 W 22—25 T blind	8 W 1 Jahr b. Eltern	2 J
Braunbär 200+10	Bär Bärin Jungbär	bis 270	Brummen Brüllen	Geschloss. Waldungen Einzel	Allesfresser	Bärzeit VI—VII 6—7 M	XII—II 1 mal 2—3	3—4 M 28—35 T blind	1,5— 2 J	2,25 —4 J
Wildkatze 58+32	Kuder Kätzin Junge	bis 10 5—8	Knurren Fauchen	Geschloss. Waldungen Einzel	Säuger Vögel Insekten	Ranz II—III 63 T	IV—V 1—2 mal 2—4	1 M 10—12 T blind	3 M	9 M
Luchs 100+18	Kuder Katze Junge	20—35 15—25	Knurren Fauchen	Geschloss. Waldungen Einzel	Maus bis Rotkalb Vögel	Ranz II—III 70 T	V—VII 1 mal 2—3	2 M 16—17 T blind	9—12 M	1,75— 2,5 J
Fuchs 65+40	Rüde Fähe Jungfuchs	8-10 5—8	Bellen Keckern Klagen	Wald, Feld Siedlungsnähe, Einzel	Mäuse Insekten Beeren	Ranz I—II 50—52 T	IV—V 1 mal 3—8 (12)	1—2 M 12-14 T blind	3—4 M	10 M
Wolf 100+35 35	Rüde Wölfin Jungwolf (Welpe)	40—60 30—50	Knurren Jaulen Heulen	Geschloss. Waldungen Rudel	Maus bis Kalb Pflanzen	Ranz XII—II 63 T	III—IV 1 mal 4—6	2 M 10—12 T blind	6 M	2 J

Art				Lautäußerung	Lebensraum	Nahrung	Ranz				
Marderhund 60+16	Rüde	5—9			Gebüsch in Wassernähe Einzel	Allesfresser	Ranz II—III 60—63 T	IV—V 1 mal 5—8 (12)	4 W 12—14 T blind	3—4 M	10 M
	Fähe	5—9									
	Junge										
Waschbär 59+23	Rüde	5—10			Wald, Park Wassernähe Einzel	Allesfresser	Ranz I—III 63 T	IV—V 1 mal 2—7	7 W 18—23 T blind	6 M	10—12 M
	Weibchen	5—10									
	Junge										
Baummarder 47+24	Rüde	1—2	Murren		Wald Park Einzel	Säuger Vögel Beeren	Ranz VI—VIII 9 M	III—IV 1 mal 2—5	7—8 W 34—38 T blind	3 M	1,25— 3,25 J
	Fähe	1—2	Keckern								
	Jungmarder										
Steinmarder 45+24	Rüde	1,2—2,3	Murren		Feld, Siedlungsnähe Einzel	Säuger Vögel Insekten	Ranz VII—VIII 9 M	IV—V 1 mal 2—5	7—8 W 34—38 T blind	3 M	1,25— 3,25 J
	Fähe	1,2—2,3	Keckern								
	Jungmarder										
Iltis 38+16	Rüde	0,8—1,5	Knurren		Feld Gehöfte Einzel	Mäuse Frösche Würmer	Ranz II—IV 40—43 T	IV—VIII 1—2 mal 3—7	4—5 W 28—36 T blind	2,5—3 M	9 M
	Fähe	0,8—1,5	Fauchen								
	Jungiltis										
Hermelin 25+10	Rüde	0,20—0,25	Trillern erregt: „kri-kri"		Feld, Wald Gehöfte Einzel	Mäuse Vögel Eier	Ranz II—III od. VI—VIII 9 M	V—VI 1 mal 4—7	7 W 40—45 T blind	3—4 M	1,5—2 J
	Fähe	0,20—0,25									
	Junge										
Mauswiesel 19+5	Rüde	0,05—0,12	Zischen erregt: „kri-kri"		Wiese, Feld Gebüsch Einzel	Mäuse Vögel Eier	Ranz üb. ganz J 2 M bis 312 T	ganzj. 1—2 mal 5—7 (10)	4 W 22—25 T blind	2—3 M	9—12 M
	Fähe	0,05—0,12									
	Junge										
Dachs 67+17	Dachs	10—20	Schnaufen Murren Schreien		Wald, Feld Wiesen Einzel	Allesfresser	Ranz IV—VIII 7—8 M	I—IV 1 mal 3—5	8 W 28—35 T blind	6 M	1,5—2 J
	Dächsin	10—20									
	Jungdachs										
Fischotter 72+45	Otter	6—13	Murren		Seen, Bäche Teiche Einzel	Fische Frösche Säuger	Ranz üb. ganz J 9 W	I—IV 1 mal 2—4	7—8 W 28—35 T blind	6—9 M	2—3 J
	Otterin	6—13	Pfeifen								
	Jungotter										

Federwild

Auerwild

Jagdlich wird das Auerwild zur Hohen Jagd gezählt. Biotopverschlechterung und dauernde Störung durch Erholungsverkehr haben es wie auch alle anderen Rauhfußhühner in einigen Gebieten aussterben lassen. Nicht die Jagd, sondern Zivilisation, forstwirtschaftliche Maßnahmen und vor allem dauernde Beunruhigung gefährden die Bestände.

Körperliche Merkmale: Flügelspannweite des erwachsenen Hahnes 1 m—1,40 m; Gewicht bis 6 kg. Der Hahn ist unverkennbar: Rücken und Brust schwarzgrün schillernd, scharlachrote Rose über den Augen. Die Hennen bräunlich, an Fasanhennen erinnernd, aber wesentlich größer. Langer abgerundeter Stoß.

Vorkommen: In den Waldgebieten der Alpen und des Wald- und Mühlviertels. Als Kulturflüchter ist das Auerwild immer mehr zum Rückgang gezwungen. Letzte Zuflucht dürften ihm die Alpen bleiben, wenn es gelingt, „Erschließung" und Tourismus zu bändigen.

Lebensweise: Sehr heimlicher Waldvogel. Feinde: Marder, große Greife.

Ernährung: Knospen, Beeren, Nadelholztriebe, Kerbtiere. Naturverjüngungen mit Beerenkräutern, große Schläge, die von Hochwald umgeben sind, bieten die besten Nahrungsgrundlagen.

Balz: April bis Mai. Jeder Hahn hat seinen festen Balzplatz. Dort balzt er bei Tagesanbruch auf Bäumen, die am Bestandsrand oder etwas vereinzelt in Altbeständen stehen, seltener auch am Boden.

Der Balzgesang beginnt mit einem immer schneller werdenden *Knappen,* das in einen *Triller* übergeht. Darauf folgt der *Hauptschlag,* der aus einem dunklen Schnalzen besteht. Am Ende kommt das *Schleifen,* wie das Wetzen einer Sense klingend.

Fortpflanzung: Die Hennen sind Bodenbrüter. 6—10 Eier, die 4 Wochen bebrütet werden. Die Küken sind Nestflüchter. Die Junghähne sind wie die Hennen gefärbt und mausern im Herbst. Die erwachsenen Hähne mausern im Mai/Juni.

Jagd: Balzjagd im Frühjahr.

52 Tritt des Auerhahnes. An den Zehen befinden sich Federrudimente, die sogenannten »Balzstifte«, die in der Mauser gewechselt werden.

Birkwild

Wie das Auerwild ist das Birkwild als Kulturflüchter gefährdet.

Körperliche Merkmale: Der Hahn trägt ein Prachtgefieder, die Henne ist kleiner und einfacher gefärbt. Hochrote Rosen über den Augen des Hahnes, der Stoß ist durch krumme Federn geformt. In der Balz wird der Stoß gespreizt und das weiße Untergefieder kommt zum Vorschein. Der Hahn ist etwa haushuhngroß, die Henne etwas kleiner.

53 Auerhahn mit Henne bei der Bodenbalz.

54 Balzender Birkhahn. Der Stoß ist gespreizt, die weißen Unterfedern werden sichtbar.

53 △

Vorkommen: Lichter Wald, Heide, Feuchtgebiete. Besonders die Meliorierung der großen Moore wirkt sich negativ aus. Auch für das Birkwild ist der Alpenraum das wichtigste Rückzugsgebiet.

Lebensweise: Gesellig, besonders im Winter. Auf Bäumen nächtigend. Im Winter läßt sich Birkwild oft einschneien.

Ernährung: Ähnlich wie das Auerwild.

Balz: April bis Juni. Balzplätze sind im Flachland freie Moorflächen, im Gebirge Almen, freie Flächen, Gratwiesen. Der Hahn fällt vor Morgengrauen ein und beginnt beim ersten Licht zu balzen. Dabei führt er einen Balztanz auf mit gespreizten Schwingen und gespreiztem Spiel, bei dem das weiße Untergefieder sichtbar wird. Der Balzgesang beginnt mit einem zischenden *Blasen,* darauf folgt das *Kullern* und wiederum das Blasen (Tschuisch-tschuisch).

Da die Balz häufig in Gruppen stattfindet, kommt es zu Standortkämpfen, bei denen die alten Hähne die Oberhand gewinnen. Sie werden von den Hennen am ehesten zum *Treten* zugelassen. Aus diesem Grund war es gar nicht sehr günstig, daß man früher immer die stärksten Hähne erlegt hat.

Bei Sonnenaufgang endet die Balz, später am Tag findet manchmal noch eine „Sonnenbalz" statt.

Fortpflanzung: 6—10 Eier, die 4 Wochen bebrütet werden. Die Küken sind nach 14 Tagen flugfähig, das Gesperre bleibt bis zum Herbst beisammen.

Jagd: Balzjagd im Frühjahr.

Rackelwild

Kreuzung zwischen Auer- und Birkwild. Kommt sehr selten vor.

Haselwild

Etwa rebhuhngroß. Der Hahn hat einen Schopf und rote Balzrosen. *Lebensraum:* Mischwälder, hauptsächlich auf dem Boden.
Balz: Vorbalz im Herbst, Hauptbalz im Frühjahr. Bodenbrüter. 8-10 Eier, die nach 21—25 Tagen ausgebrütet sind. *Nahrung:* Knospen, Beeren, Insekten, Ameisenpuppen usw.

Jagd: Zur Zeit der Paarbildung im Herbst.

Alpenschneehuhn

Etwa rebhuhngroß, in den Hochlagen der Alpen vorkommend. Im Sommer braun bis grau, im Winter weiß. *Lebensraum:* Almen, Geröllhalden, offene Flächen. *Nahrung:* Was der Lebensraum bietet. *Balz:* Mai/Juni, Brutzeit etwa 24 Tage.

Jagd: Pirsch im Herbst.

55 Haselhahn. Unser kleinstes Rauhfußhuhn. Der Hahn wird zur Balzzeit im Herbst durch Nachahmung des Balzlautes (= Spissen) des Hahnes und des Locklautes der Henne angelockt.

56 Alpenschneehuhn im Winterkleid. Auch das Schneehuhn leidet unter dauernder Beunruhigung durch Touristen.

57 Hudernde Rebhühner. Der Hahn ist »geschildert«, d. h. er trägt an der Brust hufeisenförmig angeordnete braun-rote Federn. Bei der Bejagung ist dieses Unterscheidungsmerkmal aber kaum zu erkennen. Genaueres Unterscheidungsmerkmal ist der gelbe senkrechte Schaftstrich der Deckfedern beim Hahn, die helle Querbänderung bei der Henne.

55 △　　　　　　　　　△ 56　　　　　　　▽ 57

Rebhuhn

Lange Zeit war das Rebhuhn in Österreich das wichtigste Federwild, heute ist es hauptsächlich durch die Umwälzung in der Landwirtschaftstechnik in manchen Gegenden vom Aussterben bedroht. Es bedarf unserer ganz besonderen Hege. Während das Schalenwild sich als sehr regenerations- und anpassungsfähig erwiesen hat, zeigt sich das Rebhuhn als ganz besonders empfindlich für Umweltveränderungen.

Körperliche Merkmale: Hahn und Henne sind in der freien Wildbahn kaum zu unterscheiden. Es gibt auch keinen merklichen Größenunterschied.

Vorkommen: Vogel der Steppe und weiten Feldflächen.

Lebensweise: Einehe. Wenn die Jungen geschlüpft sind, bleibt der Familienverband beisammen und bildet ein *„Volk"* oder eine *„Kette"*. Erst zur Paarungszeit in Spätwinter und Frühjahr löst sich der Verband auf und einzelne Hühner tun sich zu Paaren (Paarhühner) zusammen. Das Rebhuhn ist ein Kurzstreckenflieger und sehr guter Läufer. Wo es möglich ist, flieht es vor einer Gefahr gedeckt am Boden laufend. Im Winter bewegt sich das Volk möglichst wenig, sondern liegt in engem Körperkontakt an windgeschützten Stellen beisammen, um Energie zu sparen. Deshalb sollte man darauf achten, daß die Völker, die in den Winter gehen, möglichst groß sind. Dadurch wird mehr Wärme entwickelt, einem großen Familienverband fällt es auch leichter, Futter freizuscharren.

Ernährung: Die Küken sind auf tierische Eiweißnahrung (Insekten, Kerfe) angewiesen, die erwachsenen Hühner leben hauptsächlich von Unkrautsämereien. Aus diesem Grund ist die moderne Landwirtschaft mit ihren Insektiziden und Herbiziden so verhängnisvoll für die Rebhühner. Sie werden zwar wahrscheinlich nicht unmittelbar vergiftet, aber es wird ihnen die Nahrungsgrundlage entzogen.

Fortpflanzung: Balz im Frühjahr. Das Huhn legt bis zu 20 Eier. Brutzeit 23 Tage. Die ausgewachsenen Küken bilden mit den Eltern ein Volk (Kette).

Jagd: Die klassische Hühnerjagd wird mit dem Vorstehhund ausgeübt. Bei der Planung ist zu beachten, daß möglichst schwache Völker bejagt werden. Starke Völker sollten unbejagt bleiben, weil sie besser über den Winter kommen. Beim Rückgang der Rebhühner in unserer Zeit muß die Bejagung sehr überlegt durchgeführt werden. Ein völliges Aussetzen der Jagd bringt aber keinen Vorteil, weil das Hegeinteresse verloren geht.

Fasan

Als Steppenvogel des Ostens wird der Fasan erstmals 1414 in Tirol bezeugt; nach dem 2. Weltkrieg in ganz Österreich stark verbreitet.

Rassen: Man unterscheidet zwischen *Phasianus colchicus colchicus, Ph. c. torquatus, Ph. c. mongolicus, Ph. c. tenebrosus,*

58 Fasangockel. Der Halsring weist ihn als mongolischen Fasan (Ringfasan) aus.

59 Die Sporen des Fasans sind ein Alterskennzeichen. Je kürzer und stumpfer sie sind, um so jünger ist das Tier.

60 Fasanhenne. Sehr alte Hennen bekommen einen Stoß, der fast so lang wie der des Gockels ist. Man nennt sie dann »hahnfedrig«.

58 △

59 ▷

▽ 60

Ph. c. versicolor. Die einzelnen Rassen haben sich häufig vermischt.

Körperliche Merkmale: Der Hahn trägt ein unverkennbares Prachtkleid, die Henne ist kleiner und im Gefieder wesentlich schlichter.

Vorkommen: Der Fasan braucht Deckung, Felder, Wasser. Am wohlsten fühlt er sich in Landschaften mit Feldgehölzen, Ackerbau, Wiesen und Gewässern mit Schilfgürteln oder dichten Auen. Er ist ein Kulturfolger, doch haben ihn Flurbereinigung und landwirtschaftliche Monokulturen vielerorts vertrieben.

Lebensweise: Er äugt und vernimmt gut. Bei Gefahr drückt er sich. Rassen, die die Nacht aufgebaumt verbringen, sind beim Aussetzen vorzuziehen, da sie nicht so stark durch das Raubwild gefährdet sind. Der Fasan ist ein Kurzstreckenflieger und guter Läufer.

Ernährung: Körner, Beeren, Kräuter, tierisches Eiweiß (Insekten). Im Winter bieten unsere Fluren dem Fasan keine ausreichende Lebensgrundlage, deshalb muß er gefüttert werden.

Fortpflanzung: Balzbeginn März. Ein Hahn tritt mehrere Hennen. Bodenbrüter. 6—18 Eier, die etwa 24 Tage bebrütet werden. Das Gesperre wird von der Henne angeführt. Nach etwa 3 Wochen sind die Küken bereits flugfähig. Günstigstes Geschlechterverhältnis etwa 6 Hennen pro Hahn.

Jagd: Beim Fasan ist die Bejagbarkeit mehr als bei anderem Wild von sinnvollen Hegemaßnahmen abhängig: Kurzhalten von Raubwild und ausreichende Fütterung. Bejagung hauptsächlich auf Treibjagd. Einzeljagd nur mit guten Vorstehhunden.

Wachtel

Der einzige Zugvogel unter unseren Hühnervögeln. Im Aussehen dem Rebhuhn sehr ähnlich, aber kleiner. Geschont.

Steinhuhn

Rebhuhngroßer Hühnervogel mit rotem Schnabel, roten Ständern, bunter Flankenbänderung und mit weißem, schwarz eingefaßtem Kehlfleck. Brutvogel in den österreichischen Südalpen und auch noch in den Zentralalpen. Geschont.

Wildtauben

Ringeltaube, Türkentaube, Turteltaube, Hohltaube.

Körperliche Merkmale: Die *Ringeltaube* (Wildtaube, Holztaube) ist die größte unserer Taubenarten. Gefieder blaugrau, mit purpurnem Schimmer an der Brust. Weißes Band an den Schwingen. Weißer Halsring nach der ersten Mauser.

Die *Türkentaube* ist in den letzten Jahrzehnten aus Südosteuropa eingewandert. Wesentlich kleiner als die Ringeltaube, steingraues Gefieder, schwarzer Halsring.

61 Wachtel. Sie wird immer seltener und ist ganzjährig geschont. Früher war der »Wachtelschlag« in fast allen Fluren zu hören.

62 Türkentaube. Ein Einwanderer der letzten Jahrzehnte, aus Südosteuropa kommend. Der schwarze Halsring macht sie unverkennbar.

63 Ringeltaube. Der weiße Halsring fehlt bis zur ersten Mauser. Sie hat sich gegendweise so stark vermehrt, daß sie erhebliche Feldschäden verursacht.

61 △   62 △   ▽ 63

Die *Hohltaube* ist etwa halb so groß wie die Ringeltaube, graublau mit dunklen Binden an den Schwingen.
Die *Turteltaube* hat einen braunschuppigen Rücken und schwarzweiß getupfte Flecken an den Halsseiten.
Lebensraum: Die Ringeltaube, Turteltaube und Hohltaube leben im Wald. Die Ringeltaube fliegt zur Nahrungssuche auf die Felder. Mischwälder werden bevorzugt.
Die Türkentaube lebt in der Nähe von menschlichen Siedlungen.
Lebensweise: Ringel-, Turtel- und Hohltaube sind Zugvögel. Die Türkentaube überwintert.
Ernährung: Körnernahrung, daneben zarte Pflanzenblätter.
Fortpflanzung: Alle Tauben sind monogam (leben in Einehe). Ringel- und Türkentaube brüten in Baumnestern. 2 Eier, Brutdauer 15—17 Tage. Mehrere Bruten pro Jahr.
Jagd: Jagdliche Bedeutung hat nur die Ringeltaube. Bejagung durch Anspringen des rucksenden Taubers, Abschuß an Tränken, im Flug.

Wat- und Möwenvögel

Der auffallende *Kiebitz* mit seiner Federhaube, der *Große Brachvogel* mit langem abwärts gebogenem Stecher, die *Bekassine* oder *Sumpfschnepfe* (auch *Himmelsziege* genannt), die lerchengroßen *Zwergschnepfen, Wasser- und Strandläufer,* der taubengroße *Triel* und die mit kräftigem Schnabel ausgestatteten *Möwen* sind alle überwiegend ganz geschont.
Jagdliche Bedeutung hat nur die Waldschnepfe.

Waldschnepfe

Zugvogel. Manche Waldschnepfen überwintern in milden Gebieten (Lagerschnepfen); Frühjahrszug März bis April; Herbstzug von September bis November.
Körperliche Merkmale: Die Schnepfenvögel sind durch ihren langen Schnabel (Stecher) unverkennbar. Gewicht der Waldschnepfe 250—320 g. Männliche und weibliche Schnepfen sind äußerlich völlig gleich.
Lebensraum: Lichte Wälder, Feuchtgebiete mit lockerem Wald.
Lebensweise: Nach der Rückkehr im Frühjahr leben die Schnepfen in anmoorigen Waldgebieten, im Herbst ziehen sie in ihre Überwinterungsgebiete.
Ernährung: Der typische lange Schnabel heißt „Stecher", weil er dazu dient, Nahrung in weichen Böden zu suchen. Die Schnepfe sucht mit ihm Würmer, Insekten, Larven. Beeren und Wurzeln ergänzen die Nahrung.
Fortpflanzung: Balz März—April. Brut in lichten Wäldern mit feuchtem Boden. Bodenbrüter 3—5 Eier. Brutzeit 22 Tage. Nestflüchter. Der Hahn ist an der Aufzucht nicht beteiligt.
Jagd: Frühjahrsstrich und zufällig bei Treibjagden im Herbst.

64 Waldschnepfe. Ihre quergebänderte Scheitelzeichnung unterscheidet sie von der Sumpfschnepfe.

65 Gänseköpfe

a Graugans. Gelb-roter Schnabel ohne schwarze Zeichnung.

b Saatgans. Schwarzer Schnabel mit gelber Binde hinter der Schnabelspitze.

66 Graugänse

64 △

65 ▷

a   b

▽ 66

Wildtruthahn

Waldvogel, bis 12 kg schwer, jede Feder mit Bronzeglanz (Bronzeputer). Stammt aus den USA, wurde in den Donauauen ausgesetzt. Geschont.

Höckerschwan

Teilzieher bzw. überwinternder Brutvogel. Teilweise halbzahm. In Österreich geschont.

Gänse

Für uns sind 3 Arten von Bedeutung:
Graugans: Stammform der Hausgans. Gelb-roter Schnabel, ohne schwarze Zeichnung. Nicht überwinternder Brutvogel.
Saatgans: Schwarzer Schnabel mit gelber Binde hinter der Schnabelspitze.
Bläßgans: Weiße Stirnblässe und unregelmäßige schwarze Bauchfleckung. Saat- und Bläßgänse ziehen bei uns durch, einige überwintern auch (Wintergänse).
Lebensweise der Gänse: Das Wasser wird nur zu Brut- und Ruhezeiten aufgesucht. Nahrungssuche an Land (Wiesen, Saatäcker). Dadurch können beträchtliche Schäden verursacht werden.
Fortpflanzung: Brut in Schilfgürteln, Mooren, Gewässerrändern.
Jagd: Beim Morgen- oder Abendstrich.

Schwimmenten

Stockente: Nach der Eiderente die größte der Entenarten. Der Erpel hat einen dunkelblauen Spiegel, lockenartig aufgerollte Federn im Stoß. Die Ente ist einfach braunfleckig. Häufigste und jagdlich wichtigste Art.
Krickente: Auch Halbente genannt. Etwa zwei Drittel so groß wie die Stockente.
Knäkente: So groß wie die Krickente.
Löffelente: Schnabel löffelartig verformt. Etwas kleiner als die Stockente.
Pfeifente: So groß wie die Löffelente. Dunkelgrüner Spiegel, weißer Bauch. Wintergast.
Spießente: Schlank, spitzer Stoß. Einige Paare am Neusiedlersee.
Schnatterente: Kastanienbraune Flügeldecken, etwas kleiner als die Stockente. Brutvogel im Burgenland und NÖ.

67 Stockente mit Erpel. Deutlich sichtbar die lockenartige Erpelfeder im Stoß.

68 Flügel einer Stockente. Der »Spiegel« ist dunkelblau mit weißem Rand oben und unten.

69 Schnatterente im Flug

70 Krickentenpaar im Frühjahr. Der Spiegel ist bei der Krickente leuchtend grün, mit oben gelblichem, unten weißem Saum.

67 △   ▽ **68**

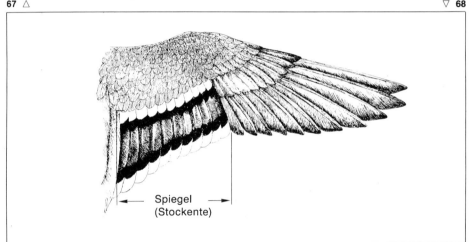

Spiegel
(Stockente)

69 ▽   ▽ **70**

Tauchenten

Tafelente: Kleiner als die Stockente. Erpel mit rostrotem Kopf. „Fischelt" nicht durch Pflanzenkost.

Reiherente: Kleiner als die Tafelente. Erpel im Hochzeitskleid oben schwarz, Bauch weiß, schwarzer Federschopf am Hinterkopf. Teilzieher. Eine der häufigsten Tauchenten.

Moorente: Größe wie Krickente. Ziemlich selten.

Schellente: Winter- und Durchzugsgast.

Kolbenente: Erpel im Hochzeitskleid mit rostrotem Kopf.

Eiderente: Größte Ente. Die Ente ist braun, der Erpel oben weiß, unten dunkelbraun. Vereinzelt Brutvogel.

Säger

Alle drei Arten haben einen langen, schlanken, vorne hakig gebogenen Schnabel und an den Schnabelrändern nach hinten gerichtete Hornhäkchen zum Halten schlüpfriger Beute. Zoologisch zählen die Säger zu den Entenvögeln. Säger sind ganzjährig geschont.

Zwergsäger: Etwa so groß wie eine Ringeltaube. Das Männchen ist auffallend schwarz und weiß gezeichnet. Als Bewohner des Hohen Nordens bei uns örtlich als Wintergast.

Mittelsäger: So groß wie die Stockente. Kopf beim Männchen schwarzgrün, beim Weibchen braun. Kopfgefieder bei beiden nach hinten verlängert (Kopfhaube). Nördlicher Brutvogel. Bei uns spärlicher Durchzügler.

Gänsesäger: Wesentlich größer als die Stockente. Roter Schnabel und deutliche Kopfhaube. Männchen mit schwarzgrünem Kopf und schwarzem Rücken; Weibchen mit braunem Kopf und dunkelgrauem Rücken. Nördlicher Vogel. Bei uns vereinzelt Brutvogel in Tirol und Vorarlberg. Wintergast an größeren Flüssen und eisfreien Seen.

Unter den Wildenten ist die **Stockente** zu unserem Hauptflugwild geworden. Alle Enten, besonders Stockenten, sind für Hege (Nistplätze, Fütterung) sehr empfänglich. Sie sind Kulturfolger.

Vorkommen: Gewässer. Zeitweise kommen auf dem Durchzug auch sehr seltene Entenarten vor. Besonders günstig sind im Winter nicht zufrierende Gewässer, auf denen auch seltenere Arten überwintern.

Körperliche Merkmale: *Schwimmenten:* Sie liegen nur mit etwa einem Drittel des Körpers im Wasser, haben einen längeren Hals und einen schräg nach oben gerichteten Schwanz. Sie holen sich ihre Nahrung hauptsächlich durch „Gründeln" in seichterem Wasser, wobei der hintere Teil des Körpers über der Wasseroberfläche bleibt.

Tauchenten und Säger liegen mit etwa der Hälfte des Körpers im Wasser. Der Schwanz zeigt schräg nach unten. Sie suchen ihre Nahrung schwimmend unter Wasser auch in etwas tieferen

71 Links Reiherente (♀), ganz rechts Erpel (♂). Der Erpel trägt einen schwarzen, spitzen Federschopf am Kopf.

72 Löffelentenpaar. Buntes Gefieder (♂), löffelförmiger Schnabel (♂♀).

73 Kolbenentenerpel im Prachtkleid. Der Kopf mit rostroter Haube.

74 Tafelentenerpel im Prachtkleid. Weißer Bauch, rostroter Kopf.

75 Schellenten. Links und rechts Erpel, der linke ist noch nicht voll ausgefärbt, Mitte Ente.

Regionen. Tauchenten und Säger brauchen einen Anlauf, um aus dem Wasser auffliegen zu können, Schwimmenten fliegen schnell und steil auf.

Ernährung: Allesfresser. Hauptsächlich pflanzliche Nahrung, doch werden auch Schnecken, Würmer usw. aufgenommen. Im Herbst auch Aufnahme von Körnern auf abgeernteten Feldern, hauptsächlich durch Stockenten.

Fortpflanzung: Alle Wildenten leben in *Einehe*. Die Stockenten schließen sich schon im Herbst zu Paaren zusammen. Die eigentliche Paarungszeit ist die „Reihzeit" (Februar/März). Das Gelege enthält 7—11 Eier (blaßgrün). *Brutzeit* etwa 28 Tage. Die Küken gehen fast sofort ins Wasser und werden von der Mutter beaufsichtigt und geführt. Wenn das Gelege verlorengeht, erfolgt eine *Nachbrut*.

Mauser: Sie ist besonders ausgeprägt. Erpel mausern im Juni/Juli, Enten im August. Sie sind dann flugunfähig. Die Erpel tragen von Herbst bis Frühjahr ein Prachtkleid, das wesentlich bunter als das der Enten ist; von Frühjahr bis Spätsommer ähneln sie den Enten.

Jagd: Hauptjagdwild ist die Stockente. Die anderen Arten sollten wir schonen. Bejagung mit dem Hund durch Stöbern oder Ansitz auf dem Entenstrich. Entenjagd soll keinesfalls ohne Hund ausgeführt werden! Wichtig ist es auch, die Bejagung nicht zu früh im Jahr zu beginnen und den Enten auch, vor allem beim Ansitz auf dem Strich, Ruhezeiten zu gönnen, also nicht jeden Abend an derselben Stelle anzusitzen.

Kranichvögel und sonstige Wasservögel

Von den Rallen wird das häufig vorkommende *Bläßhuhn* bejagt, das kleinere *Teichhuhn* geschont. Der *Kranich* ist (Stand 1988) nur in Vorarlberg jagdbar; die *Großtrappe* (im Osten Österreichs vorkommend), der seltene *Kormoran*, die verschiedenen *Taucher* — außer Haubentaucher — werden alle ganzjährig geschont.

Reiher, Dommeln, Löffler und Störche

Nur der *Graureiher* wird teilweise an Fischteichen bejagt, alle anderen Arten sind ganzjährig geschont.

Rabenvögel

Kolkrabe: Er ist der größte der Rabenvögel. Das Vorkommen steigt. Hauptsächlich Aasfresser, auch Gelegeräuber.

Rabenkrähe und Nebelkrähe: Sind kleiner und werden „Aaskrähen" genannt. Ihre Nahrung ist vielseitig — vom Samenkorn bis zum Junghasen.

Saatkrähe: Koloniebrüter in Osteuropa, vereinzelt auch bei uns. Im Winter in großen Scharen auftretend. Schlanker als die Rabenkrähe. Kein Nesträuber.

76 Graureiher. Er hat sich in der letzten Zeit wieder stark vermehrt. Wird auch Fischreiher genannt.

77 Rabenkrähe. Völlig schwarz befiedert, mit durchgehend schwarzem Schnabel.

78 Saatkrähe. Erkennbar am hellgrauen nackten Ring um die Schnabelwurzel und dem heller violett schillernden Gefieder.

79 Bezeichnung der Körperteile der Greifvögel, gezeigt am Beispiel des Mäusebussards.

76 △   **77** △   ▽ **78**

▽ **79**

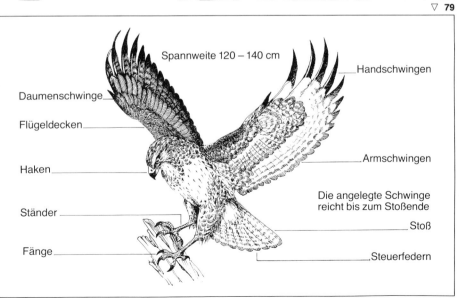

Spannweite 120 – 140 cm

Handschwingen

Daumenschwinge

Flügeldecken

Haken

Armschwingen

Die angelegte Schwinge
reicht bis zum Stoßende

Ständer

Stoß

Fänge

Steuerfedern

Elster und Eichelhäher: Sie können als Gelegeräuber dem Flugwild und den Singvögeln schaden.

Tannenhäher, Alpendohle und Dohle: Diese zählen auch zu den Rabenvögeln. Letztere findet man heute vermehrt an Müllplätzen.

Greifvögel

Durch den Rückgang ihrer Nahrungsgrundlage und die Belastung durch Schadstoffe, die sie aus den Körpern ihrer Beutetiere aufnehmen, durch Zerstörung oder dauernde Störung ihrer Lebensräume sind auch manche Greifvögel in ihrem Bestand gefährdet. Deshalb werden sämtliche Greife geschont. In Sonderfällen kann es aber zu einem Umkehreffekt kommen: Die hungernden Greife schlagen auch die letzten Reste des Niederwildes.

Gänsegeier: Übersommern in den Tauern (ca. 50 Stück).

Bartgeier: Aussetzversuche werden angestellt.

Adler: Es gibt bei uns Steinadler; sehr selten *Kaiseradler, Zwergadler, Schreiadler, Schelladler, Seeadler, Fischadler und Schlangenadler.*

Steinadler: Standvogel im Alpenraum. Die übrigen Adler kommen im Durchzug vor.

Mäusebussard: Sein Einfluß auf die Niederwildbestände, besonders auf die Rebhuhnbestände, wird immer wieder ausführlich diskutiert. Sicher ist, daß er sich auf Populationen in *gesunden* Biotopen nicht schädlich auswirkt. Teilzieher.

Körperliche Merkmale: Runder Kopf, breite Flügel, kurzer, abgerundeter Stoß. Die Färbung kann sehr verschieden sein, der Stoß ist quer gebändert, die Unterseite hell mit dunkler Zeichnung.

Vorkommen: In ganz Mitteleuropa, bis ins Hochgebirge.

Ernährung: Hauptsächliche Nahrungsgrundlage sind Mäuse, daneben sonstige Kleinlebewesen am Boden.

Der Bussard ist ein guter Segler, aber kein gewandter Jagdflieger. Die Nahrungsaufnahme geschieht meist von nicht zu hohem Ansitz aus in einem kurzen Gleitflug. Schnell sich bewegende Beute vermag er kaum zu fangen.

Fortpflanzung: Brut in Wäldern oder großen Baumgruppen.

Jagd: Ganzjährig geschont. Mit Sondergenehmigung der Jagdbehörde können einzelne Exemplare erlegt werden.

Rauhfußbussard: Zugvogel, der bei uns überwintert.

Wespenbussard: Seltener Brutvogel, der im südlichen Afrika überwintert.

Habicht: Durch die ganzjährige Schonung und das Verbot bestimmter Pflanzenschutzmittel, die sich auf dem Weg über die Beutetiere im Körper der Greife anreicherten, hat der Bestand deutlich zugenommen.

Körperliche Merkmale: Weibchen viel größer als der Terzel. Jugendkleid: Unterseite graubraun mit getropften dunkelbraunen Flecken. Alterskleid (gegen Ende des zweiten Lebensjahres)

80 Flugbilder unserer häufigsten Greifvögel
Wesentliche Unterscheidungsmerkmale: Falken haben keine Handschwingen, sondern spitze Flügelenden, die Milane haben einen gegabelten Stoß, der Mäusebussard breite Schwingen und einen kurzen Stoß, Habicht und Sperber haben einen langen, schmäleren Stoß und kürzere Schwingen, Weihen fliegen meist gaukelnd knapp über dem Boden.

81 Mäusebussard

82 Habicht in der ersten Mauser.

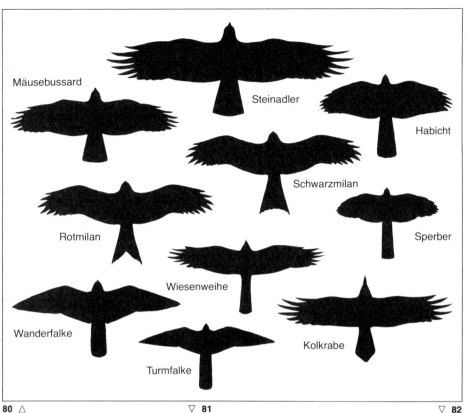

Mäusebussard

Steinadler

Habicht

Schwarzmilan

Rotmilan

Sperber

Wiesenweihe

Wanderfalke

Kolkrabe

Turmfalke

80 △ ▽ 81 ▽ 82

unten grau mit bräunlichen Querbändern. Typisches Flugbild: Kurze Schwingen, langer schmaler Stoß.

Vorkommen: Ausgesprochener Waldvogel; mittelgroße bis große Waldungen bieten ihm Horstplätze. Er ist nirgendwo in Österreich mehr im Vorkommen gefährdet.

Ernährung: Als ausgesprochener Jäger schlägt er in der Luft und am Boden im Überraschungsangriff von Kleinsäugern bis zu Rauhfußhühnern und Hasen alles. Meist tötet er durch Kopf- oder Halsgriff ohne Verwendung des Schnabels.

Fortpflanzung: Horst in großen Waldbäumen im unteren Drittel der Krone. Während der Brut und der Jungenaufzucht schlägt der Terzel die Beute und trägt sie in den Horst.

Jagd: Ganzjährig geschont.

Sperber: In Aussehen und Lebensweise ist er eine Kleinausgabe des Habichts, etwa 28—38 cm lang. Beutetiere entsprechend kleiner, vom Sperling bis zum Häher.

Turmfalke: Neben dem Mäusebussard unser häufigster Greifvogel. Bezeichnend sein „Rütteln", bei dem der Vogel mit schnell bewegten Flügeln in der Luft stehen bleibt. Nahrung: Kleinvögel, Insekten, Kleinsäuger.

Wanderfalke: Bis zu 50 cm groß; lange, schmale Schwingen, kurzer Stoß. Selten geworden. Der Wanderfalke schlägt in reißendem Flug in der Luft Vögel bis zu Entengröße.

Baumfalke: Äußeres ähnlich dem Wanderfalken, etwas größer als der Turmfalke. Zugvogel. Nahrung Kleinvögel und Insekten.

Rötel-, Rotfuß- und Würgfalke: Sind seltene Brutvögel.

Merlin: Der kleinste Falke, ist ein seltener Wintergast.

Milane: *Roter und Schwarzer Milan.* Zugvögel. Gegabelter Stoß, besonders deutlich beim Roten Milan tiefer gegabelt (Gabelweihe). Über Feuchtgebieten und Niederungen im Osten Österreichs. Hauptsächlich Aasfresser.

Weihen: Bei uns brüten *Wiesenweihe* und *Rohrweihe* im Nordburgenland. Bodenbrüter in Feuchtgebieten; Nahrungssuche hauptsächlich in niedrigem Suchflug. Die *Kornweihe* ist im Osten Österreichs regelmäßiger Wintergast.

Eulen

Uhu: Er ist die größte Eule. Lange Federohren und große, orangerote Augen machen ihn unverkennbar. Brutgebiete hauptsächlich Felshöhlen, alte Greifvogelhorste. Beute bis Rauhfußhühner- und Hasengröße.

Waldohreule: Neben dem Waldkauz die häufigste Eule, auch heute noch nicht selten. Typische Federohren. Lebensraum Wald. Hauptbeute Mäuse. Brut hauptsächlich in verlassenen Nestern anderer Arten.

Sumpfohreule: Nicht mehr häufig. Etwas größer als die Waldohreule, mit kleineren Federohren. Bodenbrüter. Bevorzugtes Gelände Sumpf und Heide.

Waldkauz: Etwa bussardgroß ist sie unsere häufigste Eule. Nistplätze hauptsächlich in Baumhöhlen, Hauptbeute: Mäuse, Kleinvögel.

83 Uhu. Deutlich sichtbar die großen Federohren.

84 Waldohreule. Sie ist wie der Uhu an ihren Federohren unverkennbar.

85 Waldkauz. Er ist mit der Waldohreule unsere häufigste Eule. Charakteristisch für alle Käuze ist der »dicke Kopf«.

86 Schleiereule. Helles, fein gezeichnetes Gefieder und ein herzförmig eingerahmtes »Gesicht« machen sie besonders interessant.

83 △   ▽ 85   84 △   ▽ 86

Rauhfußkauz, Sperlingskauz, Steinkauz: Es sind weitere bei uns vorkommende Käuze. Der *Steinkauz* ist hähergroß, fängt Mäuse und größere Insekten. Der *Rauhfußkauz* ist etwas größer, hauptsächlich im Gebirge vorkommend. Der *Sperlingskauz* ist unsere kleinste Eule, (starengroß); Beute Kleinvögel, Insekten.

Schleiereule: Kulturfolger. Nistplätze in Dachböden und Kirchtürmen. Beute Ratten und Mäuse. Durch die Vereinheitlichung der Bauweisen mit glatter Oberfläche verliert sie die Nistplätze und wird dadurch bedroht.

Fragen:

66 Welches Wild unter den Rauhfußhühnern gehört zum Hochwild?
67 Durch welche Maßnahmen ist das Auerwild besonders gefährdet?
68 Wann balzt das Auerwild?
69 Wie soll der Lebensraum des Birkwildes aussehen?
70 Wie entsteht das Rackelwild?
71 Wo lebt das Haselwild?
72 Wie soll der Lebensraum des Rebhuhnes sein?
73 Welche Nahrung ist für die Aufzucht der Küken besonders wichtig?
74 Wie formiert sich die Rebhuhnfamilie nach dem Ausschlüpfen der Küken?
75 Welchen Lebensraum braucht der Fasan?
76 Wann ist die Balzzeit des Fasans?
77 Welche Taubenarten kommen bei uns vor?
78 Welche Taube hat jagdliche Bedeutung?
79 Welche Taube ist erst in den letzten Jahrzehnten bei uns eingewandert?
80 Welcher Schnepfenvogel ist heute noch bejagbar? Zu welcher Jahreszeit?
81 Wie nennt man Waldschnepfen, die in milden Gebieten überwintern?
82 Welche Funktion hat der lange Schnabel der Schnepfen?
83 Wann ist die Balzzeit der Schnepfen?
84 Welche Schnepfe wird Himmelsziege genannt?
85 Welcher Schwan ist jagdbar?
86 Welche Gans brütet bei uns?
87 Welche Entenart ist am häufigsten und jagdlich am wichtigsten?
88 Welche Gattungen von Enten unterscheidet man?
89 Wie nennt man die Paarungszeit der Enten und wann ist sie?
90 Wann findet die Mauser statt?
91 Was ist bei der Mauser der Enten zu beachten?

92 Was ist bei der Entenjagd besonders zu beachten?
93 Welche Rabenvögel werden „Aaskrähen" genannt?
94 Wie unterscheiden sich Raben- und Saatkrähe?
95 Welcher Adler ist Standvogel im Alpenraum?
96 Welche Schwingen- und Stoßform charakterisiert den Bussard?
97 Welche Bussarde erscheinen bei uns neben dem Mäusebussard?
98 Welche Schwingen- und Stoßform charakterisiert den Habicht?
99 Wie unterscheiden sich weiblicher und männlicher Habicht?
100 Wo ist der Lebensraum des Habichts?
101 Welcher Greifvogel sieht wie eine Kleinausgabe des Habichts aus?
102 Welcher Falke ist bei uns am häufigsten zu sehen?
103 Was ist die Hauptnahrung des Milans?
104 Wo horsten die Weihen?
105 Haben die Greifvögel eine Jagdzeit?

Datenübersicht Federwild

Art	Status anwesend	männl. T. / weibl. T.	Ø Größe in cm	Ø Gewicht in kg	Vorkommen Gesellschaftsform außerhalb der Brutzeit	Eiablage, Brutdauer in Tagen	jährl. Brüten, Gelegegröße (Stk.)	Nestlingsdauer bzw. Führungszeit b. Nestflüchtern	Geschlechtsreife in Jahren
Auerwild	B	Hahn	86	3,5—6	Waldgebiet	IV—V	1	3 M	2
	St	Henne	61	1,3—2,3	Einzel	26—28	6—10		
Birkwild	B	Hahn	53	1—1,5	Almen, Moor	V—VI	1	4 W	1—2
	St	Henne	41	um 1	Gesellig	25—27	6—10		
Haselwild	B	Hahn	36	um 0,4	Mischwald	IV—V	1	30—40 T	1
	St	Henne	36	um 0,4	Paare	21—25	8—10		
Schneehuhn	B	Hahn	35	um 0,45	Hochgebirge	V—VI		2—3 M	1
	St	Henne	36	um 0,45	Gesellig	21—24	6—10		
Rebhuhn	B	Hahn	30	0,35—0,45	Wiese, Feld	V—VI	1	5 W	1
	St	Henne	30	0,35—0,45	Gesellig	23—24	10—20		
Fasan	B	Hahn	89	1—1,5	Feldremise	V—VI	1	2—3 W	1
	St	Henne	64	0,8—1	Gesellig	24—25	6—18		
Wachtel	B	Hahn	18	um 0,1	Wiese, Feld	VI (—IX)	1—2	4—7 W	4—5 M
	V—X	Henne	18	um 0,1	Gesellig	17	7—14		
Steinhuhn	B	Hahn	34	um 0,4	Buschwald	V—VI	2	3 W	1
	St	Henne	34	um 0,4	Gesellig	24—26	8—12		
Ringeltaube	B	Tauber	40	um 0,53	Wald, Feld	IV—IX	2—3	3—4 W	1
	II—XI	Täubin	40	um 0,53	Gesellig	16—17	2		
Hohltaube	B	Tauber	33	um 0,3	Wald, Park	III—VIII	3—4	18—24	1
	II—XI	Täubin	33	um 0,3	Gesellig	16—17	2 (3)		
Turteltaube	B	Tauber	28	um 0,16	Park, Feld	V—VI	1	16 T	1
	IV—X (XI)	Täubin	28	um 0,16	Gesellig	14,5			
Türkentaube	B	Tauber	30	um 0,2	Park, Gärten	III—X	—5	2—3 W	1
	St	Täubin	30	um 0,2	Gesellig	14—16	2		
Waldschnepfe	sB D	Hahn	34	0,25—0,32	Feuchtwald	III—IV	2	5—6 W	1
	1—XII III—XI	Henne	34	0,25—0,32	Gesellig	20—22	4		
Graugans	B D	Ganter	89	3—3,5	Schilfgebiet	II—V	1	10 W	3—4
	II—X (XI)	Gans	89	3—3,5	Gesellig	28—29	2—12		

Art	Geschlecht				Biotop				
Saatgans	Ganter	D W	89	um 3	Seen, Teich	V—VI	1	2 M	2—4
	Gans	IX—III	89		Gesellig	27—29	4—6		
Bläßgans	Ganter	D W	76	um 2,5	Wassernähe	VI	1	2 M	2—4
	Gans	X—III	76		Gesellig	28	5—6		
Stockente	Erpel	B D W	58	um 1,2	Wassernähe	III—VI	1	8 W	1
	Ente	I—XII	58	um 1,0	Gesellig	24—32	7—11		
Reiherente	Erpel	B D W	43	um 0,71	Wassernähe	V—VI	1	9 W	1—2
	Ente	I—XII	43	um 0,66	Gesellig	24	5—12		
Gänsesäger	Männchen	sB D W	66	um 1,4	Wassernähe	III—V	1	2 M	2
	Weibchen	X—IV (I—XII)	66	um 1,3	Gesellig	32—35	8—12		
Bläßhuhn	Männchen	B D W	38	um 0,5	Wassernähe	IV—VIII	1—2	8 W	1
	Weibchen	I—XII	38		Gesellig	21—25	5—10		
Großtrappe	Hahn	s B	102	6—16	Felder	IV—V	1	3—4 M	4—6
	Henne	St	70	4—6	Gesellig	21—26	2—3		
Haubentaucher	Männchen	B W D	48	—	Wasserufer	V—VII	1 (—2)	11 W	1—2
	Weibchen	I—XII	48		Gesellig	25—29	2—6		
Graureiher	Männchen	B D W	91	—	Uferzone	III—V	1	8—10 W	1—3
	Weibchen	(I) III—X (XII)	91		Einzel	25—28	3—5		
Kolkrabe	Männchen	B	64	—	Wald-Wiese	II—V	1	40 T	2
	Weibchen	St	64		Paar u. gesell.	20—21	4—6		
Raben- u. Nebelkrähe	Männchen	B	47	—	Waldrand	III—V	1	31—32 T	2
	Weibchen	St	47		Gesellig	17—18	4—6		
Saatkrähe	Männchen	sB W	46	—	Felder	III—IV	1	4—5 W	2
	Weibchen	X—III	46		Gesellig	17—20	3—6		
Elster	Männchen	B	46	—	Wiese-Park	III—V	1	22—24 T	1
	Weibchen	St	46		Gesellig	17—18	6—7 (3—10)		
Eichelhäher	Männchen	B D	34	—	Wald-Park	IV—V	1	19—20 T	1
	Weibchen	I—XII	34		Gesellig	16—17	5—6 (—10)		
Steinadler	Terzel	B	76	um 3,5	Gebirge	II—IV	1	74—80 T	3—5
	Weibchen	St	—89	um 4,5	Paar	43—45	2 (3—4)		
Gänsegeier	Männchen	S	104	um 7	Gebirge	I—III	1	125—130 T	4—5
	Weibchen	V—IX	104		Gesellig	48—50	1 (2)		
Mäusebussard	Terzel	B St D W	51—	0,6—0,9	Waldrand	III—V	1	42—46 T	1—3
	Weibchen	I—XII	—56	0,8—1,2	Einzel	33—34	3 (1—6)		

Art	Status anwesend	männl. T. weibl. T.	Ø Größe in cm	Ø Gewicht in kg	Vorkommen Gesellschaftsform außerhalb der Brutzeit	Eiablage, Brutdauer in Tagen	jährl. Brüten, Gelegegröße (Stk.)	Nestlingsdauer bzw. Führungszeit b. Nestflüchtern	Geschlechtsreife in Jahren
Wespenbussard	B	Terzel	51	0,7—0,9	Waldrand	V—VI	1	37—48 T	1—3
	IV—IX	Weibchen	—58	0,8—1,0	Einzel	30	2		
Habicht	B	Terzel	48	0,5—0,8	Wald	III—IV	1	36—40 (47)	1—2
	St	Weibchen	—61	0,9—1,25	Einzel	35—38 (41)	3—4 (6)		
Sperber	B	Terzel	28	um 0,15	Wald-Feld	IV—V	1	24—30 T	1
	St	Weibchen	—38	um 0,28	Einzel	33—37	4—6 (7)		
Turmfalke	B I—XII	Terzel	34	um 0,19	Wald-Feld	IV—V	1	27—32 T	1
	D II—X	Weibchen		um 0,215	Einzel	27—32	5—6 (9)		
Wanderfalke	sB sW	Terzel	38	0,55—0,70	Felswald	III—V	1	35—40 T	2
	I—XII	Weibchen	—48	0,90—1,10	Einzel	28—31	3—4 (6)		
Baumfalke	B D	Terzel	30	um 0,21	Wald-Wiese	VI—VII	1	23—34 T	1—2
	IV—X (XI)	Weibchen	—36	um 0,31	Einzel	28—32	2—4		
Schwarzmilan	B D	Männchen	55	0,8—1,0	Feuchtwald	IV—VI	1	42—45 T	3
	III—IX	Weibchen	55	0,8—1,0	Einzel	28	2—3		
Wiesenweihe	sB D	Männchen	41	um 0,27	Wiese-Feld	V—VI	1	35 T	2—3
	IV—XI	Weibchen	—47	um 0,37	Einzel	28—29	4—5 (10)		
Uhu	sB	Männchen	66—71	2—2,5	Wald	III—V	1	35—49 T	1—2
	St	Weibchen	66—71	2—2,5	Einzel	32—37	2—3 (6)		
Waldkauz	B	Männchen	38	0,4—0,7	Wald-Park	II—IV	1	28—35 T	1
	St	Weibchen	38	0,4—0,7	Einzel	28—30	3—4 (6)		
Steinkauz	B	Männchen	22	—	Wald-Park	IV—V	1	35 T	1
	St	Weibchen	22	—	Einzel	28—29	4—5 (8)		
Waldohreule	B	Männchen	36	—	Wald-Park	III—VI	1	23—26 T	1
	St	Weibchen	36	—	Einzel	27—28 (32)	4—6 (8)		
Schleiereule	B	Männchen	34	0,22—0,45	Wiese-Park	VI—VII	1—2	49—63 T	1
	St	Weibchen	34	0,22—0,45	Einzel	30—34	4—6 (12)		
Sperlingskauz	B	Männchen	17	—	Wald	IV—V	1	29 T	1
	St	Weibchen	17	—	Einzel	28	3—7		

Erklärung: B = Brutvogel, D = Durchzügler, G = Gastvogel, s = selten, S = Übersommerer ohne Brut, St = Standvogel, W = Wintergast

Wildkrankheiten

Gesetzliche Grundlagen

Wildbrethygiene

Der Jäger ist durch Gesetz gehalten, streng auf die Vorschriften der Wildbrethygiene zu achten. Dazu gehört besonders die Feststellung und Erkennung von Krankheiten, damit gesundheitsschädliches Wildbret nicht in Verkehr kommt.

Meldepflicht

Die Landesgesetze fordern: Tritt eine Wildseuche auf, so hat der Jagdausübungsberechtigte dies unverzüglich der zuständigen Behörde anzuzeigen. Sie erläßt im Einvernehmen mit dem beamteten Tierarzt die zur Bekämpfung der Seuche erforderlichen Anweisungen.

Meldepflichtige Krankheiten

Wildseuchen sind in größerem Umfang und auf größeren Flächen auftretende Krankheiten.
Neben den bei der Jagdbehörde unverzüglich anzuzeigenden Wildseuchen müssen bei der Polizeibehörde auch folgende im österreichischen Tierseuchengesetz aufgezählte Krankheiten angezeigt werden: Milzbrand, Wutkrankheit, Schweinepest, Maul- und Klauenseuche, Hühnerpest, Geflügelcholera, Wild- und Rinderseuche, Rotlauf der Schweine, Räude der Schafe und Ziegen, Myxomatose.

Inverkehrbringen von Wild

Erkennbar krankheitsverdächtiges Wild darf nicht in Verkehr gebracht werden. Bei Seuchenverdacht ist es zur Untersuchung an das zuständige Untersuchungsamt einzuschicken.

Beseitigung

Fallwild und erlegtes krankes Wild wird der Tierkörperverwertungsanstalt übergeben. Wo eine solche nicht erreichbar ist, muß es unschädlich beseitigt werden, entweder durch völliges Verbrennen und Vergraben der Reste oder durch Vergraben des Körpers. Hierbei muß eine mindestens fünfzig Zentimeter hohe Erdschicht über dem Kadaver liegen, der zuerst mit Chlorkalk bedeckt wurde.

Krankheitsbekämpfung

Vorbeugende Maßnahmen

Sauberhalten der Fütterungen: Sehr viele Erreger werden durch den Kot übertragen. Der Boden an den Fütterungen muß deshalb öfters gereinigt und im Frühjahr gekalkt werden.
Medikamente: Eine Reihe von Krankheiten können durch Arzneimittelbeigabe zum Futter vermieden oder geheilt werden. Dazu gehören vor allem die Magenwürmer des Schalenwildes.
Bejagung: Seuchenhafte Erkrankungen entstehen beim Schalenwild häufig durch zu hohe Wilddichten. Rechtzeitige Verminderung durch Abschuß dient also auch der Krankheitsvorbeugung.
Bereits befallene Bestände müssen so verdünnt werden, daß eine Übertragung unmöglich oder jedenfalls erschwert wird. Ernsthafter Seuchenbefall verlangt äußerste Aufmerksamkeit und großen Einsatz des Jägers. Häufig können Seuchen nur dadurch wirksam bekämpft werden, daß nicht nur jedes krank erscheinende Stück erlegt wird, sondern daß man den Gesamtbestand rücksichtslos reduziert.

Erkennen von Krankheiten

An erlegtem Wild: Der Jäger hat die strenge Pflicht, charakteristische Krankheitsmerkmale genau zu beachten und das Wildbret entsprechend zu behandeln.
Am lebenden Wild: Die Beobachtung des lebenden Wildes gibt eine Reihe von Möglichkeiten, Krankheitszeichen zu erkennen.
Äußeres: *Struppiges Fell, Verfärben des Schalenwildes* außer der Zeit, *starke Abmagerung* können — müssen aber keine Krankheitszeichen sein. Der Grund kann auch in Überalterung liegen. Abschuß ist in fast allen Fällen angebracht.
Starker Durchfall zeigt sich beim Schalenwild am verschmutzten Spiegel. Der Grund sind häufig Magen-Darmparasiten. Abschuß empfehlenswert.
Verhalten: Verlieren der natürlichen Scheu vor dem Menschen weist immer auf eine Krankheit hin. Vorsicht vor Berührungen. Es kann sich um Tollwut handeln.
Husten: Weist bei Schalenwild auf Rachen-Dasselbremsen oder Lungenwürmer hin.
Es gibt noch eine Reihe anderer abnormer Zustände und Verhaltensweisen, auf die bei den einzelnen Krankheiten hingewiesen wird.

Die wichtigsten Wildkrankheiten

Vorkommen	Parasitäre Krankheiten	Viruskrankheiten und bakterielle Krankheiten
Schalenwild	Magenwürmer Lungenwürmer Leberegel Bandwürmer Rachenbremsen Dasselfliegen	Tollwut
(nur bei Schwarzwild)	Trichinose	Schweinepest Rotlauf
(nur bei Schwarz- und Gamswild	Räude	
Raubwild	Haarwürmer Trichinen Bandwürmer Räude (Fuchs)	Tollwut
Hasen	Kokzidien Magenwürmer Lungenwürmer Leberegel	Tollwut Pseudotuberkulose Pasteurellosen Tularämie Staphylokokkose Brucellose
Kaninchen	Magenwürmer Lungenwürmer Kokzidien	Myxomatose
Vögel	Kokzidien (Fasan) Rotwurm Haarwürmer	Geflügelpest (Fasanerien) Geflügelpocken Ornithosen Pasteurellosen (Fasan) Salmonellosen Tularämie

Ursachen der Wildkrankheiten

Parasiten: Tiere, die auf Kosten anderer Tiere leben. *Endoparasiten* (Innenparasiten) schmarotzen in anderen Tieren. *Ektoparasiten* (Außenparasiten) leben in der Haut oder auf dem Haar- oder Federkleid von Tieren.

Bakterien: Kleinlebewesen (Spaltpilze), die sich durch Teilung vermehren. Sie bilden eine Dauerform, die sich außerhalb der Wirtstiere jahrelang lebensfähig erhält. Schädigung der Wirtstiere hauptsächlich durch Giftabsonderung der Bakterien und Abwehrreaktionen der Wirtstiere.

Viren: Zwischenform zwischen großen Molekülen und kleinsten Lebewesen. Sie leben in den Zellen der Wirtstiere. Die Seuchen, die sie erregen, sind deshalb entweder *tierartspezifisch* (nur bei einer bestimmten Tierart vorkommend, Beispiel Schweinepest), oder *zellartspezifisch* (nur in bestimmten Arten von Zellen lebend, Beispiel Tollwut).

Geschwülste: Sie können bösartig oder gutartig sein. Befallen werden alle Körperteile; bösartige Geschwülste finden sich hauptsächlich im Lymph- und Bindegewebe.

Ernährungsschäden: Sie entstehen beim Schalenwild vor allem durch erzwungene zu schnelle Umstellung auf andere Äsung. Dadurch entsteht eine Störung des Gleichgewichtes der Darmbakterien, die zu schlechter Ausnützung der Nahrung und dadurch zur Entkräftung führt.

Fehler bei der Winterfütterung (z. B. zu wenig Naß- und Rauhfutter) führen ebenfalls zu schweren Ernährungsstörungen.

Junges Federwild verendet häufig durch fehlende Eiweißnahrung (Insekten).

Unterkühlung: Jungwild ist durch kaltes und nasses Wetter während der ersten Lebenswochen gefährdet.

Vergiftungen: Die chemischen Mittel der Landwirtschaft können zu Vergiftungen führen. Das Ausmaß ist immer noch nicht genau festgestellt. Nachgewiesenermaßen gefährdende Mittel sind seit einigen Jahren allerdings verboten. Sicher ist, daß die unsachgemäße Ausbringung von Pflanzenschutzmitteln schädigend ist. Unsachgemäßes Ausbringen von Mäusegift gefährdet die Körnerfresser unter den Wildtieren.

Verletzungen: Hauptsächliche Ursachen Schußwunden, Verkehr, Unfälle an Zivilisationseinrichtungen.

Häufigste Ursache bei Jungwild: Ausmähen.

Natürliche Ursachen: Rivalenkämpfe.

Mißbildungen: Fehler im genetischen Bauplan (Doppelbildungen, nicht voll ausgebildete Körperteile, Pigmentstörungen, Schalenauswachsen, Unregelmäßigkeiten der Geschlechtsorgane).

Abnormitäten in der Geweihbildung: Durch mechanische Verletzungen. Durch Stoffwechselstörungen (meist durch Parasitenbefall entstehende Geweihmißbildungen). Durch hormonelle Fehlsteuerungen (bei Hodenverletzungen oder Hodenzerstörung entsteht das sogenannte Perückengeweih).

87 Perückenbock. Die Perücke entsteht durch hormonelle Fehlsteuerung aufgrund einer Hodenverletzung. Dabei wuchert das Gehörn immer weiter und wird nicht mehr abgeworfen.

Die einzelnen Krankheiten

Parasitäre Krankheiten

Magenwürmer: Alles Wild, hauptsächlich Schalenwild und Hasen. Verdauungsstörungen, Abmagerung. Wand des Magens und Dünndarms ist entzündet. Behandlung durch Verabreichen von Medikamenten (z. B. Thibenzole, Mebenvet) in der Fütterung.
Lungenwürmer: Alle Wildarten, hauptsächlich Schalenwild und Hasen. In den Bronchien und im Lungengewebe oft Entzündungsherde, haardünne Würmer in den Bronchien. Zwischenwirt hauptsächlich in feuchten Wiesen lebende Kleinschnecken. Bei Schwarzwild auch Regenwürmer. Behandlung kaum möglich. Abschuß befallener Stücke.
Kokzidien (einzellige Lebewesen): Eine der Hauptseuchen von Fasan und Hase. Auch Kaninchen werden befallen. Kokzidien schmarotzen bei Hase und Fasan in der Darmschleimhaut, beim Kaninchen auch in der Leber. Abmagerung, aufgetriebe-

ner Bauch, Durchfall. Trüber Schleim im glasig verdickten Dünndarm, in der Darmwand weißliche Herde, in den Gallengängen gelbliche Abszesse. Verbreitung: Ausscheiden durch den Kot, Wiederaufnahme durch die Äsung. In feuchten Jahren führt die Kokzidiose oft zum Ausfall des gesamten Jahreszuwachses. Medikamentöse Behandlung durch Beigabe zum Futter möglich, aber äußerst schwierig.

Leberegel: Hauptsächlich Rehwild, Gams, Hase. Sitz: Gallengänge. Beim Aufschneiden der Leber ist der 20—30 mm lange Saugwurm in den Gallengängen zu finden. Schwere Leberschädigungen. Die Eier werden mit dem Kot abgesetzt, Zwischenwirt *Zwergschlammschnecken*. Die Larven kapseln sich ein, haften an Gräsern und werden mit diesen wieder aufgenommen. Bekämpfung schwierig, am ehesten noch durch Vernichtung der Zwergschlammschnecken.

Rotwurm: Fasan. Sitz in der Luftröhre. Bei stärkerem Befall Niesen und Kopfschütteln. Eier werden ausgehustet oder abgeschluckt und gehen mit dem Kot ab. Entwicklung einer Larve in 6—14 Tagen. Die Larve kann wieder aufgenommen werden. Medikamentöse Bekämpfung in Fasanerien möglich.

Spul- und Haarwürmer: Hund, Katze, Fuchs, Federwild. Befallen werden Dünndarm und Blinddarm. Beim Wild ohne große Bedeutung. Behandlung in der freien Wildbahn nicht möglich.

Bandwürmer: Wild dient hauptsächlich als Zwischenwirt. Kreislauf siehe Hundekrankheiten.

Trichinen: Hauptsächlich im Darm von Fleischfressern und Allesfressern (Schweine, aber auch Menschen) lebende Fadenwürmer. Die Larven wandern ins Muskelfleisch und verursachen schwere Entzündungen. Wenn Fleisch trichinöser Tiere vom Menschen verzehrt wird, entwickelt sich auch bei ihm eine äußerst gefährliche Trichinose. Fleischbeschau deshalb bei Wildschweinen und zum Verzehr bestimmten Raubtieren unerläßlich.

Toxoplasmose: Verursacht durch Sporentierchen. Sitz im Zentralnervensystem, der Milz oder der Leber. Nachweis nur durch schwierige serologische und mikroskopische Untersuchungen möglich. Befallen werden auch Menschen.

Rachenbremsen, Dasselfliegen: Befall durch die Larven von Fliegen im Nasen-Rachen-Raum (Rachenbremsen) und Haut (Hautbremsen) bei wiederkäuendem Schalenwild. Die Fliegen legen ihre Eier in die Nasenöffnung oder auf der Decke ab. Daraus entwickeln sich Larven, die in den Nasen-Rachen-Raum oder in die Unterhaut abwandern und sich bis zu einer Größe von etwa 30 bzw. 25 mm entwickeln. Husten; struppiges Rückenhaar; Eiterungen und Ausfluß aus der Nase, entwertende Löcher in der Decke. Die Larven der Rachenbremsen wandern im folgenden Frühjahr aus dem Nasenraum aus und verpuppen sich im Boden, die Larven der Hautbremsen verpuppen sich ebenfalls im Boden im folgenden Sommer. Behandlung bei Wild kaum möglich.

Räude: Gams, Steinwild, Fuchs, Schwarzwild. Verursacht durch Milben, die sich in die Haut eingraben. Kahle schorfbedeckte

88 Gais mit starkem Durchfall. Ursache ist meistens zu schnelle Nahrungsumstellung im Frühjahr oder Magen-Darmparasitenbefall.

89 Entwicklungskreislauf des großen Leberegels. Sumpfschnecken sind die Zwischenwirte, durch die die Übertragung vollzogen wird. Dementsprechend tritt starker Leberegelbefall immer in Revieren mit ausgedehnten Feuchtbiotopen, nassen Wiesen usw. auf.

88 △ ▽ **89**

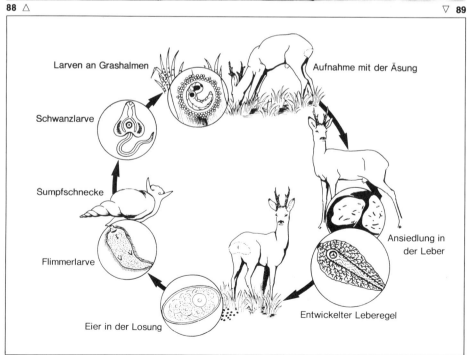

Larven an Grashalmen

Schwanzlarve

Sumpfschnecke

Flimmerlarve

Eier in der Losung

Aufnahme mit der Äsung

Ansiedlung in der Leber

Entwickelter Leberegel

Stellen, zuerst an Kopf und Hals, später am ganzen Körper. Übertragung durch gegenseitige Berührung. Gamsräude ist die gefährlichste Gamskrankheit. Bekämpfung nur durch rigorosen Reduktionsabschuß möglich. Fuchsräude kann Bauhunden sehr gefährlich werden, doch ist eine erforderliche Behandlung der Hunde zum Glück möglich.

Sonstige Außenparasiten: *Zecken, Flöhe, Läuse, Milben, Lausfliegen.* Bei geringem Befall nicht gefährlich. Zecken sind Überträger der Zeckenenzephalitis auf den Menschen, Flöhe sind Zwischenwirte für bestimmte Bandwurmarten.

Bakterielle Erkrankungen

Pseudotuberkulose: Hase, Nagetiere, auch andere Tiere, Mensch. Wichtigste bakterielle Erkrankung der Hasen. Gelbe Knötchen in Leber, Lunge, Milz (stark vergrößert) und Darm. Verlauf meist tödlich. Behandlung nicht möglich.

Brucellose: Allgemein infektiöse Erkrankung, die auch Menschen befallen kann. Hauptsächlich werden Hasen befallen. Eiterherde an den Geschlechtsorganen, Übertragung bei den Hasen durch das Rammeln. Krankheitsverdächtige Hasen müssen unschädlich beseitigt werden, da sie Ansteckungsquellen werden können. Eindeutige Diagnose nur durch bakteriologische Untersuchung möglich. Durch Bekämpfungsaktionen beim Weidevieh ist die Brucellose selten geworden.

Pasteurellose: Hase, Kaninchen, Federwild. Seuchenzüge bei ungünstigen Lebensbedingungen. Innere Organe entzündet, verklebt. Die Seuche ist in den letzten Jahrzehnten stark zurückgegangen.

Salmonellosen: Salmonellen sind eine Gruppe von Bakterien, die eine Reihe von Tierkrankheiten hervorrufen. Von jagdlicher Bedeutung ist die „Weiße Kükenruhr" der Fasane. Besonders gefährlich in Fasanerien.

Staphylokokkenerkrankung: Selten auftretend, Infektion über offene Wunden, seltener durch stechende Insekten. Es kommt zu Eiterungen. Übertragungen auf Menschen (Abbalgen) möglich.

Tularämie (Nagerpest): Hasen, Kaninchen. Krankheit des Lymphsystems. Bei Übertragung auf den Menschen besteht Anzeigepflicht.

Strahlenpilzerkrankung: Eiterung und Wucherung hauptsächlich der Kieferknochen. Nicht ganz selten bei Rehwild. Übertragung durch an Grashalmen hängende Bakterien.

Milzbrand und Tuberkulose: Sind selten geworden.

Gamsblindheit: Wird durch einen Mikroorganismus verursacht, der zwischen Bakterium und Virus liegt, leitet also schon zu den Viruserkrankungen über. Seuchenhaftes Auftreten mit Bindehautentzündung, Hornhauttrübung, Abszeß. Als Folge Erblindung. Übertragung von Tier zu Tier oder durch Insekten. Neben der Gamsräude gefährlichste Gamsseuche. Bekämpfung durch Reduktionsabschuß.

90 Gams mit starkem Räudebefall. Räude ist die gefährlichste Gamskrankheit. Abwehr ist bisher nur durch starken Reduktionsabschuß möglich. Reviere mit überhöhten Wilddichten sind besonders gefährdet, weil die Milben direkt, durch Körperkontakt oder über das Lager übertragen werden.

90

Virus-Erkrankungen

Tollwut: Die gefährlichste aller Virus-Erkrankungen. Auf alle Warmblüter übertragbar. Hauptüberträger Fuchs und andere Raubtiere, aber auch Nagetiere. Erreger ist ein Virus, das sich im Zentralnervensystem und in den Speicheldrüsen findet. Ausgang fast immer tödlich. Infektion erfolgt meist durch Biß, bei dem infektiöser Speichel in die Blutbahn und damit ins Zentralnervensystem gelangt. Infektionsgefahr für Menschen besteht, wenn die Hände in Berührung mit Speichel, Gehirn oder Rückenmark kranker Tiere kommen und das Virus durch kleine Hautwunden in die Blutbahn gelangt. Auch während noch keine äußeren Anzeichen der Krankheit erkennbar sind, wird von tollwutkranken Tieren bereits infizierter Speichel abgesondert. Die Zeit zwischen Infektion und Ausbruch der Krankheit nennt man *Inkubationszeit.* Sie beträgt meist 2—8 Wochen, kann aber auch bis zu einem Jahr dauern. Das Wissen darum ist für den Jäger besonders wichtig. In tollwutbefallenen oder -gefährdeten

Gebieten kann er auch von gesund erscheinenden Tieren ange-
steckt werden.

Krankheitssymptome: Verlust der natürlichen Scheu vor dem
Menschen, Angriffslust, sonstiges anomales Verhalten, Läh-
mungserscheinungen, Verbeißen in Steine, Stöcke usw.,
Scheuerstellen hauptsächlich am Kopf, heiseres Bellen, Schrek-
ken und Klagen bei Rehwild.

Tollwutfälle sind sofort dem Amtstierarzt zu melden. Tiere nur
mit Schutzhandschuhen anfassen, sicher in einem Plastiksack
verwahren. Der Amtstierarzt hat über den Kadaver zu verfügen.
Die Diagnose wird durch eine Untersuchung des Gehirns in der
nächsten Untersuchungsstelle erstellt.

Menschen müssen sofort nach Kontakt mit erkrankten Tieren
geimpft werden. Wenn die Schutzimpfung zu spät erfolgt, kann
sie wirkungslos sein. Wenn die Krankheit bereits offen ausge-
brochen ist, endet sie immer tödlich. Neuerdings ist auch eine
vorbeugende Schutzimpfung für Menschen möglich. Sie ist ungefährlich und schmerzlos.

Vorbeugend geimpfte Hunde brauchen nach Kontakt mit erkrankten Tieren nicht mehr getötet werden, sie müssen nur sofort nochmals geimpft werden.

Intensivste Fuchsbejagung ist jagdliche Verpflichtung. Man
glaubt festgestellt zu haben, daß bei einem Bestand von einem
Fuchs pro 300 ha und jährlicher schärfster Reduktion der Jungfüchse, damit kein Zuwachs mehr erfolgen kann, die Seuche allmählich erlischt.

Die früher verordnete Baubegasung ist aus biologischen und
tierschützerischen Gründen umstritten.

Myxomatose: Kaninchen. Das Virus ruft Ödeme in der Unterhaut, besonders am Kopf hervor. Anschwellen des Kopfes, der
Augenlider, der Geschlechtsteile. Verenden nach 14 Tagen.
Übertragung durch direkte Berührung, Insektenstiche. Seuchenzüge vernichten örtlich ganze Kaninchenbestände, besonders, wenn diese stark überhöht sind.

Schweinepest: Das Virus löst nur beim Schwein Krankheit aus.
Anzeichen: Verhaltensstörungen, Durst. Entzündungen in Lun-
ge, Magen-Darm-Kanal, innere Blutungen. Übertragung durch
Verfüttern von Fleisch erkrankter Hausschweine, durch direkten
Kontakt.

Bekämpfung durch kräftigen Reduktionsabschuß an den Rändern des Bestandes. Durch Füttern der erkrankten Bestände ist
zu verhindern, daß kranke Tiere zu wandern beginnen und die
Seuche weitertragen. Schwarzwild, das die Seuche überstan-
den hat, bleibt meistens immun. Kadaver sind schnellstens unschädlich zu beseitigen.

Maul- und Klauenseuche: Kann von Haustieren auf Schalenwild übertragen werden.

Geflügelpest: Fasane; hauptsächlich in Volieren.

Taubenpocken: Häufig bei Wildtauben. Warzenförmige Gebilde
am Schnabelansatz, an den Ständern, an Hautauftreibungen, an
den Flügelvorrändern.

91 Kaninchen mit Myxomatose.
Das Auge ist bereits völlig geschlossen. Die Myxomatose
wurde in Europa absichtlich eingeführt. 1952 wurde in Frank-
reich zur Eindämmung der hohen Kaninchenbestände ein
Seuchenherd künstlich geschaffen, der sich bald über ganz
Westeuropa und England verbreitete. Bis jetzt ist ein Erlös-
chen der Seuche nicht abzuse-
hen, doch erholen sich die Kaninchenbestände nach einem
Seuchenzug verhältnismäßig
rasch wieder.

91

Fragen:

106 Worauf hat der Jäger nach den Vorschriften der Wildbrethygiene besonders zu achten?
107 Was sind meldepflichtige Krankheiten?
108 Wie werden Fallwild und erlegtes krankes Wild beseitigt?
109 Welche besondere Möglichkeit zum Erkennen von Krankheiten hat der Jäger?
110 Worauf weist starker Durchfall hin?
111 Worauf weist Husten hin?
112 Welche Formen von Parasiten kennen wir?
113 Welche Endoparasiten kennen wir beim Schalenwild?
114 Welche Parasiten bei Alles- und Fleischfressern werden
dem Menschen gefährlich?
115 Welche Hautkrankheit wird besonders Gams und Fuchs
gefährlich?
116 Woran ist Pseudotuberkulose beim Hasen erkennbar?
117 Was ist bei der Erlegung eines tollwütigen Tieres zu unter-
nehmen?
118 Wie können Hunde und Menschen vor der Tollwut geschützt werden?
119 Welche Tierart wird von der Myxomatose befallen?
120 Ist Maul- und Klauenseuche auf Schalenwild übertragbar?

Jagdbetrieb

Der Jäger

Über aller Jagdausübung steht das Gebot der Weidgerechtigkeit. Dieses Gebot ist nie ganz genau festgelegt worden. Man kann es etwa so ausdrücken: Weidgerecht jagen heißt, die Geschöpfe Gottes achten, die Regeln befolgen, die sich in der Jagdausübung in Jahrhunderten entwickelt haben, und sich der Verantwortung bewußt sein, die das Führen der Waffe mit sich bringt.

Die Ausrüstung

Die Waffe: Sie muß immer gepflegt werden. Nach jedem Fehlschuß ist die Treffpunktlage der Kugelbüchse zu überprüfen. Auch das ist ein Gebot der Weidgerechtigkeit.

Fernglas, Zielfernrohr: Sind neben der Waffe wesentlichste Bestandteile der Ausrüstung. Für den Jungjäger ist es wichtig, Absehen des Zielfernrohres und Lichtstärke von Zielfernrohr und Fernglas entsprechend den Jagdmöglichkeiten zu wählen, die er hat.

Die Kleidung: Man richtet sich nach den örtlichen Erfordernissen. Zu vermeiden sind Stoffe, die bei jeder Bewegung rascheln. Außerhalb der heißen Jahreszeit empfiehlt sich Loden als geeigneter Stoff. Besonders auffallend „jägerische" Kleidung außerhalb der Jagdausübung wirkt auf die Umgebung lächerlich.

Der Rucksack: Er soll groß genug sein, um ein Reh aufnehmen zu können. Im Gebirge wählt man ihn so groß, daß man einen Gams in ihm unterbringen kann. Nicht waschbare Rucksäcke enthalten eine Schweißeinlage.

Das Messer: Auch Gnicker genannt, muß immer scharf sein. Das ist wichtiger als prahlerische Silbereinlagen. Wenn man statt des feststehenden Messers ein Klappmesser wählt, muß die Klinge festgestellt sein, wenn es aufgeklappt ist.

Verhalten im Revier

Der Jäger bewegt sich nach Möglichkeit so, daß er nicht gesehen wird. Trifft er mit Spaziergängern zusammen, ist er freundlich und gibt Auskünfte, wenn er gefragt wird. Wenn er Verstöße gegen den Naturschutz feststellt, greift er nachdrücklich, aber nicht ruppig ein.

92 Der Jäger ist heute mit dem Landwirt und dem Forstmann ein wichtiges Glied im „Management" der Natur. Ihm obliegt die Hege des Wildes in ihrem ganzen Umfang: Fütterung, Äsungsverbesserung, Biotopverbesserung. Daneben kann nur der gut ausgebildete Jäger für die Einhaltung der landeskulturell tragbaren Schalenwilddichten sorgen. Ohne seine Arbeit bliebe in der profitorientierten Land- und Fortwirtschaft nur die Möglichkeit der völligen Ausrottung unserer heimischen Schalenwildarten. Das aber wäre ein neuerlicher, schwerer Verstoß gegen Naturschutz und Ökologie. Zur verantwortungs/bewußt ausgeübten Jagd gehört auch der Hund. Der kleine Münsterländer, den der Jäger in unserem Bild führt, ist ein besonders bei der Jagd im Wald und bei der Wasserjagd vielseitig brauchbarer mittelgroßer Hund.

Die Jagdarten

Ansitz und Anstand

Der Ansitz ist die wohl am häufigsten ausgeübte Jagdart. Er hat folgende Vorteile: Der Jäger ist gegen Sicht gut gedeckt. Er sitzt so hoch, daß der Wind ihn dem Wild nicht so leicht verrät. Er kann auf einem bequemen Sitz lange Zeit ruhig verweilen und beunruhigt das Revier weniger als bei anderen Jagdarten. Er hat besseren Überblick und für das Gewehr eine gute Auflage. Dadurch schießt er sicherer. Durch den Schuß schräg von oben fängt der Erdboden das Geschoß bei einem Fehlschuß auf.

Ansitzleiter und Kanzel: Die *Ansitzleiter* ist einfach konstruiert. Sie besteht aus dem leiterförmigen Aufstieg und dem Sitz, der an einem Baum gelehnt oder zwischen zwei Bäumen durch eine Querstange befestigt wird. Sie kann auch mit einem kleinen Dach versehen werden. Durch Stabilisierung mit Seitenstreben kann sie auch frei aufgestellt werden.

Die *Kanzel* ist fast immer freistehend und rundum verkleidet. Fensterschlitze ermöglichen Aussicht und Ausschuß.

Ansitzleitern bringt man an Waldrändern und im Walde an, *Kanzeln* werden auf freien Flächen aufgestellt und in Fällen, in denen man mit sehr langen Ansitzen bei jedem Wetter rechnet.

Aufstellung: Auf gute Verblendung möglichst mit natürlichem Material ist zu achten. Leitern dürfen nicht an Bäume genagelt werden. Die Nägel lockern sich und zerstören später bei der Aufarbeitung des Stammes im Sägewerk das Sägeblatt; also Leitern mit starkem Draht befestigen. Aufgestellt werden die Ansitze an Wechseln und an Stellen, an denen das Wild vom Wald auf die Feldflur austritt. Gut gepflegte *Pirschpfade* sind nötig, damit man die Ansitze leise und vom Wild unbemerkt erreichen kann.

Sicherheitsbestimmungen: Sie verlangen, daß die Anstiegsleitern zu den Ansitzen folgendermaßen angefertigt werden: Die Holme werden eingekerbt, die Querstangen an den Enden abgeflacht, in die Holme eingelassen und mit mindestens zwei gegeneinander stehenden Nägeln befestigt.

Anstand auf dem Boden: Er wird meistens hinter einem Schirm bei der Jagd auf Enten und Birkhahn ausgeübt.

Suche, Buschieren, Stöbern, Brackieren

Zu dieser hauptsächlich auf Niederwild ausgeübten Jagdart benötigt man einen guten Gebrauchshund.

Suche: Der Vorstehhund sucht in offenem Gelände. Hat er Wild gefunden, steht er vor, bis der Jäger herangetreten ist und es beschießen kann.

Buschieren: Der Hund sucht in unübersichtlichem Gelände im Schrotschußbereich vor dem Führer.

Stöbern: Der Jäger steht am Rand von Deckungen, der Hund sucht die Fläche weiträumig ohne Sichtverbindung mit dem Jäger ab und wird spurlaut, wenn er findet. In der Regel erkennt man an der Klangfarbe des Lautes, ob er an Sau, Fuchs oder Hase gekommen ist.

93 Rundum geschlossene, vorbildlich in einen Baum eingebaute Kanzel. Die Sicherheitsbestimmungen sind beim Bau von Reviereinrichtungen sorgfältig zu beachten, sonst entstehen bei Unfällen Schadensersatzanforderungen!

94 Vorstehende Hunde. Der zweite Hund »sekundiert«: er ahmt das Verhalten des ersten Hundes nach.

93 △

▽ 94

Brackieren: Die Bracke jagt einmal gefundenes Wild ausdauernd und spurlaut so lange, bis sie es wieder in die Nähe seines Einstandes zurückgebracht hat, wo es vom Jäger erwartet wird. Brackiert werden Hase und Fuchs. Das Einsatzgebiet dieser Jagdart ist das wildarme Wald- und Gebirgsrevier, Gestrüpp und unwegsames, steiles Gelände, bedingt aber sehr weiträumige Reviere.

Sicherheitsmaßnahmen: Bei der Suchjagd ist auf eine sichere Führung der Waffe zu achten. Sie darf nie auf einen anderen Menschen weisen. Geschossen darf erst werden, wenn das Wild sicher angesprochen und festgestellt ist, daß sich im Schußbereich kein Mensch und kein Hund befinden.

Zu häufig ausgeübte Suchjagd beunruhigt das Revier und ist sehr schädlich.

Die Wasserjagd

Eine auf Enten ausgeübte Jagdart. Am Abend fliegen die Enten die Gewässer an und fallen dort ein. Man nennt das *„Entenstrich"*. Der Jäger steht oder sitzt an geeigneter Stelle an und schießt die Enten im Anflug. In Gewässern, in denen sich die Enten tagsüber aufhalten, läßt man einen geübten Wasserhund stöbern und schießt erst, wenn sie auffliegen. Zur Wasserjagd ist unbedingt ein Hund nötig, der ins Wasser gefallene Enten schwimmend apportiert.

Sicherheitsmaßnahmen: Neben den allgemeinen Sicherheitsmaßnahmen ist zu beachten, daß bei flachen Schüssen aufs Wasser die Schrote auf der Wasseroberfläche wieder abheben und z. B. Menschen am gegenüberliegenden Ufer gefährden können. Auch für die Entenjagd gilt: Zu häufiges Ansitzen und zu häufiges Stöbern sind schädlich.

Die Treibjagd

In gut besetzten Niederwildrevieren wird in der Zeit von etwa Oktober bis Ende Dezember diese Art der Gesellschaftsjagd durchgeführt. Eine einmalige überlegt organisierte und großräumig durchgeführte Treibjagd ist weniger schädlich als häufiges Durchgehen und Absuchen kleiner Flächen im Revier. Bei der Treibjagd wird das Wild von Treibern den Schützen zugetrieben. Es gibt in den verschiedenen Bundesländern verschiedene Beschränkungen der Treibjagd. Das jeweilige Landesrecht ist zu beachten. Neben Niederwild werden hauptsächlich Sauen getrieben.

Allgemeine Regeln: *Die Treiber* treiben in einer Front und in gleichen Abständen unter Leitung eines revierkundigen Obertreibers.

Hunde werden nur auf Anordnung des Jagdleiters geschnallt (von der Leine gelassen).

Die Schützen verlassen den Platz, an dem sie angestellt sind, erst, wenn sie abgerufen werden. Sie verständigen sich mit ihrem Nachbarn über den Standplatz und das Schußfeld.

95 Ausgehen zum Kesseltreiben (Kreisjagd). Nach links und rechts gehen jeweils ein Schütze, ein Treiber aus, bis die beiden Reihen sich auf der anderen Seite des Kessels treffen. Gut geleitete Kesseltreiben mit guten Schützen lassen den Hasen fast keine Chance. Sie dürfen deshalb nur mäßig und überlegt betrieben werden.

96 Streife (o. a. Böhmische Streife) in unübersichtlichem Gelände mit nicht zu vielen Teilnehmern. Treiber und Schützen gehen in einer Reihe nebeneinander. Die Flanken sind vorgezogen.

Das Gewehr wird erst am Stand geladen und beim Verlassen des Standes wieder entladen. Kipplaufwaffen werden zum Zeichen, daß sie entladen sind, abgeknickt, bei Repetierern wird die Kammer geöffnet. Streng verboten ist das Durchziehen des angeschlagenen Gewehres durch die Schützenlinie.

Das Aufnehmen des geschossenen Wildes geschieht durch die Treiber. Nur in Fällen, in denen geschossenes Wild nicht gefunden wird oder Wild krank geschossen wurde, sucht nach dem Abblasen des Treibens ein erfahrener Hund nach.

Man unterscheidet zwischen *Treibjagden im Wald* und *Treibjagden im Feld.*

Im Wald macht man üblicherweise Standtreiben. Dabei werden die Schützen an vorher bestimmten Ständen rund um das Treiben (den Trieb) angestellt. Die Treiber gehen durch das Gehölz und treiben das Wild den Schützen zu.

Im Feld macht man entweder Standtreiben, Böhmische Streifen oder Kesseltreiben.

Standtreiben im Feld: Die Schützen werden meist in einer Linie oder im Halbkreis angestellt, die Treiber treiben den Schützen das Wild von der anderen Seite her zu. Günstig ist es, wenn die beiden Flügel der Treiberwehr vorgezogen sind. Sicherheitsregeln sind streng zu beachten: Wenn die Treiberwehr näher kommt, darf nur noch nach hinten geschossen werden, wenn das Wild also durch die Schützenketten geflohen ist.

Die Böhmische Streife: Eine Kette von Schützen und Treibern. Die beiden vorgezogenen Flanken sind von Treibern besetzt. Die Jagd bewegt sich in Form eines vorne offenen Rechtecks durch das Gelände. Wild, das seitlich ausbrechen will, wird von den flankierenden Treibern in das Rechteck zurückgedrängt.

Kesseltreiben (Kreisjagd): Von einem gemeinsamen Sammelpunkt aus wird die zu bejagende Fläche von Schützen und Treibern eingekreist. Dazu gehen nach Aufruf des Jagdleiters nach zwei Richtungen immer jeweils ein Schütze und danach ein Treiber los. Wenn die Ersten der beiden ausgehenden Gruppen sich getroffen haben, ist der Kessel geschlossen. Nun rücken auf ein Signal „Das Ganze vor!" Schützen und Treiber zur Mitte des Kreises hin vor. Dabei darf noch in den Kessel geschossen werden. Wenn der Kessel so eng geworden ist, daß Schüsse der gegenüberstehenden Reihe gefährlich werden können, bleiben auf das Signal: „Treiber in den Kessel" die Schützen stehen und die Treiber rücken alleine zur Mitte vor. Dann darf nur noch nach hinten auf Wild geschossen werden, das durch die Schützenkette aus dem Kessel geflohen ist.

Unfallgefahren: Bei Treibjagden besonders groß. Deshalb sind sämtliche Sicherheitsvorschriften genau zu beachten. Meistens werden sie vom Jagdleiter vorher nochmals verkündet.

Der Jagdleiter hat sich davon zu überzeugen, daß alle Teilnehmer eine gültige Jagdkarte haben.

Weitschüsse, wie sie besonders auf Treibjagden gern versucht werden, sind auf alle Fälle zu unterlassen.

Halte nie die Waffe auf einen Menschen!

97 Treibjagden sind unfallträchtig! Alle Sicherheitsregeln müssen exakt eingehalten werden.

98 Standtreiben. Die Schützen stehen an den Rändern, die Treiber treiben durch den abgestellten Raum.

99 Vorstehtreiben mit offenen Flanken. Nach links und rechts wird viel Wild entkommen.

98 △   ▽ 99

Zum Zweck der Bestandserhaltung sollte jedes Jahr ein anderer Revierteil völlig unbejagt bleiben.

Kommandos: Sie werden meist durch Hornsignale gegeben. Die geläufigsten Signale sind: „Anblasen des Treibens", „Halt!", „Treiber in den Kessel", „Abblasen des Treibens".

Drück- oder Riegeljagd: Dabei wird Schalenwild oder der Fuchs gejagt. Die Vorschriften der einzelnen Länder sind zu beachten.

Im Gegensatz zur Treibjagd wird das Wild nicht laut getrieben, sondern durch einen oder mehrere Helfer, die langsam und leise, nur manchmal ein wenig hüstelnd oder an einem Baum klopfend durch den Bestand gehen, vorsichtig dazu gebracht, aus seinen Einständen herauszuziehen. Diese Jagdart wird häufig im Gebirge angewandt. Die *Riegeljagd* kann, muß aber keine Gesellschaftsjagd sein, weil bereits geriegelt wird, wenn ein Schütze an einem Wechsel steht und sich das Wild von einem Helfer zudrücken läßt. Der Zeitpunkt der *Riegeljagd* ist meist im Spätherbst oder Winter. Neuere wildbiologische Forschungen haben ergeben, daß diese Jagdart bei hoher Schneelage und schlechten Äsungsverhältnissen sehr schädlich ist. Das Schalenwild benötigt zu dieser Zeit viel Ruhe, damit es wenig Energie verbraucht. Wenn es dann aufgemüdet und aus den Einständen vertrieben wird, kann es zu so hohen Energieverlusten kommen, daß es daran eingeht oder bleibende Schäden behält.

Die Pirsch

Sie ist die klassische und auch dem Laien bekannteste Jagdmethode, die die höchsten Anforderungen an den Jäger stellt. Das Wort: „Ein Revier ist schneller leergepirscht als leergeschossen" ist immer gültig. Besonders in kleinen Revieren mit kleinflächigen Wäldern sollte kaum gepirscht werden.

Regeln: *Pirschwege* sind von großem Nutzen. Sie müssen immer ausgeschnitten und sauber gehalten werden.

Bei keiner anderen Jagdart ist es so wichtig, auf den *richtigen Wind* zu achten.

Beim Pirschen wird *vorsichtig* und sehr *langsam* gegangen, mit der ganzen Sohle auf astfreie Stellen aufgetreten, immer wieder stehen geblieben und das ganze Gelände, auch das, durch das man soeben gegangen ist, genau beobachtet. Pirschen ist eine hohe Kunst, die nur Könner ausüben sollten. Genaueste *Revierkenntnis* ist Voraussetzung. Der Schuß muß häufig sehr schnell angebracht werden.

Lock- und Reizjagd

Bei ihr werden bestimmte Laute nachgeahmt, die das Wild zum Zustehen veranlassen.

100 »Sammeln« nach dem Treiben. Vor dem Anblasen und nach dem Abblasen muß jede Flinte abgekippt sein, damit klar wird, daß sie entladen ist.

101 Verschiedene Lockinstrumente. Nachgeahmt wird mit ihnen hauptsächlich das Quaken der Ente, der Balzlaut des Taubers und Birkhahns; das Pfeifen der Maus, die Todesklage von Hase und Kaninchen zum Reizen des Fuchses; das Fiepen von Rehkitz und Geiß; der Brunftruf des Rehbockes und des Rothirsches.

100 △

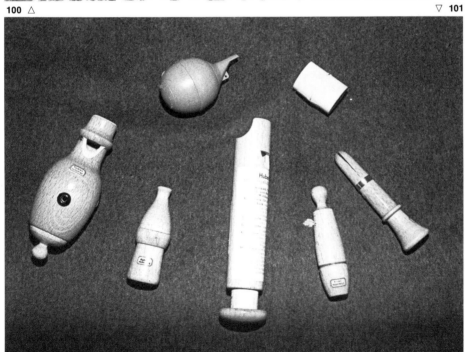

▽ 101

Blattjagd: Zur Zeit der *Rehbrunft* werden die *Fieplaute* der weiblichen Rehe nachgeahmt, die den Bock anlocken.

Brunftjagd: Mit dem *Hirschruf* ahmt man den *Brunftschrei* des Hirsches nach. Der Nebenbuhler antwortet meist und steht zu.

Auch das *Mahnen* des brunftigen Tieres bringt den Hirsch oft zum Zustehen.

Lockjagd: Der Fuchs wird durch das nachgeahmte Pfeifen einer Maus oder durch die Todesklage des Hasen angelockt.

Spielhahn, Haselhahn und Ringeltaube werden durch ihre Balzrufe angelockt.

Zur Lockjagd gibt es besondere Lockinstrumente. Man muß Erfahrung haben, um sie richtig einsetzen zu können.

Die Baujagd

Dabei werden *Fuchs, Dachs* und *Kaninchen* bejagt. Zur Jagd auf Fuchs und Dachs benötigt man erfahrene Bauhunde, Dackel oder Terrier. Der Hund schlieft in den Bau ein und jagt den Fuchs heraus, der beim Ausfahren geschossen wird.

Der Dachs läßt sich fast nie sprengen. Besonders in sehr weitläufigen Bauen ist es weniger scharfen Hunden oft auch nicht möglich, den Fuchs zu sprengen. In diesem Fall muß der Bau aufgegraben werden, bis man am Wild ist und es erlegen kann. Auch Jungfüchse werden gegraben. Ein unerfahrener Hundeführer muß sich die Gesetze der Baujagd von einem erfahrenen Jäger beibringen lassen, bevor er das Leben seines Hundes riskiert.

Gefahren: Die Baujagd ist für die Hunde sehr gefährlich. Besonders bei Felsenbauen sollte man von ihr absehen, weil sie häufig Abstürze haben, über die der Hund zwar hinunter, aber nicht mehr hinaufkommt. Wenn ein Graben dann der Felsen wegen unmöglich ist, kann der Hund verloren sein.

Jagdzeiten: Die beste Zeit für die Baujagd auf Fuchs ist die *Ranzzeit* im Jänner bis Februar, weil der Rüde dann häufig bei der Fähe im Bau liegt. Ab Mai liegen die Welpen im Bau, man kann dann graben. Diese Methode zerstört jedoch den Bau. Günstiger ist es, zu warten, bis die Welpen beginnen, vor dem Bau zu spielen, und sie dann beim Ansitz zu erlegen.

Regeln: Wenn beim Fuchssprengen mehrere Schützen am Bau anstehen, müssen sie sich so aufstellen, daß sie sich beim schnellen Schuß nicht gegenseitig gefährden und sich völlig still verhalten.

Frettieren: Auf Kaninchen wird mit dem *Frettchen,* einem zahmen Iltis, gejagt. Das Frettchen treibt die Kaninchen aus dem Bau, dabei werden sie von den anstehenden Schützen erlegt oder in Netzen gefangen, die über alle Röhren außer der einen, durch die das Frettchen eingeschloffen ist, gespannt sind.

102 Bei der Baujagd. Der Fuchs oder Dachs wird gegraben. Beste Baujagdzeit ist die Ranz im Jänner/Februar, weil dann der Rüde häufig bei der Fähe im Bau liegt. Baujagd auf den Dachs geht für den Hund häufig mit Verletzungen aus.

103 Frettieren. Das Frettchen, eine domestizierte Form des Iltis jagt die Kaninchen aus dem Bau, die sich in über die Röhren gespannten Netzen verfangen.

102 △   ▽ 103

Die Fallenjagd

Man unterscheidet lebendfangende und totfangende Fallen. Die Fallenjagd dient dem Kurzhalten von Raubwild und Raubzeug und darf nur von Jägern ausgeübt werden, die genug Zeit haben, um die Fallen jeden Tag zu kontrollieren.

Lebendfangende Fallen: *Kasten-* und *Wippbrettfallen.* Nach Betreten der Falle schließt sich der Eingang durch Herunterfallen einer Klappe oder Kippen eines Wippbrettes. Kasten- und Wippbrettfallen müssen unter allen Umständen jeden Morgen kontrolliert werden. Gefangenes größeres Wild (Fuchs, verwilderte Katze) wird durch einen Kleinkaliberschuß getötet.

Das *Aufstellen* dieser Fallen geschieht an Zwangswechseln: trockenen Wassergräben, entlang Kulturzäunen, vor Zaunlöchern, an Feldrainen, in Stein- und Reisighaufen.

Habichtskorb und *Krähenfalle.* Der Habichtskorb wird da eingesetzt, wo eine Sondergenehmigung zum Lebendfang von Habichten besteht. Die Krähenfalle fängt häufig auch Greife und andere geschonte Vögel. Ob sie einen fühlbaren Rückgang der Krähen bringen kann, ist zweifelhaft. Die Standkrähen im Sommer, die eigentlich bekämpft werden müssen, fängt sie nicht, die Massenfänge im Winter bestehen aus Zugkrähen, noch dazu meist aus unschädlichen Saatkrähen.

Totfangende Fallen: *Prügel-* oder *Scherenfallen* und die beiden erlaubten Fangeisen, der *Schwanenhals* und das *Eiabzugseisen.* Sie müssen beködert werden.

Prügel- und Scherenfallen: Sie fangen hauptsächlich Marder, verwilderte Katzen, seltener Füchse.

Der *Schwanenhals* ist eine spezielle Fuchsfalle.

Das *Eiabzugseisen* dient hauptsächlich dem Marderfang in Scheunen, Dachböden usw., wird jedoch auch auf Zwangspässen auf Marder gestellt.

Sicherheitsmaßnahmen: Besonders bei der Aufstellung des großen Abzugseisens, des Schwanenhalses, ist größte Vorsicht zu beachten. Keinesfalls darf diese Falle in belebten Gebieten aufgestellt werden (Warnschilder aufstellen).

Fallen dürfen nur zur Jagdzeit fängisch gestellt werden. Auch Fallen, die nur Wildarten fangen, die das ganze Jahr Jagdzeit haben, dürfen während der Setz- und Aufzuchtzeit nicht fängisch gestellt werden.

Verbotene Fallentypen: Alle Eisen, die nicht unversehrt fangen, oder nicht sofort töten. Dazu gehören vor allem die *Tellereisen.* Sie werden durch Betreten ausgelöst und greifen an den Läufen des Raubwildes.

Die Hüttenjagd

Dabei sitzt in Schrotschußentfernung vor der Hütte auf einer Sitzstange (der „Jule") ein Uhu (der „Auf"). Auf ihn hassen Greifvögel und Krähen. Dabei können sie geschossen werden. Diese Jagdart wird heute kaum mehr ausgeübt, da die Greifvögel und die Saatkrähe geschützt sind.

104 Kastenfalle. Sie fängt hauptsächlich Raubwild von Wiesel- bis Katzengröße. Besonders erfolgreich ist sie für den Kundigen auf den Waschbären.

105 Prügelfalle (Totschlagfalle). Sie wird beködert und tötet. Alle Fallentypen haben nur Erfolg, wenn sie von erfahrenen Jägern gestellt sind, die alle Regeln und Tricks kennen.

Die Beizjagd

Bei der Beizjagd schlagen abgerichtete Greifvögel Wild vom Rebhuhn bis zum Hasen. Zur Beizjagd (Falknerei) benötigt man eine gültige Jagdkarte.

Die häufigsten Beizvögel sind Habicht, Sperber und Falke. Bei ihrer Beschaffung und Haltung sind vor allem die Greifvogelschutzbestimmungen zu beachten.

Regeln für das Verhalten vor und nach dem Schuß

Ansprechen: Vor dem Schuß ist sorgfältig zu ermitteln, ob das Wild erlegt werden darf. Beim geringsten Zweifel unterbleibt der Schuß.

Sicherheitsmaßnahmen: Vor jedem Schuß ist das Hintergelände zu beachten. Ein modernes Büchsengeschoß fliegt bis zu 6000 m weit, Schrotkörner fliegen so viele hundert Meter, wie ihr Durchmesser in Millimeter beträgt (z. B. 3½ mm Schrot fliegt 350 m weit). Jeder Schuß sollte vor einem Kugelfang abgegeben werden. Der beste Kugelfang ist der Erdboden beim schräg von oben (Ansitzleiter, Kanzel) abgegebenen Schuß.

Beim Schrotschuß Abpraller bei vereistem oder steinigem Boden und beim flachen Schuß aufs Wasser bedenken.

Schmerzlos töten: Der Schuß auf das sicher angesprochene Wild erfolgt erst, wenn es nahe genug ist und günstig (breit) steht. Schalenwild muß das Haupt in der Höhe haben. Sonst kann sich durch eine letzte Bewegung des Hauptes die Decke über dem Ein- und Ausschuß so verschieben, daß der Schußkanal verschlossen wird und kein Schweiß austritt.

Warten nach dem Schuß: Der Schütze sollte auch bei eindeutig tödlichen Schüssen auf seinem Platz bleiben. Ruhig das Abkommen überlegen. Beobachten, wie das Wild zeichnet.

Schußzeichen beim Schalenwild (Kugelschuß)

Das getroffene Wild zeigt auf den Schuß bestimmte Reaktionen:

Blattschuß: Wenn das Stück nicht sofort im Feuer liegt, bäumt es sich beim Hochblattschuß häufig auf, beim Tiefblattschuß stürmt es mit tiefem Haupt fort. Es verendet rasch.

Laufschuß, Kieferschuß: Das Stück zieht fort. Häufig ist beim Laufschuß der baumelnde Lauf zu erkennen.

Waidwundschuß: Der Schuß liegt im Bereich der Verdauungsorgane. Das Stück schlägt häufig mit den Hinterläufen aus und zieht mit gekrümmtem Rücken langsam weg. Sofort nachschießen!

106   Blattschuß

107   Tiefblattschuß

108   Waidwundschuß

109   Nierenschuß. Zeichen wie beim Waidwundschuß.

110   Krellschuß

Krellschuß: Das Geschoß hat den Dornfortsatz eines Rückenwirbels gestreift. Das Stück stürzt im Feuer, meist auf den Rücken, erholt sich nach kurzer Zeit und flieht.

Wildbretschuß: Das Geschoß geht durch einen Muskel, ohne einen Knochen zu fassen oder ein Organ zu verletzen. Oft überlebt das Wild den Schuß, wenn es nicht durch einen sehr erfahrenen Schweißhund gefunden wird.

Anschußzeichen (Pirschzeichen)

Schnitthaare: Jedes Schalenwild ist an den verschiedenen Körperteilen verschieden behaart. Aus den vorgefundenen Haaren können Schlüsse auf die Lage des Treffers gezogen werden.

Lungenschweiß: Schaumig, hellrot. Das Stück ist bald verendet.

Leberschweiß: Dunkeltrotbraun, dick. Das Stück hat keine Überlebenschance und verendet im ersten Wundbett, wenn es nicht zu früh aufgemüdet wird.

Wildbretschweiß: Dunkelrot. Achtung! Die Nachsuche erfordert einen sehr erfahrenen Schweißhund.

Knochensplitter mit Wildbretschweiß: Bedeuten meist Keulenschuß oder Laufschuß. Beim Laufschuß finden sich Splitter von *Röhrenknochen. Zahnsplitter* weisen auf einen *Äserschuß* hin. Knorpelstücke bedeuten einen Schuß durch den *Stich* oder das *Brustbein.*

Pansen-Darminhalt: Weidwundschuß, der die Verdauungsorgane geöffnet hat. Beim Pansenschuß liegt halb verdauter, grüner Panseninhalt da, beim Schuß durch das kleine Gescheide bräunlicher, meist wässriger Darminhalt.

111 Bei der Schweißarbeit. Der Hund arbeitet am langen Riemen. Schalenwildjagd ohne verfügbare brauchbare Schweißhunde ist nicht weidgerecht!
Fähig ist zur Schweißarbeit jeder entsprechend veranlagte Jagdhund. Er muß aber auch gerecht auf Schweiß abgeführt sein.

Nachsuche

In allen Fällen, in denen die Schußzeichen nicht ganz eindeutig beweisen, daß es nur eine Totsuche gibt, müssen mindestens mehrere Stunden verstreichen, bevor mit einem guten Hund nachgesucht wird.
Sofortige Nachsuche bei Lauf- und Äserschüssen bringt sehr lange und oft ergebnislose Hetzen. Wenn das Stück nicht gestört wird, tut es sich meist nicht sehr weit vom Anschuß nieder und ist am nächsten Tag durch das Wundfieber so krank, daß der Hund es viel leichter finden und fangen kann.
Nachsuche, soweit es sich nicht um eine leicht erkennbare Totsuche handelt, mit nicht gut ausgebildeten Schweißhunden ist nicht weidgerecht!

Schußzeichen bei Hase und Flugwild (Schrotschuß)

Hase

Kurzes Zusammenzucken des laufenden Hasen bedeutet immer einen Treffer, auch wenn der Hase wie gesund weiterläuft. Ein guter Hund muß ihn sofort verfolgen.

Flugwild

Lungenschuß: Steiles Aufbäumen im Flug. Das Wild fällt bald herunter.
Gescheideschuß: Gleitendes Verlieren an Höhe. Das Wild wurde meist aus zu großer Entfernung spitz von hinten beschossen. Die Suche wird oft schwierig. Genau die Stelle des Auftreffens auf dem Boden merken und sofort mit einem guten Hund suchen.
Geflügelt: Das Wild stürzt mit einem hängenden Flügel ab. Es läuft am Boden weiter. Enten suchen in diesem Fall schnellstens das Wasser und sind dann nur noch schwer zu finden. Der Hund muß sofort nachsuchen.
Ständerschuß: Das Flugwild läßt nach dem Schuß einen Ständer hängen und fliegt weiter. Meist hat es dann auch Schrote im Gescheide. Den Flug genau verfolgen und sich den Einfall möglichst merken. Sofort mit dem Hund nachsuchen.

Schußzeichen beim Flugwild

112 Tödlich getroffen. Die Federn stieben, die Flügel sind sofort gelähmt.

113 Geflügelt. Ein Flügel ist durch das Schrot gelähmt, der Vogel stürzt, ist aber noch lebensfähig.

114 Geständert. Ein oder beide Ständer, die beim Flug normalerweise eingezogen sind, hängen herunter.

115 Lungenschuß. Der Vogel bekommt keine Luft mehr. Kurze Zeit strebt er steil in die Höhe, er »himmelt«, doch stürzt er bald tot ab.

112 113 114 115

Das Töten kranken Wildes

Schalenwild

Der Fangschuß: Er ist jeder anderen Tötungsart vorzuziehen. Immer bedenken: Weidgerechtigkeit verlangt auch das Vermeiden von Qualen für das Tier. Der Fangschuß wird möglichst mit einer dafür zugelassenen Faustfeuerwaffe in den Übergang von Halswirbel zu Hinterhaupt abgegeben. Der Fangschuß mit dem Jagdgewehr verursacht meist starke Wildbretzerstörung.
Abgnicken: Wo der erste Halswirbel in den Schädel übergeht, befindet sich ein Loch, durch das das Messer ins Gehirn dringen kann. Das Abgnicken darf nur im Notfall und nur von Jägern ausgeführt werden, die bereits Erfahrung darin haben.
Abfangen und Kälberstich: Beim Abfangen wird dem Schalenwild der Hirschfänger schräg von hinten nach vorne ins Herz gestoßen. Beim Kälberstich stößt man den Hirschfänger von vorne in die Brusthöhle. Sämtliche Tötungsarten mit der kalten Waffe sind möglichst zu vermeiden. Damit man die Technik im Notfalle beherrscht, muß sie an bereits toten Tieren geübt werden.

Haarwild (außer Schalenwild)

Hasen: An den Hinterläufen hochheben und mit der Handkante ins Genick schlagen. Sicherer ist der Schlag mit einem Stock.
Haarraubwild: Schlag mit einem Stock auf den Nasenansatz.

Federwild

Rauhfußhühner: Abgnicken, weil sie zum Hochwild gehören.
Sonstiges Federwild: Durch Aufwerfen auf den Boden oder durch einen Schlag auf den Kopf töten.
Abfedern geschieht durch das Einstechen mit dem Kiel einer Schwungfeder in das Gehirn. Dazu gehört Übung. Man sollte es unterlassen.

Das Versorgen des erlegten Wildes

Beim Versorgen des erlegten Wildes hat der Jäger mit Umsicht und Sorgfalt vorzugehen, um einem Verderb des Wildbrets entgegenzuwirken, denn er „haftet für den einwandfreien Zustand des in Verkehr gebrachten Produktes".

Schalenwild

Schnellstens nach dem Erlegen aufbrechen:
- Auf den Rücken legen. Vom Stich bis zur Drossel aufschärfen. Drossel und Schlund herausziehen, vor der Drossel abschärfen und voneinander trennen, Schlund verknoten.

- Decke vom Weidloch bis zum Brustbein aufschärfen. Bei männlichem Wild geht die Schnittführung zwischen den Brunftkugeln durch. Brunftrute und Samenleiter auslösen.

- Messerklinge zwischen Zeige- und Mittelfinger nehmen und vorsichtig das Bauchnetz aufschärfen, damit das Gescheide nicht verletzt wird. Die Keulen bis zum Schloß durchtrennen.

- Zwischen Pansen und Leber bis zu dem Punkt tasten, an dem der Schlund durch das Zwerchfell kommt; den Schlund in die Bauchhöhle ziehen. Leber und Milz zur Seite schieben und den Pansen nach rechts aus der Bauchhöhle legen.

- Schloß an der Schloßnaht aufschlagen oder aufsägen. Vorsicht! Die Schlögel gehören zum wertvollsten Wildbret.

- Weiddarm auslösen und Gescheide herausnehmen.

- Mit dem Gnicker Zwerchfell von den Wänden ablösen. In die Brusthöhle fassen und mit einem Griff das ganze Geräusch — Herz, Leber, Lunge — herausziehen; Herzkammer aufschneiden.

- Die beiden Brandadern an der Innenseite der Schlögel aufschärfen und das Stück so lagern, daß es ausschweißen kann.

- Rot- und Rehwild hat keine Gallenblase, bei Schwarz-, Gams- und Muffelwild Gallenblase von der Leber lösen.

- Es wird immer wieder verschieden aufgebrochen. Wenn das Liefern schwierig ist, wie im Gebirge, läßt man häufig das Zwerchfell mit dem Geräusch im Wildkörper, bei Rot- und Gamswild bricht man manchmal auch das Schloß nicht auf, sondern schärft nur durch einen kränzenden Schnitt das Weidloch auf und zieht den Weiddarm nach innen heraus.

Wichtig ist, daß das Wildbret sauber versorgt und vor dem Verderb geschützt ist.

- Das Reinigen der Bauchhöhle darf nicht mit Gras oder Blättern geschehen. Wo ein Ausspülen mit Leitungswasser nicht möglich ist, muß die Bauchhöhle mit einem sauberen Tuch trockengewischt werden.

Verhitzen: Wenn der Wildkörper nicht ausreichend ausgeschweißt ist und nicht luftig auskühlen kann, besteht besonders in der warmen Jahreszeit die Gefahr des Verhitzens. Besonders das sofortige Aufbewahren in Plastik-Wildwannen bringt diese Gefahr. Das Verhitzen ist ein Gärungsvorgang, bei dem das Fleisch intensiv rot und ungenießbar wird.

Hase und Kaninchen

Sofort nach der Erlegung Harnblase ausdrücken. Man nimmt das Wild dazu bei den Vorderläufen, legt es sich mit dem Rücken auf die Knie und drückt mit der Hand in der Gegend der Blase nach unten, bis der Urin abfließt.

116 Der erste Schnitt beim Aufbrechen dient dem Auslösen von Luft- und Speiseröhre. Wenn der Schlund von der Drossel gelöst ist, muß er verknotet werden, damit nicht bei der weiteren Arbeit Panseninhalt austreten kann.

117 Bei männlichem Schalenwild werden die Brunftkugeln ausgelöst, der Pinsel bleibt an der Decke.

118 Pansen und kleines Gescheide werden auf die Seite gelegt.

119 Schnittführung beim Aufschärfen der Decke zum Zerwirken.

120 Ausdrücken des Hasen. Das Ausdrücken muß sofort nach dem Erlegen geschehen, sonst verdirbt ein Teil des Wildbrets.

121 Aufschärfen der Decke des Hasen zum Auswerfen (Ausnehmen).

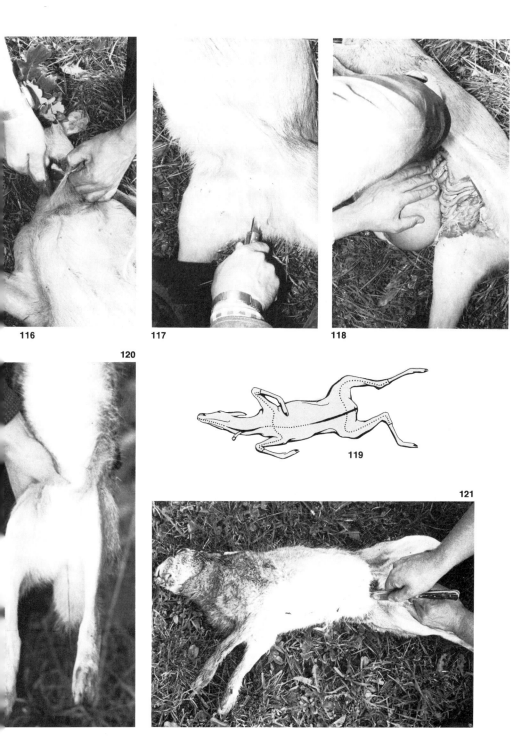

116

117

118

120

119

121

Auswerfen: Geschieht möglichst bald nach der Erlegung. Einige Fingerbreit über dem Weidloch Balg und Bauchdecke in der Querrichtung aufschärfen, Gescheide und Magen entnehmen und das Gescheide am Weidloch abschärfen. Das eigentliche „Auswerfen", bei dem die Eingeweide durch einen Ruck aus der Bauchhöhle geworfen werden, ist zu vermeiden.

Federwild

Stärkeres Federwild wird aufgebrochen (Auerhahn, Birkhahn, Gans).

Aushakeln: Sonstiges Federwild wird häufig ausgehakelt. Dazu bohrt man einen vorne rund gebogenen Haken in das Weidloch, dreht ihn einige Male und zieht das Gescheide, das sich um den Haken gewickelt hat, vorsichtig heraus. Diese Methode führt häufig zu einem Abreißen des Darmes, vor allem wenn das Gescheide bereits durch Schrotkörner verletzt ist. Man sollte diese Methode deshalb nicht mehr anwenden.

Ausnehmen: Die Federn um das Weidloch rupfen, mit einem kleinen Schnitt die Leibeshöhle öffnen und mit zwei Fingern sorfältig den Inhalt herausziehen. Wenn durch den Schuß freier Magen-Darm-Inhalt in der Bauchhöhle ist, muß dieser sorgfältig entfernt werden, besonders an warmen Tagen. Das Wildbret nimmt sonst einen üblen Geschmack an.

Tauben: Sofort den Kropf öffnen. Der Kropfinhalt wird entfernt. Er geht sonst schnell in Gärung über und verdirbt das Wildbret.

Auskühlen: Alles Wild, dessen Wildbret verwertet werden soll, muß vor dem Transport auskühlen. Federwild wird dazu offen am Hühnergalgen getragen.

Transport

Der Transport von Schalenwild wird „Bringen", im Gebirge auch „Liefern" genannt. Es gibt verschiedene Arten der Bringung. Sie hängen von Wildart und Gelände ab. Rehwild kann im Rucksack getragen werden, Federwild wird offen am Galgen und Hasen werden an den geheßten Hinterläufen getragen. Der Transport stärkeren Schalenwildes muß in der Praxis erlernt werden. Er richtet sich nach Revierverhältnissen und Transportmitteln.

Haltbarkeit

Alles Wild muß gut versorgt sein. Eingeweide, innere Organe verderben besonders schnell. Kühle Lagerung! Das „Haut Gout", das man früher bewußt zu erreichen suchte, ist nur ein beginnender Fäulnisvorgang. Die heutigen Konservierungsmöglichkeiten erlauben baldige Verarbeitung nach dem Abhängen.

122 Im Gebirge ist das »Liefern« oft schwierig und anstrengend. Das Wild muß so verpackt werden, daß es auch über lange Strecken gut zu tragen ist. Starke Gams sind oft nicht mehr leicht im Rucksack unterzubringen und werden dann mit der Gamstrage »geliefert«. Wichtig ist, daß der Schwerpunkt nicht zu weit unten liegt.

Trophäen

Trophäen des Schalenwildes: *Geweihe, Krucken und Schnekken* werden abgesägt, möglichst mit einer Knochensäge. Es gibt auch eigene Vorrichtungen. Die Säge wird hinter den Stirnwaffen möglichst weit unten angesetzt und durch die Lichter oder unter den Lichtern zum Windfang geführt. Das Nasenbein bleibt am Oberschädel. Das freigelegte Hirn wird entnommen. Die Decke wird abgeschärft.

Waffen und Haken des Schwarzwildes werden mit dem Gnicker aus den Kieferknochen sorgfältig ausgehebelt.

Kleine Trophäen: *Erpelfedern* der Stockenten, die *Schmuckfedern* an den Schwingen des Nußhähers, *Malerfedern* und *Schnepfenbart* der Schnepfen. Der *Gamsbart* wird gerupft und von einem Bartbinder gebunden. *Grandeln* beim Rotwild werden mit dem Gnicker sorgfältig aus dem Kiefer herausgehebelt.

Behandlung der Schalenwildtrophäen: Der Schädel wird ein bis zwei Tage gewässert und dann solange ausgekocht, bis

119

sich Gewebereste leicht vom Knochen lösen lassen. Dabei darf das Geweih oder die Krucke nicht ins Kochwasser kommen. Dann wird der Schädel in der Sonne oder durch ein Bleichmittel (Wasserstoffsuperoxyd) gebleicht. Auch hierbei darf nur die Knochensubstanz mit dem Bleichmittel in Berührung kommen. Waffen und Haken des Schwarzwildes werden mit Paraffin ausgegossen.

Aus der Decke schlagen: „Aus der Decke schlagen" sagt man, weil man bei allem Schalenwild, außer bei Schwarzwild, die Decke vom Muskelfleisch durch Schlagen mit den Fingerknöcheln trennt und möglichst kein Messer benützt, um das wertvolle Wildbret nicht zu verletzen. Lediglich das Abschwarten von Schwarzwild ist ohne Messer nicht möglich.

Die Schnittführung ist aus der Abbildung ersichtlich.

Aus der Decke schlagen von aufgehängtem Wild ist einfacher. Es muß aber auch an liegendem Wild beherrscht werden.

Zerwirken: Der Körper wird in folgende Teile aufgeteilt: Zwei Blätter; zwei Schlögel; Ziemer (Rücken, bei größerem Wild wird er in zwei Teile geteilt: Wedelziemer und Vorderziemer); Hals (Träger) mit Haupt und die beiden Brust- und Bauchwände (Rippenstücke mit anhängenden Bauchwänden). Vorsicht beim Zerwirken, damit das Wildbret ansehnlich bleibt.

Zerlegeschlüssel: Beim Verkauf von Schalenwild in einzelnen Teilen muß der Gesamtwert in den Wert der einzelnen Teile aufgeschlüsselt werden. Aufbruch und Haupt werden nicht mitgerechnet.

	% des Wertes
Rücken	28
beide Schlögel	46
beide Blätter	15
Ragout (Rippen, Bauchlappen, Träger usw.)	6
Decke, Läufe	5

Jagdliches Brauchtum

Es sollte der Jagdausübung vorbehalten bleiben und nicht als Vorwand für Prahlereien dienen.

Jägersprache

Die Jäger- oder Weidmannssprache ist eine Fachsprache, an deren richtigem Gebrauch man den „zunftgerechten" Jäger erkennt. Sie umfaßt ungefähr 3000 gebräuchliche Ausdrücke und ist ein Teil des jagdlichen Brauchtums.

„Weidgefährten" begrüßen sich mit „Weidmannsheil" und wünschen sich gegenseitig beim Aufbruch zur Jagd „Guten Anblick".

Da es sich wie bei der Mundart um eine lebendige Sprache handelt, gibt es gegendweise Unterschiede, die aber im großen gesehen nicht ins Gewicht fallen.

Weidmännische Bezeichnungen

Rotwild

Hochwild, Edelwild = weitere Bezeichnung; **Rothirsch** = männliches Stück; **Rottier** = weibliches Stück; **Kalb** = Junges; **führendes Tier** = Tier mit Kalb; **Gelttier** = unfruchtbares Tier; **nicht führendes Tier** = Tier ohne Kalb; **Schmaltier** = Tier im zweiten Lebensjahr; **Wildkalb** = weibliches Kalb; **Hirschkalb** = männliches Kalb; **Schmalspießer** = Hirsch im zweiten Lebensjahr; später nach der Endenzahl: **Gablerhirsch, Sechserhirsch, Zehnerhirsch (Eissprossenzehner, Kronenzehner), Zwölfender** usw.; **aufhabender Hirsch** = Hirsch mit Geweih; **Basthirsch** = während des Geweihaufbaues; **Bastzeit** = Zeit des Geweihaufbaues; **Feistzeit** = Zeit vom Fegen des Geweihes bis zur Brunft **(Feisthirsch); Trupp** = mehrere Stücke in einer Gruppe; **Rudel** = größere Anzahl in einer Gruppe; **Leittier** = trupp- oder rudelführendes Tier; **stark im Wildbret** = gutgenährtes Wild; **schwach, schlecht im Wildbret** = mageres Wild; **kümmern** = in der Entwicklung durch Äsungsmangel, Krankheit usw. zurückbleiben; **verfärben, verhären** = Haarwechsel; **Haupt** = Kopf; **Vorschlag** = Kopf und Hals bis zur dritten Rippe; **Träger** = Hals; **Blatt** = Schulter; **Stich** = Halsgrube vorne an der Brust; **Ziemer** = Rücken; **Läufe** = Beine; **Schalen** = Klauen; **Afterklauen, Geäfter, Oberrücken** = Zehen oberhalb der Schalenrückseite; **Decke** = Haut; **Grannen** = Haare; **Schlögel, Keule** = Oberschenkel; **Flanken, Weichen** = Seitenwände des Bauches; **Wedel** = Schwanz; **Weidloch** = After; **Spiegel** = helle Beharrung um das Weidloch; **Brunftrute** = männliches Glied; **Pinsel** = Haarbüschel am Austritt der Brunftrute; **Brunftkugeln** = Hoden; **Kurzwildbret** = Hoden, oft auch Gesamtheit der männlichen Geschlechtsteile; **Feuchtblatt** = weibliche Scheide; **Tragsack, Tracht** = Gebärmutter; **Spinne, Gesäuge** = Euter; **Windfang** = Nase, **Lichter** = Augen; **Äser** = Maul; **Lauscher, Loser** = Ohren; **Lecker** = Zunge; **Drossel** = Luftröhre; **Schlund** = Speiseröhre; **Weidsack, Pansen, Großes Gescheide** = Magen; **Kleines Gescheide** = Gedärme; **Aufbruch** = Pansen und Gedärme; **Federn** = Rippen; **Kammer** = Brustkasten; **Geräusch, Bauschen** = Herz, Lunge, Leber, Nieren, Milz; **Mehrbraten** = Lungenbraten; **Feist** = Außenfett; **Weiß** = Innenfett; **Wildbret** = Fleisch; **Schloß** = Beckenverbindungsnaht; **Weiddarm** = Mastdarm; **Schweiß, Fasch** = Blut; **wittern** = riechen; **vernehmen** = hören; **äugen** = sehen; **aufwerfen** = das Haupt heben; **verhoffen, sichern** = aufmerksames Äugen und Winden; **röhren, melden, schreien, orgeln** = Brunftschrei des Hirsches; **trenzen, knören** = leiser Brunftschrei; **Sprengruf** = kurze Schreie beim Treiben eines Tieres oder Beihirsches; **schrecken** = Warnlaut; **klagen** = Schmerzlaut; **mahnen** = Locklaut des Tieres an das Kalb oder den Hirsch; **Äsung** = Nahrung; **äsen** = fressen; **nachdrücken** = wiederkäuen; **schöpfen** = trinken; **verbeißen** = Abbeißen von

Trieben; **schälen** = Benagen der Baumrinde; **Fütterung** = Futterstelle; **Losung** = Kot; **Lorbeeren** = Einzelteile der Losung; **nässen, feuchten** = harnen; **Standwild** = ständig im Revier stehendes Wild; **Wechselwild** = zeitweise im Revier stehendes Wild; **Einstand** = Aufenthaltsort des Wildes; **Tritt, Trittsiegel** = Einzelabdruck eines Hufes; **Fährte** = Trittfolge; **ziehen** = schreiten; **trollen** = traben; **flüchten, hochflüchtig sein** = galoppieren; **Flucht** = Sprung; etwas **überfliehen, überfallen** = überspringen; **abstehlen** = leise fortschleichen; **rinnen** = schwimmen; **sich niedertun** = niederlegen; **hoch werden** = aufstehen; **Bett** = Lagerstelle; **im Bett sitzen** = dort liegen; **austreten, ausziehen** = aus der Deckung ins Freie gehen; **vertraut sein** = sich sicher fühlen; **abspringen** = fluchtartiges Weggehen; **wechseln** = von einem Ort zum anderen gehen; **Wechsel** = ständig benutzter Pfad; **einstellen, einwechseln** = ins Revier kommen; **auswechseln** = das Revier verlassen; **suhlen** = im Schlamm baden; **Suhle annehmen** = in die Suhle gehen; **Malbaum** = Baum mit Schlammkruste durch das Scheuern nach dem Suhlen; **Brunftzeit** = Begattungszeit; **brunftig** = begattungsbereit; **treiben, sprengen** = verfolgen; **beschlagen** = begatten; **hochbeschlagen, sein** = hochträchtig sein; **setzen** = gebären; **Setzzeit** = Gebärzeit; **säugen** = Milch trinken des Jungen; **Brunfthirsch** = Hirsch in der Fortpflanzungszeit; **Brunftplatz** = Ort des Brunftgeschehens; **abschlagen, abkämpfen** = den Beihirsch vertreiben; **forkeln** = den Gegner verletzen; **abgebrunfteter Hirsch** = durch die Brunft körperlich abgekommener Hirsch; **bestätigen, ausmachen** = feststellen, wo das Wild sich aufhält; **abfährten** = nach den Fährten Wild bestätigen; **anpirschen** = anschleichen; **ansprechen** = das Wild beurteilen; **vergrämen** = Wild scheu machen; **Fehlpirsch** = erfolglose Pirsch; **erlegen, zur Strecke bringen, strecken** = erbeuten; **zusammenbrechen, im Feuer stürzen, im Feuer bleiben** = im Schuß fallen; **anschweißen, anschießen, krank schießen** = verwunden; **fehlen** = danebenschießen; **verenden** = sterben durch Einwirkung des Jägers, **fallen (Fallwild), eingehen** = durch Krankheit sterben; **verludern, anbrüchig sein** = verwesen; **Einschuß — Ausschuß** = Kugeleintritt — Kugelaustritt im Wildkörper; **zeichnen** = den Treffer quittieren; **Schußzeichen** = Reflexbewegung des Wildes bei Erhalt der Kugel; **Pirschzeichen** = Schnitthaare, Schweiß, Knochensplitter usw.; **Anschuß** = Standort des Wildes bei der Schußabgabe; **Anschuß verbrechen** = Kennzeichen des Anschusses; **nachsuchen** = das Stück auf der Schweißfährte verfolgen; **Fangschuß** = erlösender Schuß auf angeschweißtes Wild; **Wundbett** = Stelle, wo sich angeschweißtes Wild niedertut; **aufmüden** = vom Wundbett aufscheuchen; **aufbrechen** = Aufschneiden der Bauchdecke und Entfernen des Aufbruchs; **aufschärfen** = aufschneiden; **lüften** = die geöffnete Bauchdecke durch ein Holzstück offen halten; **aus der Decke schlagen** = Haut abziehen; **zerwirken** = Wildbret zerteilen; **Geweih** =

Hauptschmuck; **gerades (ungerades) Geweih** = gleiche (ungleiche) Endenzahl an den beiden Stangen; **ungerader Achter** = an einer Stange vier, an der anderen drei (zwei) Enden; **Auslage** = Stellung der Stangen zueinander; **Geweih wird geschoben** = alljährlicher Geweihaufbau; es ist **vereckt** = wenn das Bastgeweih fertig geschoben ist und dann **verfegt** wird (Abscheuern des Bastes an Bäumen); **schlagen** = mit dem Geweih in Sträucher und Bäume schlagen; **abwerfen (Abwürfe, Abwurfstangen)** = alljährliches Abstoßen des Geweihes; **plätzen** = den Boden mit den Vorderläufen aufscharren; **zurücksetzen, zurückgesetztes Geweih** = Nachlassen der Geweihstärke; das Geweih ist **gut, brav, edel, stark, kapital, hochkapital** oder **gering, schwach** — aber **nie schön; Geweih abschlagen** = Absägen des Geweihes.

Die angeführten Bezeichnungen gelten sinngemäß auch für das übrige Schalenwild.

Damwild

Damhirsch = männliches Stück; **Damtier** = weibliches Stück; **Damhirschkalb, Damwildkalb** = Junges; **Damschmaltier** = Tier im zweiten Lebensjahr; **Damspießer** = erste Geweihbildungsstufe; **Löffler** = einsetzende Schaufelbildung; dann weiter zum **Halbschaufler, angehenden Schaufler, Schaufler** und **Vollschaufler** auch **Kapitalschaufler, Hauptschaufler; Damwildbrunft** = Begattungszeit; **Brunftkuhle, Brunftbett** = Lager des Damhirsches in der Brunft; **Klemmen** = Andrücken des Wedels an das Weidloch bei getroffenem Wild; **applaudieren** = das gefehlte Stück klatscht mit dem Wedel auf das Weidloch;

Rehwild

Rehbock = männliches Reh; **Rehgais** = weibliches Reh; **Rehkitz (Bockkitz, Gaiskitz)** = Junges; **Kitzgais, führende Gais** = Gais mit Jungen; **Geltgais** = unfruchtbare Gais; **Schmalgais** = Gais im zweiten Lebensjahr; **Geweih, Gewichtel** = Hauptschmuck; **Spießbock, Gabler, Sechser(bock)** = Bock nach dem Geweih; **Perückenbock** = krankhaft wucherndes Bastgeweih infolge Hodenverletzung; **Sprung** = Gruppe von 3—5 Stück Rehwild; **Rudel** = Vereinigung von mehreren Sprüngen (bei Feldrehen); das **Schrecken** = Unmutsäußerung bei Störung; der **Kampfruf** = Imponierschrecken des Bockes; das **Schmälen** = langgezogenes Nachschrecken; das **Fiepen** = Lockruf der Gais und auch des Kitzes; der **Sprengfiep** = gedehntes Fiepen, der vom Bock getriebenen, brunftigen Gais; **Geschrei** = angstvoll klingender Sprengfiep; **Klage** = dumpfer Schmerzlaut; **Fiepblatter** = Instrument zur Nachahmung des Fieplautes (früher mittels Buchenblatt).

Gamswild

Krickelwild = weitere Bezeichnung; **der Gams, der Gamsbock, die Gamsgais, das Gamskitz** = Einzahlbezeichnung;

die **Gams** = Mehrzahl; **Waldgams, Gratgams** = Bezeichnung nach dem Aufenthaltsort; **Laubbock, Latschenbock** = Böcke nach dem Standort; **Jahrling** = Gams im zweiten Lebensjahr; **Leitgais** = rudelanführende Gais; **Scharwild, Graffel** = Gaisen, Kitze und jüngere Jahrgänge; **Sommergams, Wintergams** = Jahreszeitbezeichnung; **Kohlgams** = Gams ohne helle Backenstreifen; **Aalstreifen, Aalstrich** = dunkler Sommerhaarstreifen am Rücken; **Zügel** = dunkle Backenstreifen; **Maske** = Hell-Dunkel-Zeichnung am Haupt; **Brunftfeigen** = Drüsen hinter den Krucken; **Hauthörner** = Horngebilde auf der Haut; **Gamskugeln, Bezoarsteine** = kugelige Gebilde aus Haaren, Harz und Pflanzenfasern im Pansen der Gams; **pfeifen** = Warnlaut; **blädern** = Brunftlaut des Bockes; **keuchen** = Laut beim Treiben; **klagen** = Schmerzlaut; **steigen** = bergauf wechseln; **einspringen, sich einstellen** = an unzugängliche Stellen einwechseln; **Haberl machen** = kurzes Verhoffen während der Flucht; **Krucken, Krickel** = Hauptschmuck; **Stirnzapfen** = Knochenteil der Krucke; **Schlauch** = Hornteil der Krucke; **Schmuckringe** = Wülste zwischen den Jahresringen; **Pechkrucke** = Krucke mit Pechbelag; **gut** und **schlecht gehakelt** = die Schläuche sind zur Spitze hin stark oder schwach gekrümmt; **Gamsbart, Wachler** = lange Rückenhaare, besonders beim Bock **(Bartgams)**, gebunden als Hutschmuck; **Reif, Reim** = helle Spitzen des Gamsbartes.

Muffelwild

Mufflon, Muffel = weitere Bezeichnung; **Widder, Schaf (Schmalschaf, Altschaf, Geltschaf, führendes Schaf), Lamm (Widderlamm, Schaflamm)** = Bezeichnung nach Geschlecht und Alter; **Muffelwildstand** = im Revier vorhandenes Muffelwild; **Schnecken** = Hörner des Widders; **Stümpfe, Gehörn** = Hörner des Schafes (aber selten vorhanden); **Vlies** = Halsmähne; **Sattel, Schabracke, Schneefleck** = zwei große, weißliche Flecken an den Flanken; **muffeln** = murmelnder Laut; **bähen** = Blöken der Schafe; **pfeifen** = Warnlaut; **meckern** = Laut der Lämmer.

Schwarzwild

Wildschweine, Sauen, Schwarzkittel = weitere Bezeichnungen; **Keiler** = männliches Tier, **Bache** = weibliches Tier; **Frischling** = Junges; **Überläuferkeiler, Überläuferbache** = im zweiten Lebensjahr; **Hosenflicker** = zwei- bis dreijähriger Keiler; **angehend hauender Keiler** = vierjährig; **hauender Keiler** = fünf- bis sechsjährig; **grober Keiler, grobe Sau, Hauptschwein** = siebenjährig und älter; **Wurf** = Rüssel; **Oberwurf, Unterwurf,** = Oberkiefer, Unterkiefer; **Licht** = Auge; **Gehör, Schüssel, Teller** = Ohren; **Hals** = Hals; **Kamm** = Nacken und Vorderrücken; **Schild** = verdickte Schwarte an den Schultern; **Schwarte** = Haut; **Hämmer, Läufe** = Beine;

Bürzel = Schwanz; **Borsten** = Haare; **Magen** = Magen; **grunzen** = Normallaut, **schnaufen** = Laut beim Brechen; **blasen** = Warnlaut; **wetzen, klappen** = zorniges Aufeinanderschlagen der Waffen und Haderer, **klagen, kreischen** = Schmerzlaut; **Fraß, Mast** = Nahrung; **fressen** = fressen; **brechen** = mit dem Rüssel im Boden nach Nahrung wühlen; **sich einschieben, einschlagen** = zur Ruhe niederlegen; **Kessel** = als Lager aufgewühlter Boden; **in der Dickung stecken** = sich darin befinden; **Rauschzeit** = Fortpflanzungszeit; **rauschen** = begatten; **frischen** = gebären; **Frischbett** = Wochenbett; die Sau **stellt** sich dem verfolgenden Hund oder Jäger; sie **nimmt an** und **schlägt** = den Verfolger angreifen und mit dem Gewaff verletzen; **abschwarten** = die Haut abziehen.

Feldhase

Lampe, Krummer = weitere Bezeichnung; **Rammler** = männlicher Hase; **Häsin** = weiblicher Hase; **Junghase** = Junges; **Satz** = Junge eines Geburtsaktes; **Besatz** = alle Hasen des Reviers; **Sasse, Lager** = Liegestatt; aus dem Lager **fahren, aufstehen** = aus der Liegestatt weglaufen; **aufstoßen** = aufjagen; **Kopf** = Kopf; **Geäse, Äser** = Maul; **Nase** = Nase; **Seher** = Augen; **Löffel** = Ohren; **Nager** = Schneidezähne; **Hals** = Hals; **Läufe** = Beine (Hinterläufe auch **Sprünge, Springer**); **Blume** = Schwanz; **Balg** = Fell; **Wolle** = Behaarung; **klagen** = Schmerzlaut; **abschneiden** = Äsung abbeißen; **Spur** = Trittreihe; **zu Felde rücken** = aus dem Walde kommen; **zu Holze rücken** = dorthin zurückkehren; **rutschen** = kurzes Weiterbewegen beim Äsen; **hoppeln, flüchten, springen** = Gangarten; **Absprung** = seitliches Wegspringen von der Spur; **Haken schlagen** = plötzliche Fluchtrichtungsänderung; **Kegel machen** = mit den Vorderläufen aufrichten; **Männchen machen** = auf die Zehen der Sprünge aufrichten; **Rammelzeit** = Begattungszeit; **rammeln** = begatten; **innehaben** = trächtig sein; **setzen** = gebären; die Hasen **halten gut** = sie lassen den Jäger nahe herankommen (sonst **halten sie schlecht**); der Hase **rouliert** oder **steht Kopf** = er ist tödlich getroffen; **angebleit, angeschossen, angeflickt** = nicht tödlich getroffen; **abschlagen** = den angeschossenen Hasen durch Genickschlag töten; **ausdrücken** = beim erlegten Hasen die Harnblase entleeren; **guter (schlechter) Anlauf** = dem Schützen kommen viele (wenige) Hasen; **auswerfen, ausweiden** = Gedärme entfernen; **abbalgen** = Balg abziehen.

Wildkaninchen

Künigl, Karnickel, Sandhase = weitere Bezeichnungen; **Jungkaninchen** = Junges; **Bau** = gegrabene Wohnhöhlen; **Röhren** = Gänge im Bau; **Einfahrten, Ausfahrten** = Röhrenmündungen an der Erdoberfläche; **Kessel** = Aufenthaltsort im Bau; **Setzröhre** = Geburtsraum; **trommeln** = warnendes Klopfen mit den Hinterläufen auf dem Boden.

Im weiteren werden die beim Feldhasen üblichen Bezeichnungen sinngemäß angewendet.

Murmeltier

Murmel, Murmentl, Mankei, Mißbellerl = weitere Bezeichnungen; **Bär** = männliches Tier; **Katze, Mütterin** = weibliches Tier; **Affen** = Junge; **Bestand** = alle Murmel im Revier; **Gehöre** = Ohren; **Brante** mit **Nägeln** = Pfote; **Rute** = Schwanz; **Häutl, Balgl, Schwartl** = Haut; **Schmalz** = Fett; **pfeifen** = Warnlaut; **Bau (Sommerbau, Winterbau)** = unterirdisches Wohnsystem; den **Bau zuschlagen** = den Eingang zum Winterbau mit Erde und Gras verschließen; **Bärzeit** = Fortpflanzungszeit; **aufbrechen** = ausweiden; **abschwarten** = Fell abziehen.

Fuchs

Reineke, Rotrock = weitere Bezeichnungen; **Rüde, Fuchs** = männliches Tier; **Fähe, Füchsin, Betze** = weibliches Tier, **Welpen, Jungfüchse** = Junge; **Geheck** = Junge eines Geburtsaktes; **Besatz** = alle Füchse im Revier; **stark** = groß; **gering** = klein; **Fett** = Fett; **Kopf** = Kopf; **Fang** = Maul; **Lefzen** = Lippen; **Fänge, Fangzähne** = Eckzähne; **Gebiß** = alle Zähne zusammen; **Nase** = Nase; **Seher** = Augen; **Gehöre** = Ohren; **Hals** = Hals; **Läufe** = Beine; **Branten** = Pfoten; **Klauen** = Nägel; **Rute, Feuchtglied** = männliches Glied; **Geschröte, Geilen** = Hoden; **Nuß, Schale** = weiblicher Geschlechtsteil; **Gesäuge** = Milchdrüsen; **Lunte, Standarte** = Schwanz; **Blume** = weiße Schwanzspitze; **Viole, Nelke** = Duftdrüse auf der Lunte; **Balg** = Fell; **Haar** = Haar; **Wolle** = Grundhaar; **Grannen** = lange Deckhaare; **Kern** = Kadaver ohne Fell; **streifen, abbalgen** = Balg abziehen; **bellen** = Verständigungs- und Warnlaut; **keckern** = Zornlaut; **klagen** = Schmerzlaut; **Fraß, Raub** = Nahrung; **reißen** = lebende Beute fangen; **Riß** = gerissene Beute; **fressen** = Nahrung aufnehmen; **mausen** = Mäuse fangen; **anschneiden** = Wild anfressen; **sich lösen** = Losung absetzen; **Tritt** = Brantenabdruck; **Spur** = Trittreihe; **Fährte** bei Bär, Luchs und Wolf); **schnüren** = langsame, gerade Gangart (wie Perlenschnur); **schleichen, traben, flüchtig sein, springen** = Gangart; **Paß** = ständig benützter Pfad; **Bau** = unterirdisches Wohnsystem (**Felsenbau, Erdbau, Hauptbau, Notbau**); **Röhren** = Baugänge; **Geschleif** = Bau und Röhren; **befahrener** Bau = vom Fuchs benützter Bau; **Ranz, Rollzeit** = Fortpflanzungszeit; **binden** = Hängen beim Begatten; **dickgehen** = trächtig sein; **rennen** = hitzig sein der Fähe; **werfen, wölfen, Junge bringen** = gebären; Fuchs **sprengen** = mit dem Erdhund den Fuchs aus dem Bau treiben; **reizen** = den Fuchs mit Hasenklage und Mauspfiff anlocken; **Luderplatz** = Fangplatz; **Luderschacht** = Röhre im Boden zur Aufnahme von Fleischabfällen; **kirre machen** = den

Fuchs durch ausgelegte **Kirrbrocken** (Lockspeise) vertraut machen.

Die angeführten Bezeichnungen gelten sinngemäß angewendet auch für das übrige Haarraubwild.

Marder

Edelmarder, Goldkehlchen, Gelbkehlchen = Baummarder; **Hausmarder, Dachmarder, Weißkehlchen** = Steinmarder; **Rüde** = männliches Tier; **Fähe** = weibliches Tier; **Junge, Jungmarder** = Junge; **Rute** = Schwanz; **murren, keckern** = Stimmlaute; **Aufstieg** = Stelle, wo der Marder aufgebaumt ist; **fortholzen** = von Baum zu Baum springen; **Absprung (abbaumen)** = Stelle, wo der Marder zu Boden gesprungen ist.

Dachs

Grimbart, Gräber, Vetter Schmalzmann = weitere Bezeichnungen; **Dachs, Dachsbär** = männliches Tier; **Dächsin** = weibliches Tier; **Jungdachse** = Junge; **Schwarte** = Fell; **Bürzel, Zagel, Zain, Rute** = Schwanz; **Schmalzröhre, Stinkloch, Saugloch** = Bürzeldrüse; **Schmalz** = Fett; **Zügel** = Gesichtsstreifen; **schnaufen, schmatzen, murren** (im Zorn), **schreien** (in der Ranzzeit), **klagen** = Stimmlaute; **fressen, weiden, auf die Weide gehen** = Nahrung aufnehmen; **wurzeln, stechen** = Nahrungssuche im Boden.

Auerwild

Großer Hahn, Urhahn = weitere Bezeichnungen des Auerhahnes; **Schneider** = junger Hahn; **Auerhenne** = weibliches Tier; **Kücken, Junge** = Junge; **Gesperre** = Junge einer Brut; **Gelege** = Nest mit Eiern; **Balzlosung, Falzlosung** = Blinddarmlosung; **Mauser, Rauhe** = Federwechsel; **in die Balz treten** = Balzbeginn; **Kopf** = Kopf; **Brocker** = Schnabel; **Auge** = Auge; **Rosen** = rote Hautpartie über den Augen; **Stingel, Kragen** = Hals; **Kehlbart** = Kehlfedern; **Gefieder** = Federkleid; **Schild** = Brustfleck; **Schwingen** = Flügel; **Spiegel** = weißer Fleck am Schwingenbug; **Füße** = Füße; **Zehen** = Zehen; **Balzstifte** = Hornstifte an den Zehen; **Nagel** = Kralle; **Fächer, Großer Stoß** = Schwanzfedern; **Unterstoß, Kleiner Stoß, Nesterl** = kürzere Federn an der Schwanzunterseite; **Schaufeln** = Oberstoßfedern; **Wildbret** = Fleisch; **Weidkörner** = Magensteine; **Geilen** = Hoden; **Balzarie, Gsetzl, Strophe** = Balzgesang (bestehend aus **Knappen** oder **Glöckeln**, dem **Triller**, dem **Hauptschlag** und dem **Schleifen** oder **Wetzen**); **sich einspielen** = im Balzgesang flotter werden; **schlecht melden** = mit Unterbrechungen balzen; **verschweigen** = Aufhören mit dem Balzen; **gocken** = Ruf der Henne; **piepen** = Kückenlaut; **worgen** = Laut des Hahnes nach dem Einschwingen auf den Schlafbaum; **Klaub, Äsung** = Nahrung;

nadeln, sprossen, brocken, klauben, äsen = Nahrung aufnehmen; **Losung** = Kot; **Fährte** = Trittreihe; **streichen, reiten** = fliegen; **einfallen** = sich fliegend niederlassen; **aufstehen** = vom Boden wegfliegen; **abreiten, abdonnern** = vom Baum wegfliegen; **sich überstellen** = von einem Baum zum anderen fliegen; **verstreichen** = das Revier verlassen; **Balz** = Fortpflanzungszeit; **treten** = begatten; **ausfallen** = Schlüpfen der Kücken; **verlosen** = Feststellen, wo ein Auerhahn balzt; **anspringen** = sich dem balzenden Auerhahn nähern; **vertreten** = den balzenden Hahn verscheuchen; **abtreten** = aufjagen; **anschweißen** = anschießen; **abbalgen** = die Haut samt den Federn abziehen.

Die angeführten Bezeichnungen gelten sinngemäß angewendet auch für die übrigen Hühnervögel.

Birkwild

Kleiner Hahn, Moorhahn, Spielhahn, Schildhahn = weitere Bezeichnungen für den Birkhahn; **Schnabel** = Schnabel; **Ständer** = Beine; **Spiegel** = weiße Flügelbinde; **Spiel, Stoß, Leier, Schere, Schar** = Schwanzfedern; **Kleiner Stoß** = weißer Unterstoß; **Sicheln, Krumme** = gekrummte Oberstoßfedern; **blasen** (auch **zuschen, rauschen, fauchen**) = zischender Balzlaut; **rodeln** (auch **kullern, kollern, grugeln**) = weiterer Balzlaut; **gocken** = Hennenlaut; **Morgengebet, Morgenandacht** = Unterbrechung des Balzgesanges bei Sonnenaufgang; **Sonnenbalz** = Balz nach Sonnenaufgang; **Geläuf** = Trittreihe (**Fährte** nur bei Auerwild und Trappe); **Flug** = größere Gesellschaft; **Losung, Gestüber** = Kot.

Rebhuhn

Hendl, Hühner, Feldhühner = weitere Bezeichnungen; **Rebhahn** = männliches Tier, **Rebhenne** = weibliches Tier; **Kükken** = Junge; **Rebhuhnbesatz** = alle Rebhühner im Revier; **Gesperre** = Kücken einer Brut; **Gabelhühner** = nicht ausgewachsene Hühner; **Paarhühner** = Hahn und Henne im Frühjahr; **Kette, Kitt, Volk** = Familienstand; **Schar** = Vereinigung mehrerer Ketten; **Schild** = brauner Brustfleck; **Stumpfgelege** = Ersatzgelege; **rufen, locken** = Stimmlaute des Hahns; **Gestüber (Losung)** = Kot; **Geläuf** = Trittreihe; **Lager** = Liegestatt; **hudern** = im Sand baden; **laufen** = laufen; **abfedern** = Töten durch Genickstich; **aushakeln** = ausweiden; **Hühnergalgen** = Schlaufengebilde zum Tragen der erlegten Hühner.

Fasan

Fasanhahn, Gockel = männliches Tier; **ausgefiedert** = Mauser beendet; **Schlafbaum** = Übernachtungsbaum; **Infantrist**

= laufender Fasan; **Fasanerie** = Aufzuchtanstalt; **Schütte** = Futterplatz; **Hörner** = Federohrbüschel beim Hahn; **Spiel** = Schwanz; **rufen** = Normallaut; **schrecken, schimpfen** = bei Beunruhigung; **gocken** beim Aufstehen; **Balz** = Paarungszeit; **Losung** = Kot; **Bukett** = mehrere zugleich aufstehende Fasane; **Schilder, Schwingen** = Flügel.

Waldschnepfe

Langschnabel, Vogel mit dem langen Gesicht = weitere Bezeichnungen; **Lagerschnepfe** = im Revier überwinternde Schnepfe; **Zugschnepfen** = durchziehende Schnepfen; **Schnepfenstrich** = Zugzeit und auch das Streichen am Morgen und am Abend im Frühjahr, (**Morgenstrich, Abendstrich**); **Stecher** = Schnabel; **stechen, wurmen** = Nahrung suchen; **Stecherpaar, Zwick** = rivalisierende Männchen im Flug; **Schnepfenbart** = Federbüschel an der Bürzeldrüse; **Malerfedern, Schnepfengrandl** = erste verkümmerte Schwungfeder; **Schnepfendreck** = dünkelhafte, aus Schnepfeneingeweiden zubereitete Speise; **Stoß** = Schwanz; **puitzen** = Hahn- und Hennenlaut; **quorren, murksen** = Locklaut des Hahnes; **melden** = Laute ausstoßen; **Schnepfenstern** = bei Erscheinen des Abendsternes (Venus) setzt der Schnepfenstrich ein.

Wildtauben

Tauber, Täuber = männliches Tier; **Täubin** = weibliches Tier; **Paar** = Tauber und Täubin; **Paarzeit** = Fortpflanzungszeit; **Kropfmilch** = käsiger Kropfbrei, den die Alttauben den Jungen zuwürgen; **klatschen** = lautes Zusammenschlagen der Flügel im Balzflug; **rufen, rucksen, heulen** = Stimmlaute; **Taubenlocker** = Instrument zur Nachahmung des Taubenrufes.

Gänse

Ganter, Ganser = männliches Tier; **Gans** = weibliches Tier; **Gössel** = Junge; **Geheck** = Junge einer Brut; **Schof** = Gans und Junge; **Flug** = Gesellschaft; **Schar** = Vereinigung mehrerer Flüge. **Schnabel** = Schnabel; **Nagel** = harte Schnabelspitze; **Ruder, Latschen** = Füße; **Reihzeit** = Paarungszeit, **reihen** = begatten; **Nest** = Nest; **Weide, Äsung** = Nahrung; **gründeln, stürzen** = Nahrung vom Gewässergrund aufnehmen; **rudern** = schwimmen; **einfallen** = niedergehen; **ziehen, streichen** = fliegen (**Morgenstrich, Abendstrich, Gänsezug**); **rufen** = Stimmlaute; **Stoß** = Schwanz; **Geläuf** = Trittreihe.

Enten

Erpel, Antvogel, Enterich = männliches Tier; **Ente** = weibliches Tier; **Jungenten** = Junge; **äsen** = Nahrung aufnehmen; **Entenringel, Schneckerl, Erpelfedern** = geringelte Erpelfedern; **Spiegel** = bunter oder heller Fleck auf den Flügeldeckfedern; **Entenbeize** = Beizjagd auf Wildenten; **Entenhagel** = die zur Erlegung von Enten geeignete Schrotsorte.

Greifvögel

Taggreifvögel = Geier, Adler, Bussarde, Habicht, Sperber, Falken, Milane, Weihen; **Nachtgreifvögel** = Eulen, Käuze; **Männchen** = bei Taggreifen auch **Terzel** = männliches Tier; **Weib, Weibchen** = weibliches Tier; **Junge** = Junge; **Nestlinge** = Junge im Nest; **Ästlinge** = das Nest verlassende Junge; **Horst** = Nest; **Paarzeit** = Fortpflanzungszeit; **sich paaren** = begatten; **Schnabel** = Schnabel; **Falkenzahn** = Höcker am Oberschnabelrand der Falken; **Schwinge** = Flügel; **Fänge** = Füße oder auch nur die Zehen; **Hosen** = Schenkelbefiederung; **Schweiß** = Blut; **anhaken** = Niederlassen auf einem Ast; **aufblocken** = Niederlassen auf dem Boden, einem Stein usw.; **rütteln** = in der Luft stehen bleiben; **kreisen** = gleiten; **stoßen** = auf Beute niederschießen; **hassen** = andere Greife angreifen; **rufen, schreien** = Stimmlaute; **gieren** = Bettellaute der Jungen; **Tritt** = Fußabdruck; **Geläuf** = Trittreihe; **Fraß** = Nahrung; **Atzung** = Nahrung für die Jungen; **Raub** = Beute; **schlagen** = Beute fangen; **kröpfen** = fressen; **Rupfung** = Fraßreste; **Gewölle** = ausgewürgte, unverdauliche Fraßreste; **Geschmeiß** = Kot.

Bruchzeichen

Sie dienen der Verständigung der Jäger untereinander im Revier. Außerdem wird erlegtes Wild durch Brüche geschmückt. Auch der Erleger trägt einen Bruch am Hut.

Es gibt 5 gerechte Holzarten, die als Bruch genommen werden: Eiche, Kiefer, Fichte, Weißtanne, Erle (im Hochgebirge auch Latsche, Zirbe, Lärche, Wacholder, Alpenrose).

Brüche werden nicht geschnitten, sondern gebrochen. In bestimmten Fällen wird die Rinde teilweise entfernt (befegt) oder der Bruch zugespitzt.

Hauptbruch: Achtung! Er ist armlang und zur Hälfte blankgeschabt. Aufhängen oder auf den Boden legen.

Leitbruch: Fordert zum Folgen auf. Die gewachsene Spitze weist in die Folgerichtung. Halbarmlang und ganz befegt.

Anschußbruch: Bezeichnet den Anschuß. Aufrecht im Boden steckend. Halbarmlang und nicht befegt.

123 Bruchzeichen. Der Gebrauch von Brüchen wird mehr und mehr vernachlässigt. Dennoch ist er uralter Jägerbrauch und sollte nicht vergessen werden.

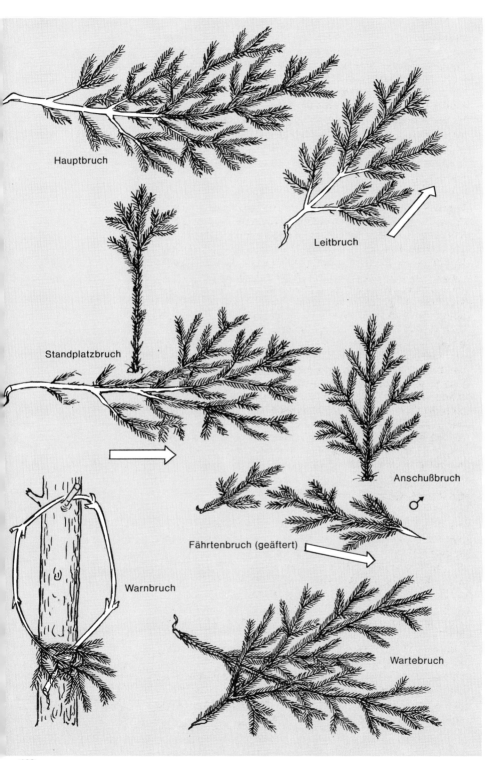

Hauptbruch

Leitbruch

Standplatzbruch

Anschußbruch

Fährtenbruch (geäftert)

Warnbruch

Wartebruch

Fährtenbruch: Zeigt in die Fluchtrichtung eines beschossenen Wildes. Bei männlichem Wild weist die angespitzte Bruchstelle, bei weiblichem die gewachsene in die Fluchtrichtung. Um dies eindeutig zu machen, wird der Bruch „geäftert". Es wird ein kleinerer Bruch hinter ihn quer zur Fluchtrichtung gelegt. Bei unbekannter Fluchtrichtung wird er doppelt geäftert.

Standplatzbruch: Zwei Brüche in der Länge eines Hauptbruches. Der Standbruch steckt senkrecht in der Erde und zeigt an, wo der Schütze bei Abgabe des Schusses stand. Er ist halbgefegt. Der zweite Bruch weist in die Richtung der Folge.

Wartebruch: Der Kommende soll an dieser Stelle warten. Zwei gekreuzte, armlange Brüche. Wurde das Warten aufgegeben, so werden Seitenzweige oder Blätter entfernt und die Brüche so gelegt, daß sie in die Richtung zeigen, in die der Wartende sich entfernt hat.

Warnbruch: Achtung, aufpassen! Der Zweig ist ganz befegt, nur die Spitze bleibt unversehrt. Er wird aufgehängt.

Inbesitznahmebruch: Er zeigt an, daß der Erleger das Schalenwild in Besitz genommen hat. Das Stück liegt auf der rechten Seite. Auf die linke Seite wird der Bruch gelegt. Bei männlichem Wild weist die abgebrochene, bei weiblichem die gewachsene Spitze zum Haupt.

Erlegerbruch: Er gebührt dem Erleger von Schalenwild, von Auer-, Rackel-, Birk- und Haselwild, von Treibjagdfüchsen und Murmeltieren. Der Jagdherr, der führende Jäger, bei einer Nachsuche der Hundeführer, überreicht den Bruch. Er wird auf dem Hirschfänger, dem Gnicker oder dem Hut mit „Weidmannsheil" überreicht. Der Erleger dankt mit „Weidmannsdank" und steckt ihn rechts an den Hut. Vorher wurde der Bruch mit dem Schweiß des erlegten Stückes benetzt. Bei einer Nachsuche bricht der Erleger ein Stück des Bruches ab und gibt ihn dem Hundeführer, der ihn an die Halsung seines Hundes steckt.

Standesbruch: Bei jagdlichen Veranstaltungen und Begräbnissen von Jägern. Wird auf der linken Hutseite getragen.

124 Streckelegen. Alles Wild verdient, daß es auch nach der Treibjagd ordentlich behandelt wird. Dazu gehört, daß »Strecke gelegt« wird, um den Erfolg der Jagd deutlich zu machen. Wichtig ist dabei, daß die richtige Reihenfolge eingehalten wird (Zuerst Schalenwild, dann Raubwild, dann Hasen, Kaninchen, Fasanen, anderes Federwild). Jedes zehnte Stück wird vorgezogen, damit die Zählung erleichtert wird.

Streckelegen

Bei einer größeren Zahl von erlegtem Wild wird „Strecke gelegt". Es darf nicht über die Strecke getreten werden.

Regeln: Alles Wild liegt auf der rechten Körperseite. Schalenwild ist mit dem letzten Bissen versehen.

Reihenfolge bei Schalenwild: 1. Reihe Rotwild, 2. Reihe Damwild, 3. Reihe Gamswild, 4. Reihe Sauen, 5. Reihe Rehwild.

Reihenfolge bei Niederwild: Raubwild liegt stets gesondert in einer Reihe. Die weitere Reihenfolge: Hasen, Kaninchen, Fasane, anderes Federwild.

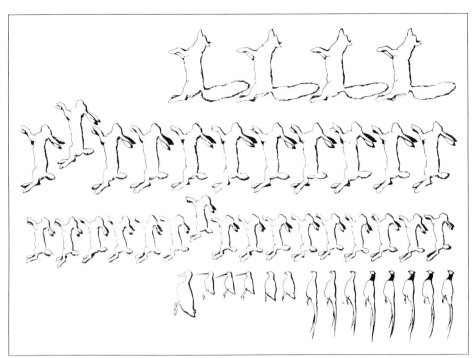

124

Jagdhornblasen

Das Jagdhornblasen ist ein Brauch, der aus der Zeit des Feudalismus stammt. Heute benutzt man es hauptsächlich zur gegenseitigen Verständigung. Die wichtigsten Signale sind: Anblasen; Abblasen; Treiber in den Kessel; Sammeln der Jäger; Notsignal; erlegtes Wild wird außerdem „totverblasen". Jagdliche Veranstaltungen (Jägertage, Jägerbälle) werden durch Darbietungen von Jagdhornbläsern festlich umrahmt.

Sonstige Bräuche

Bei *Kugelschüssen* ist der Erleger der, der die erste Kugel angebracht hat.
Bei *Schrotschüssen* gilt als Erleger, wer den letzten Schuß angebracht hat (Fangschuß ausgenommen).
Trophäen gehören dem Erleger.
Das *Jägerrecht* besteht aus dem Geräusch, dem Hirn, wenn es beim Abschlagen der Trophäe freigelegt wurde. Es gehört dem, der das Stück aufbricht.

Die Hege

Die Hege ist eigentlich ein Teil der Jagdpraxis. Dazu gehören land- und waldbauliche Maßnahmen zur Verbesserung der Lebensverhältnisse des Wildes sowie Fütterung und Abwehr natürlicher Feinde.

Äsungsverbesserung

Wildäcker: Es gibt eine Reihe von Samenmischungen für die Anlage von Wildäckern. In Waldrevieren wird man Kahlschläge kurzfristig nutzen, Wegränder und ungenutzte Wiesen bepflanzen. Zur richtigen Bestellung solcher Felder gehören gewisse landwirtschaftliche Kenntnisse, die sich jeder Jäger aneignen sollte.

Pflanzenarten für Wildäcker: *Für Sommer und Herbst:* Gemengesaaten, Hafer, Buchweizen, Luzerne, Sonnenblume, Mais. *Für Herbst und Winter:* Markstammkohl, Kartoffeln, Topinambur, Raps, Rübsen, Serradella. Eine der besten Äsungspflanzen ist die Süßlupine, die ab Juni abgeäst werden kann. Abgeäste Stengel wachsen nach; im Winter ergeben Kraut und Hülsen wertvolle Kraftäsung. Sojabohne und Serradella sollten beigesät werden. Die Kohlarten werden vor allem auch vom Federwild gerne angenommen. *Topinambur:* Blätter als Grünäsung, Stengel und Knollen als Winteräsung. Die Topinambur-Äcker, die in der Entwicklungszeit gezäunt werden müssen, können über mehrere Jahre genutzt werden.

Wildwiesen: Sie dienen in erster Linie zur Gewinnung von Heu für die Fütterung und sollten deshalb wenigstens zeitweise eingezäunt werden. Daneben können sie auch als Dauergrünland-Äsungsflächen angelegt werden.

Ödlandverbesserung: Aufgelassene Sandgruben, zugeschüttete Müllablagerungsstätten, steile Böschungen, Wegränder und ähnliche Flächen bieten sich dazu an. Brombeere, Himbeere, Sträucher, Weichhölzer eignen sich zur Ödlandverbesserung besonders. Häufig werden sich diese Pflanzen von selbst einstellen. Waldstaudenroggen, Weißklee und ausdauernde Lupine können zusätzlich eingebracht werden.

Manchmal wird es auch möglich sein, Grenzertragsböden, deren landwirtschaftliche Bearbeitung nicht mehr rentabel ist, für geringes Geld anzupachten.

Wildfütterung

Wildfütterung besteht in der Gabe von zusätzlichen Futtermitteln.

Wissenschaftliche Untersuchungen haben ergeben, daß der

125 Rotwildfütterung. Raufen und Tröge müssen so zahlreich und groß sein, daß auch schwächere Tiere und Kälber an die Fütterung kommen. Silage und Heu werden im Herbst schon an der Fütterung auf Vorrat gelegt. Im Frühjahr wird die Anlage sorgfältig gereinigt und der Boden zum Abtöten der Schmarotzerlarven mit Kalk bestreut.

126 Rehwildfütterung. Sie ist kleiner als die Rotwildfütterung, ansonsten gilt das oben gesagte auch für sie. Früher war man der Meinung, man müsse die Fütterungen so anlegen, daß das Wild weit zu ihnen ziehen müsse und damit immer in Bewegung bleibe. Heute weiß man, daß das Wild im Hochwinter möglichst wenig Kraftreserven verbrauchen soll und daß es deshalb besser ist, wenn die Fütterungen direkt in den Einständen stehen.

Ernährungsrhythmus des Schalenwildes folgendermaßen verläuft: Bis zum Spätherbst/Winterbeginn sammelt das Wild genug Feist an, um auch Notzeiten überstehen zu können. In der Notzeit kommt es mit geringen Mengen Erhaltungsfutter zurecht. Nach Ausgang des Winters muß dann verlorene Körpersubstanz wieder durch erhöhte Futteraufnahme ausgeglichen werden. Dementsprechend hat die Fütterung zu geschehen: Kraftfuttergaben bis Winterbeginn, dann nur noch Erhaltungs- und Saftfutter, das den Bedürfnissen der einzelnen Wildarten entsprechend zusammengesetzt sein muß; im Spätwinter dann wieder Kraftfuttergaben.

Futtermittel: *Alle Wiederkäuer* brauchen *Rauhfutter* in Form von Heu und Grummet und *Saftfutter* in Form von Rüben, Kartoffeln, sonstigen Früchten und Silage. Als *Kraftfutter* können Kastanien, Eicheln oder im Handel befindliche Kraftfuttermittel gegeben werden.

Schwarzwild erhält Rüben, Kartoffeln, Kastanien, Mais.

Hasen nehmen Rüben, Karotten, Kleeheu;

Fasanen gibt man Mais, Beeren, auch Rüben, die ihnen wahrscheinlich als Saftfutter dienen;

Rebhühner werden mit Druschrückständen gefüttert.

Stockenten sind für Fütterung besonders dankbar. Getreide, Küchenabfälle, Mais, Kartoffeln (gekocht) werden am besten auf Flößen gereicht.

Futterstellen: Sie sind vor allem an Orten anzulegen, an denen das Wild nicht gestört wird. Für *Rehwild* sollen sie möglichst nahe bei den Einständen sein. *Rotwild:* Großfütterungen mit zahlreichen Trögen und Raufen, damit alle Stücke zum Futter kommen. Zweckmäßigerweise legt man an den Futterstellen des Schalenwildes Vorratslager an.

Niederwildfütterungen: Für Fasanen in Feldgehölzen, Remisen. Sie werden überdacht, mit freier Sicht nach allen Seiten.

Rebhühner werden im freien Feld gefüttert, sie brauchen feinen Sand zum Hudern.

Jagdliche Behandlung der Wildbestände

Wilddichte

Die Feststellung der Wilddichte schafft die Grundlage zur Ermittlung der Abschußhöhe. Die tatsächliche Wilddichte, die überwiegend durch Zählung ermittelt wird, muß durch jagdliche Maßnahmen der geforderten Wilddichte angeglichen werden. Die geforderte Wilddichte ergibt sich aus dem Zustand der Äsungsfläche, den Wildschäden, aus dem durchschnittlichen Wildbretgewicht (zu hoher Wildbestand — zu geringes Wildbretgewicht) und ähnlichen Weisern.

Beinwell

Topinambur

Schafgarbe

Wilde Möhre

Bestandsgliederung

Neben der Verpflichtung, angemessene Wilddichten herzustellen, muß auch eine biologisch richtige Gliederung des Bestandes erreicht werden. Sowohl Altersaufbau als auch Geschlechterverhältnis sollen stimmen.

Altersklassen: Darunter versteht man die Einteilung des trophäentragenden Schalenwildes. Z. B. in Niederösterreich:

	Altersklasse III (Jugendklasse) in Jahren	Altersklasse II (Mittelklasse) in Jahren	Altersklasse I (Ernteklasse) in Jahren
Rotwild	1—4	5—9	ab 10
Rehwild	1	2—4	ab 5
Gamsbock	1—2	3—6	ab 7
Gamsgeiß	1—3	4—9	ab 10
Mufflon	1—2	3—4	ab 5

Der Abschußplan

Er regelt den Abschuß des Schalenwildes. Grundlage ist die Ermittlung des Wildbestandes zu Beginn des Jagdjahres. Es ist zu trennen nach Geschlecht und Altersklassen.

Aufstellung des Abschußplanes: Der Frühjahrsbestand (31. März): Man rechnet, von Revier zu Revier verschieden, mit einem jährlichen Zuwachs von etwa 70—75 % beim Rotwild, 90—120 % beim Rehwild, 30—50 % beim Gamswild und 40—60 % beim Muffelwild vom vorhandenen weiblichen Wild des Frühjahrsbestandes.

Dieser Zuwachs muß wieder zahlenmäßig entnommen werden, wenn der Wildbestand auf der gleichen Höhe gehalten werden soll.

Der Sommerbestand: Zwar liegt dem Abschußplan der ermittelte Frühjahrsbestand zugrunde. Eine exakte Bewirtschaftung kann jedoch nur geschehen, wenn auch der Sommerbestand berücksichtigt wird.

Dieser entsteht dadurch, daß die einzelnen Stücke in die nächsthöhere Jahresklasse aufgerückt sind, vor allem aber durch den Nachwuchs, das heißt, durch den Zuwachs, der nach Abzug durch Mähverluste, Verkehrstod usw. übrigbleibt. Ebenfalls zu berücksichtigen ist der Abgang an erwachsenem Wild hauptsächlich durch Verkehrsverlust. Nur unter Berücksichtigung dieser Momente kann ein sinnvoller Abschuß getätigt werden.

Erfüllung des Abschußplanes: Das Unterdurchschnittliche muß zur Strecke kommen; das Durchschnittliche kann, soweit es im Rahmen des zahlenmäßigen Abschußes erforderlich ist, erlegt werden; das Überdurchschnittliche aber soll bis zum Höhepunkt seiner Entwicklung und möglichst darüber hinaus geschont werden.

Beispiel eines Abschußplanes für ein Rehwildrevier:

	Böcke I	II	III	Bock-kitze	Gaisen	Gais-kitze	Summe
Frühjahrsstand	5	12	5	9	25	7	63
Veränderungen durch							
a) Übergang		+5	−5		+7	−7	—
	+3	−3	+9	−9			—
b) Zuwachs (100 %)				+13		+12	+25
c) Zu-, Abwanderung	—	—	—	—	—	—	—
Sommerbestand	8	14	9	13	32	12	88
Abschuß	−3	−2	−4	−4	−7	−5	−25
Neuer Frühjahrsstand	5	12	5	9	25	7	63

Die Trophäenschau

Sie dient der Beurteilung des Abschusses, der Beurteilung der Güteverteilung des männlichen Schalenwildes und gibt eine Übersicht über die Verhältnisse in den einzelnen Revieren des Hegeringes.

Die einzelnen Wildarten

Rotwild: *Wilddichte:* Normalerweise 2—3 Stück pro 100 ha. *Altersklassen:* Die Hauptgliederung bei den Hirschen berücksichtigt z. B. in NÖ die 1—4jährigen, 5—9jährigen und mehr als 10jährigen. Der Haupteingriff soll bei den 1—4jährigen vorgenommen werden, bei den 5—9jährigen werden höchstens 15 % des Abschusses vorgenommen, bei den über 10jährigen etwa 20 %.
Geschlechterverhältnis: 1 : 1 im Sommerbestand (1 bis 4jährige). Der Abschuß an Hirschen soll in der Jugendklasse zu 50 % bei den Schmalspießern erfolgen. In der Mittel- oder Schonklasse (5 bis 9jährig) bei den ihrem Alter nach unterentwickelten Stükken, die keinesfalls nur nach der Trophäe beurteilt werden. Der Althirsch (10jährig und älter) hat sein Zielalter erreicht.
Beim Kahlwild erfolgt der Haupteingriff bei den Kälbern und Schmaltieren; dann bei den schwachen und überalterten Tieren.
Damwild: Die Bewirtschaftung ist ähnlich wie beim Rotwild.
Gamswild: Wilddichte: 6—8 Stück pro 100 ha. Das Gamswild ist stark räudegefährdet. Daher ist, um die Ansteckungsgefahr zu verringern, eine wesentlich geringere Wilddichte anzustreben. Geschlechterverhältnis: 1 : 1,5. Im Hochgebirge können durch schwere Nachwinter hohe Verluste bei den Kitzen und den einjährigen Stücken auftreten, ebenso bei den Böcken, wenn sie von der Brunft geschwächt in einen sehr strengen Winter gehen.
Im übrigen gilt für Gamsböcke und Gamsgaisen die Regel: Starker Eingriff in der Jugendklasse, Zurückhaltung in der Mittelklasse, denn nur dann erreichen genügend Stücke das Reifealter.

128 Darstellung des Rehwild-Sommerbestandes aus unserem Beispiel in Form einer Alterspyramide. Der Abschuß ist durch die schwarzen Felder gekennzeichnet.

129 Darstellung eines Rotwildbestandes. Jedes Quadrat stellt ein Stück Wild dar. Jede Reihe entspricht einer Altersstufe. Zielalter ist das Lebensalter, in dem etwa ein Hirsch das stärkste Geweih zu entwickeln vermag, hier 10 bis 12 Jahre.

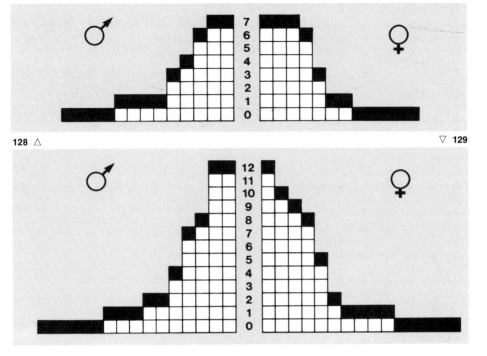

128 △ ▽ 129

Rehwild: *Wilddichte:* Stark schwankend, je nach Lebensraum. 10—12 Stück pro 100 ha sind die Obergrenze. Anzustreben ist eine wesentlich geringere Wilddichte. *Geschlechterverhältnis:* 1 : 1. *Altersklassen (z. B. in NÖ):* Jung: 1 Jahr alt, Mittelalt: 2—4 Jahre alt, Alt: ab 5 Jahre. Der Bockabschuß soll bei den jungen und bei den alten Böcken getätigt werden. Die mittelalten Böcke sind größtenteils zu schonen.

Beim Rehwild versagt die Trophäe als Weiser für die Abschußnotwendigkeit vollkommen, da sie jährlichen Schwankungen unterworfen ist. Schlecht verfärbte Stücke sind entweder krank oder alt; sie sind in erster Linie zu erlegen, wie auch schwache Kitze und schwache Gaisen.

Schwarzwild: Für das Schwarzwild bestehen bisher keine verbindlichen Abschußregelungen. Dennoch halten sich verantwortungsbewußte Schwarzwildjäger an bestimmte Regeln:

Abschuß hauptsächlich bei Frischlingen und schwachen Überläufern. Sonst alle kranken und unterdurchschnittlichen Stücke erlegen. Stücke über 50 kg werden geschont.

Keiler werden nur erlegt, wenn sie über 5 Jahre alt sind. Wo Schwarzwild einen geeigneten Lebensraum hat, sollte man Schwarzwild-Hegeringe bilden.

Anderes Haar- und Federwild: Niederwild geht in den letzten Jahren mehr und mehr zurück. Es soll also nur noch entsprechend seiner Besatzstärke bejagt werden. Als flankierende Maßnahme ist Raubwild und Raubzeug kurz zu halten.

Wildschaden

Verbeißen: Besonders Schalenwild richtet größere Schäden im Wald durch Verbeißen von Knospen und Trieben und das Abäsen von Keimlingen an.

Schälen: Rotwild schält die Rinde von Bäumen, auch Dam-, Sika- und Muffelwild neigt dazu.

Benagen: Hasen und Kaninchen benagen die Rinde, besonders von Weichholzarten und Obstbäumen.

Fegen: Rehböcke, aber auch männliches Dam- und Rotwild beschädigen junge Stämme durch Fegen und Schlagen mit dem Geweih.

Landwirtschaftliche Schäden: Schwarzwild kann schwere Schäden in Wiesen, Kartoffeläckern und Maisfeldern verursachen. Auch die übrigen pflanzenfressenden Tiere können landwirtschaftliche Schäden verursachen.

Vorbeugung: Von Seiten des Jägers kann durch Erzwingen entsprechender Wilddichten vorgebeugt werden. In manchen Fällen ist dies freilich nicht möglich. Vor allem die Beunruhigung des Schalenwildes durch Spaziergänger führt zu schweren Schäden, weil das Wild, wenn es in seinem Äsungsrhythmus gestört wird, verstärkt zu schälen und zu verbeißen beginnt. Hier kann nur durch Ruhezonen abgeholfen werden.

Vordringlich ist auch eine der natürlichen Äsung angepaßte Winterfütterung. Neuerdings ist man zu der Erkenntnis gekommen, daß die künstliche Fütterung wenigstens teilweise durch Anlage von Wildwiesen und -äckern ersetzt werden kann.

130 Typischer Schälschaden durch Rotwild. Heute kann man sagen, daß ein wesentlicher Teil der Schälschäden nicht durch falsche Ernährung, sondern durch die dauernde Beunruhigung des Schalenwildes durch Menschen hervorgerufen wird. Wiederkäuer haben einen festen Äsungs- und Verdauungsrhythmus, den sie einhalten müssen. Wo dieser gestört wird, kommt es zu Fehlverhalten.

Für Schäden durch Schalenwild ist der Jagdpächter ersatzpflichtig (außer für Schäden an Sonderkulturen).

Fragen:

121 Unterschied zwischen Leiteransitz und Kanzel?

122 Wie lauten die Sicherheitsbestimmungen zum Bau von Anstiegsleitern zu Ansitzen?

123 Was ist der Unterschied zwischen „Buschieren" und „Stöbern"?

124 Welchen besonderen Gefahrenpunkt gibt es beim Schrotschuß auf eine Wasserfläche?

125 Auf welches Wild wird die Treibjagd ausgeübt?

126 Welches Dokument hat der Treibjagdschütze mit sich zu führen?

127 Was ist eine Drück- oder Riegeljagd?

128 Warum sagt man Lock- oder Reizjagd?

129 Wann ist die beste Baujagdzeit auf den Fuchs?

130 Wann dürfen Fallen nicht gestellt werden?

131 Welche zwei Hauptfallentypen gibt es?

132 Welche Fallentypen sind verboten?

133 Was ist die erste Tätigkeit vor dem Schuß?

134 Was ist vor der Nachsuche auf Schalenwild unbedingt zu beachten?

135 Welche Tötungsart bei krankem Wild ist jeder anderen vorzuziehen?

136 Wie wird der Schlund beim Aufbrechen behandelt?

137 Wie sind Hasen und Kaninchen sofort nach dem Erlegen zu behandeln?

138 Was ist vor dem Transport des Wildes zu beachten?

139 Warum sagt man „aus der Decke schlagen"?

140 Welche Arten von Brüchen gibt es?

141 Was ist das Jägerrecht?

142 Was ist Hege mit der Waffe?

143 Was ist Bestandsgliederung?

144 Was ist die Grundlage des Abschußplanes?

145 Wie hoch darf die normale Wilddichte beim Rotwild sein?

146 Was bedeutet „Hirsch der Klasse I"?

147 Wie hoch ist beim Rehwild die Obergrenze der Wilddichte?

148 Wie alt sind „alte Böcke"?

149 Welche Regeln sollen bei der Bejagung von Schwarzwild eingehalten werden?

150 Wie soll das Schalenwildfutter im Winter zusammengesetzt sein?

151 Was ist das beste Futter für Rebhühner?

152 Wo reicht man den Fasanen und wo den Rebhühnern das Futter?

Natur-, Umwelt- und Tierschutz

Naturschutz: Alle Maßnahmen, die der Erhaltung der als schützenswert erkannten pflanzlichen und tierischen Lebensgemeinschaften und ihrer Lebensräume dienen, einschließlich der Wiedereinbringung und Förderung bereits verschwundener autochthoner (standortsgemäßer) Arten.

Jagd: Das Aufspüren, Verfolgen und Erlegen von Wild als Bestandteil *nachhaltiger* pfleglicher Nutzung von Naturgütern, verbunden mit aktiver Mitwirkung an den Bestrebungen zur Erhaltung und Verbesserung tierischer Lebensräume. Jagd muß, um naturschutzkonform zu sein, im Rahmen des ökologisch Verantwortbaren bleiben (Dr. Anderluh).

Umweltschutz: Das Bestreben, durch geeignete Maßnahmen schädigende Eingriffe in die Lebensbereiche von Menschen, Tieren und Pflanzen abzuwehren. Unter *Umweltgestaltung* versteht man das Bestreben, die Lebensbedingungen in ökologischer Hinsicht zu verbessern bzw. vorausschauend günstig zu beeinflussen.

Tierschutz: Verhindert unnötiges Quälen von Tieren, Vernachlässigung in Haltung und Wartung, quälerische Dressuren und Schaustellungen.

Naturschutzmaßnahmen des Jägers

1. Mit der Jagdausübung untrennbar verbunden ist die Wildhege. Darunter wird die unmittelbare Sorge um das Wild und die Förderung der Umweltbedingungen durch Äsungsverbesserungen und Reviergestaltung verstanden (Anlage von Daueräsungs- und Deckungsflächen, von Verbißgehölzen, Hecken und Remisen, Erhaltung von Feuchtgebieten, Schaffung von Ruhezonen usw.).

2. Einhaltung von Schonzeiten bei den jagdbaren Tieren und Totalschonung seltener und gefährdeter Arten (Greife, Fischotter, Trappen usw.).

3. Erfolgreiche Wiedereinbürgerung autochthoner Wildarten (Steinbock, Luchs).

4. Fachgerechte und ausreichende Fütterung während der Notzeit (auch der Beutegreifer).

5. Regulierung des Schalenwildbestandes auf ein umweltverträgliches Maß.

6. Weidgerechtes Verhalten und weidgerechte Ausübung der Jagd.

Das Naturschutzrecht

Naturschutzrecht ist Landessache!
Naturschutzbehörde ist die zuständige Bezirksverwaltungsbehörde bzw. Landesregierung, bei welcher auch das Naturschutzbuch zur öffentlichen Einsichtnahme aufliegt.

Im allgemeinen bezwecken die Naturschutzgesetze folgendes: Die Natur soll in all ihren Erscheinungsformen, insbesondere in ihrem Wirkungsgefüge und in ihrer Vielfalt erhalten und gepflegt werden; dazu gehört auch das Bestreben, die der Gesundheit des Menschen und seiner Erholung dienende Umwelt als bestmögliche Lebensgrundlage zu erhalten, wiederherzustellen oder zu verbessern.

Die Erhaltung und Pflege erstreckt sich auf alle Erscheinungsformen der Natur, gleichgültig, ob sie sich in ihrem ursprünglichen Zustand befindet oder ob sie durch Menschen gestaltet wurde (Kulturlandschaft).

Es ist verboten, im Grünland Müll abzulagern und außerhalb von Campingplätzen mobile Heime oder Wohnwagen abzustellen.

Gebiete von besonderer Schönheit, die der Erholung der Bevölkerung oder dem Fremdenverkehr dienen, können zu *Landschaftsschutzgebieten,* Gebiete von weitgehender Ursprünglichkeit (Urwald, Moore) zu *Naturschutzgebieten* erklärt werden und, wenn diese für die Erholung und für die Vermittlung von Wissen über die Natur besonders geeignet sind, als *Naturparks,* bei gesamtösterreichischer Bedeutung als *Nationalparks* ausgewiesen werden. Durch Bescheid kann die Behörde besondere Gebilde zum *Naturdenkmal* erklären.

Allgemeiner Pflanzen- und Tierschutz

1. Jede mutwillige Beschädigung oder Vernichtung von wildwachsenden Pflanzen (Pflanzenteilen) oder freilebenden Tieren (Entwicklungsformen) ist verboten.
2. Das erwerbsmäßige Verwerten sowie das Sammeln oder Feilbieten von wildwachsenden Pflanzen (Pflanzenteilen) oder freilebenden Tieren (Entwicklungsformen und Teilen) und der Handel mit diesen bedarf der behördlichen Bewilligung.
3. Für den persönlichen Bedarf kann ein Handstrauß wildwachsender Pflanzen gepflückt werden, ebenso ist das Sammeln von Pilzen und Wildfrüchten nach dem Naturschutzgesetz nicht verboten und wird vom Grundbesitzer meist stillschweigend geduldet.
4. Ohne behördliche Bewilligung ist das Aussetzen landfremder Pflanzen und Tiere verboten.
5. Das Abbrennen von Einzelgehölzen, Hecken, Rasenflächen, Rohr- und Schilfbeständen in freier Natur ist zwischen 1. März und 30. September verboten.

Besonderer Artenschutz

Durch Verordnung der Landesregierung können gefährdete Pflanzen und freilebende Tiere gänzlich, teilweise oder zeitweise unter Schutz gestellt werden. Die gänzlich geschützen Pflanzen dürfen nicht von ihrem Standort entfernt, beschädigt oder vernichtet werden. Die gänzlich geschützten Tiere dürfen nicht verfolgt, gefangen, absichtlich beunruhigt, getötet, erworben oder feilgeboten werden (auch nicht Eier, Puppen, Larven, Jungtiere oder Federn und Bälge).

Der Artenschutz der jagdbaren Tiere ist in den Landesjagdgesetzen durch Verordnung besonders geregelt.

Das Umweltschutzrecht

Umweltschutzrecht ist auch Landessache und wird im Band II — Fischerei — ausführlich behandelt.

Die Landesjagdverbände sind berechtigt, ihre Mitglieder (z. B. Jagdschutzorgane) als Umweltschutzorgane vorzuschlagen. Durch die zuständige Bezirksverwaltungsbehörde erfolgt die Bestellung durch Vereidigung sowie Übergabe des Dienstausweises und des Dienstabzeichens.

Die Umweltschutzorgane haben die Aufgabe, umweltschädigende Eingriffe wahrzunehmen, anzuzeigen oder hierüber Berichte zu erstatten und die Verursacher zu belehren. Weiters nehmen sie Interessen des Naturschutzes wahr.

Das Tierschutzgesetz

Tierschutzgesetze sind gleichfalls Landesgesetze und verfolgen das Ziel, zu verhindern, daß Tieren durch Handlungen oder Unterlassungen ungerechtfertigt Schmerzen, Leiden oder Schäden zugefügt werden.

Tierquälerei

1. Niemand darf ein Tier mutwillig töten.
2. Tiere müssen ordentlich gehalten werden, verlangte Arbeitsleistungen müssen ihren Kräften angemessen sein, Ausbildung, Werbung, Schaustellung, Filmaufnahmen oder sportliche Betätigungen müssen so durchgeführt werden, daß dem Tier keine Schmerzen, Leiden oder Schäden zugefügt werden.
3. Es ist verboten:
   ● ein Tier auszusetzen,
   ● schmerzhafte Eingriffe ohne Betäubung vorzunehmen,
   ● ein Tier auf ein anderes Tier zu hetzen oder es an einem anderen Tier auf Schärfe abzurichten und zu prüfen,

- ein Tier im geschlossenen Kofferraum eines Fahrzeuges zu befördern, wenn das Tier darunter leidet,
- ein nicht jagdbares Tier mit Fallen oder Schlingen zu fangen, die dem Tier Schmerzen, Leiden oder Schäden zufügen.

Keine Tierquälerei sind

- Handlungen bei *weidgerechter* Jagd- und Fischereiausübung, bei Seuchen- und Schädlingsbekämpfung,
- Handlungen von Tierärzten aus gesundheitlichen Gründen, zur Erhaltung von Rassenmerkmalen und bei Kastration und Sterilisation.

Einige weitere Bestimmungen des Tierschutzgesetzes:
Wer ein Tier besitzt oder verwahrt, übernimmt die volle Sorgepflicht.
Tierheime bedürfen der behördlichen Bewilligung.
Hundehaltung muß dem Bewegungsbedürfnis des Tieres entsprechend erfolgen. Ein Zwinger im Freien muß für einen mittelgroßen Hund mindestens 10 m² groß sein und einen sauber gehaltenen Schutzraum (Hütte) sowie einen schattigen Platz aufweisen. Kettenhunde brauchen eine mindestens 5 m lange Laufvorrichtung. Würge- und Stachelhalsbänder sind verboten.

Fragen:

153 Welche gesetzgebende Körperschaft beschließt das Naturschutzgesetz und das Tierschutzgesetz?
154 Unter welchen Voraussetzungen kann ein Naturschutzgebiet zum Naturpark erklärt werden?
155 Darf man landfremde Tiere oder Pflanzen aussetzen?
156 Gibt es ein Verbot für das Abbrennen von Hecken, Rasen und Schilf im Freien?
157 Wie hat sich der Mensch gegenüber geschützten Pflanzen zu verhalten?
158 Wer ist Naturschutzbehörde?
159 Wie groß muß der Zwinger für einen mittelgroßen Hund sein?

Land- und forstwirtschaftliche Grundlagen

Jagd kann den gesetzlichen Anforderungen entsprechend nur noch ausgeübt werden, wenn der Jäger auch die Grundbegriffe der Land- u. Forstwirtschaft kennt. Die Forderungen der Hege sind heutzutage so weitgehend, daß ihnen ohne diese Kenntnisse nicht mehr entsprochen werden kann.

Außerdem verlangt der Auftrag des Jägers, daß er sich als Helfer von Land- und Forstwirtschaft versteht. Hier ist vor allem die Abwendung oder Minderung von land- und forstwirtschaftlichen Schäden durch Wild zu sehen (Wildschäden).

Die Anlage von Wildäsungsflächen bedarf landwirtschaftlicher Grundkenntnisse; Verständnis für Wildschäden im Wald kann nur durch Kenntnis der forstwirtschaftlichen Grundlagen und Absichten entstehen.

Land- und Forstwirtschaft sind abhängig von Boden und Klima. Danach richten sich Anbauarten und -methoden.

Landwirtschaft

Die Landwirtschaft hat in den letzten Jahrzehnten eine grundlegende Änderung erfahren. Kleinere Betriebe verloren mehr und mehr ihre Existenzfähigkeit und wurden zu *Nebenerwerbsbetrieben*, in denen ein Partner durch betriebsfremde Beschäftigung *Zuerwerb* bringt.

Flurbereinigung: Steigert die Produktivität, stärkt die Wettbewerbsfähigkeit landwirtschaftlicher Betriebe und verbessert die Lebensverhältnisse auf dem Land. Für das Niederwild bewirkt sie aber eine wesentliche Biotopverschlechterung.

Neue Vorschriften verlangen, daß auch bei der Flurbereinigung Hegeflächen und Hegeinseln für das Niederwild eingeplant werden.

Der Boden: Nach seiner Beschaffenheit richten sich die landwirtschaftlichen Möglichkeiten. Lehmböden sind gute Ackerböden; Tonböden neigen zu Staunässe, binden die Nährstoffe aber gut; Sandböden leiten das Wasser schnell ab, sind gut zu bearbeiten, binden aber Nährstoffe schlecht.

Düngung: Um gedeihen zu können, benötigen die Pflanzen neben Luft, Wasser und Sonne die Nährstoffe Stickstoff, Phosphor, Kalium, Calzium, Magnesium und eine Reihe von Spurenelementen. Diese Stoffe werden dem Boden in Form von Dünger zugeführt.

Wirtschaftsdünger: Stallmist, Kompost, Jauche, Gülle. Sie sind humusbildend.

Gründünger: Pflanzen, die im Zwischenfruchtanbau eigens zu diesem Zweck angebaut wurden und untergepflügt werden. Daneben Unterpflügen von Ernteresten, Stroh usw.

131 Landwirtschaftliche Nutzpflanzen

a Gerste

b Weizen

c Mais

d Zuckerrübe

e Futterrübe

f Markstammkohl

g Raps

h Schwedenklee

i Weidelgras

k Knaulgras

Die meisten der landwirtschaftlichen Nutzpflanzen sind auch bei der Wildfütterung verwendbar. Besonders Mais als Körnerfutter und Silage, Rüben als Saftfutter, Markstammkohl als Wildackerpflanze, Klee und Gräser als Heu und als Silage.

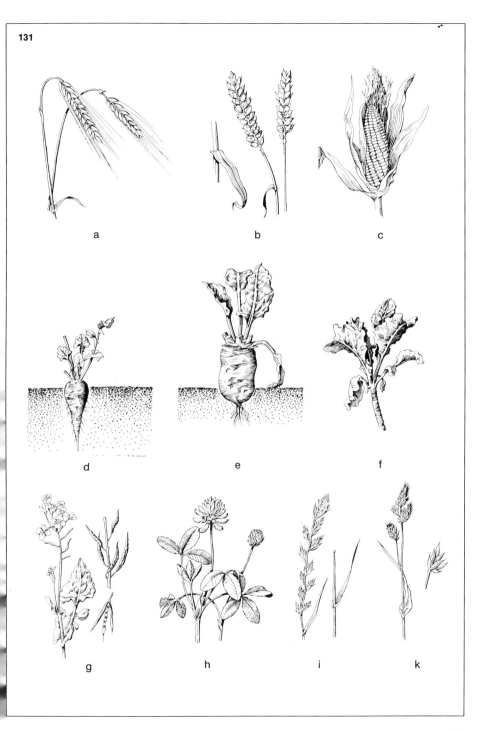

a

b

c

d

e

f

g

h

i

k

Mineraldünger: Sie spielen heute die größte Rolle bei der Düngung. Die heute manchmal vorgebrachte Behauptung, diese „Kunstdünger" seien schädlich, ist falsch. Es handelt sich dabei um natürliche Stoffe, die dem Boden von den Pflanzen entnommen und deshalb wieder ergänzt werden.

Pflanzenschutz: Die Pflanzen sind vor Krankheiten, Schädlingen und konkurrierenden Unkräutern zu schützen.

Vorbeugende Maßnahmen. Wahl der richtigen Standorte und Sorten, richtige Bodenpflege, richtige Düngung, die die Pflanzen widerstandsfähiger machen.

Biologische Schutzmaßnahmen. Möglichst Erhaltung des biologischen Gleichgewichtes, Fördern der schädlingsvertilgenden Tierwelt, wie Singvögel, Fledermäuse, Igel, Kröten.

Chemischer Pflanzenschutz mit Pestiziden. Er hat heute die größte Bedeutung, weil er rationell in der Anwendung ist und den sichersten Schutz gewährt. Die Hauptgruppen sind Herbizide (Mittel gegen Unkräuter), Insektizide (Mittel gegen Insekten), Fungizide (Mittel gegen Pilze). Außerdem werden Mittel zur Verhinderung von Wildschäden verwendet.

Die staatliche Überprüfung dieser Mittel ist in den letzten Jahren so sehr verschärft und verfeinert worden, daß man annehmen kann, keines dieser Mittel könne mehr den wildlebenden Tieren unmittelbaren Schaden zufügen, wenn es den Anweisungen entsprechend eingesetzt wird. Mittelbare negative Einwirkungen sind natürlich nicht zu leugnen: Die Vertilgung vieler Unkräuter bedeutet den Ausfall von Unkrautsamen und damit den Ausfall der wichtigsten Nahrungsgrundlage der Feldhühner.

Durch den Ausfall vieler Schadinsekten können sich junge Rebhühner nach dem Schlüpfen nicht mehr ernähren. Ähnliches gilt für den Fasan. Das Verschwinden vieler Kräuter macht den Hasen krankheitsanfälliger.

Ackerbau: *Hauptfrüchte:* Sommergetreide (Gerste, Weizen, Hafer) wird im Frühjahr, Wintergetreide (Gerste, Weizen, Roggen) wird im Herbst angebaut; Körnermais.

Hackfrüchte: (Kartoffel, Zuckerrübe, Runkelrübe), *Ölfrüchte* (Raps), *Hülsenfrüchte* (Bohne, Erbse, Lupine, Wicke) und *Futterpflanzen* (Klee, Kleegrasgemisch).

Sonderkulturen sind Baumschulen, Obstgärten, Gemüsefelder, Weingärten und Tabakfelder.

Zwischenfrüchte: Lupine, Ölrettich, Raps, Rübsen, Gräser, Senf. Ihr Anbau geschieht zwischen dem Anbau der Hauptfruchtarten. Teilweise werden die Zwischenfruchtarten als Futterpflanzen genutzt, teilweise als Gründüngung. Vermehrter Zwischenfruchtanbau würde eine wesentliche Biotopverbesserung für das Niederwild bedeuten (bessere Deckung, Äsung in nahrungsarmen Zeiten).

Die reinen Ackerbaugebiete sind für das Schalenwild, besonders das Rehwild und die meisten Niederwildarten während der Vegetationszeit zwar nahrungsreich, bieten nach der Ernte aber meistens kaum noch Nahrung und Deckung.

Grünlandwirtschaft: Entsprechend der Nutzung unterscheidet man zwischen *Wiesen, Weiden* und *Almen.*

Wildschäden in der Landwirtschaft: Die schwersten Schäden verursachen die *Wildschweine,* die praktisch alle Feldfruchtarten aufnehmen und Wiesen auf der Suche nach Insektenlarven und Würmern umbrechen.

Weitere Schäden entstehen durch das *übrige Schalenwild* bei zu hoher Wilddichte.

Durch Aufnahme von Saatkörnern und das Ausreißen junger Pflanzen werden *Fasane* und besonders in großen Scharen einfallende *Tauben* schädlich.

Hasen und Kaninchen benagen junge Obstbäume und sonstige Hölzer, besonders wenn sie frisch gepflanzt sind.

Rehwild schadet jungen Obstbäumen durch Fegen.

Zur genauen Feststellung von Wildschäden muß der Jäger die wildspezifischen Schadbilder genau kennen.

Biotoppflege: Deckung sollte durch Anlage und Pflege von Hegeinseln (Gebüschgruppen, Feldgehölze) geschaffen werden, Äsung in der nahrungsarmen Zeit durch Zwischenfruchtanbau und Anlage entsprechender Wildäcker.

Die neueste Zeit hat die sogenannte „Sozialbrache" gebracht, Flächen, die landwirtschaftlich nicht mehr genutzt werden, weil ihre Bewirtschaftung für den Besitzer nicht mehr rentabel ist. Solche Flächen sollten in jedem Fall zur Biotopverbesserung für das Wild benutzt werden.

Die an Waldrändern, in Naturverjüngungen und Feldgehölzen vorkommenden heimischen Weichholz- und Straucharten eignen sich zur Biotopverbesserung besonders, weil sie durch ihre Früchte, Triebe und Knospen hochwertige Äsung und gleichzeitig Deckung bieten.

Die wichtigsten Arten sind die Weidenarten, die wilden Obstbäume (Wildbirne, Holzapfel, Faulbaum, Hasel, Weißdorn, Pfaffenhütchen, Hartriegel, Holunder, Liguster, Schneeball, Heckenkirsche, Sanddorn, Besenginster, Traubenkirsche, Schlehdorn, Brombeere, Himbeere und Heckenrose).

Ökologische Zellen: Eine der wichtigsten Hegeaufgaben des modernen Jägers ist die Anlage von *ökologischen Zellen.* Sie bilden neue Lebensgrundlagen für eine vielfältige Fauna und Flora. Auch diese Aufgabe ist nur in Zusammenarbeit mit den Landwirten zu bewältigen.

Forstwirtschaft

Von der Gesamtfläche Österreichs sind 44 % bewaldet. Das sind 7,7 Mill. Hektar. Diese Fläche verteilt sich auf 55 % Kleinwald, 30 % Forstbetriebe (ab 200 ha) und 15 % Österreichische Bundesforste. Der Wald ist als Holzlieferant ein erheblicher wirtschaftlicher Faktor. Er beeinflußt entscheidend das Klima und den Wasserhaushalt. Er bildet im Gebirge Schutzzonen, die besiedelte Gebiete vor Lawinen, Erdrutschen und Erosion schützen. Er bildet lebensnotwendigen Einstand und Äsungsmöglichkeit für zahlreiche Wildarten, besonders im Winter.

Er hat stellenweise eine wichtige Erholungsfunktion für die Bevölkerung. Ziel des modernen Waldbaues ist es, gesunde Mischwälder zu schaffen, die weniger schadensanfällig sind, als Monokulturen (nur aus einer Baumart bestehende Wälder) und auch „ästhetisch schöne Waldbilder" bieten. Der immer stärker werdende Rohstoffmangel wird jedoch auch schnellwüchsige Monokulturen fordern.

Kahlschlag: Wo die Nutzung des Waldes nur nach Rentabilitätsgesichtspunkten vorgenommen wird, bevorzugt man meist den Kahlschlag. Hier werden Waldteile mit gleichaltrigem schlagreifem Holz insgesamt geschlagen.

Femelnutzung, Plenternutzung: Heute sucht man die Femelnutzung zu bevorzugen. Plenterwald oder Femelwald heißt eine Bestandsform, bei der alle möglichen Altersabstufungen von der einjährigen Pflanze bis zum schlagbaren Stamm sich in einzelner oder horstweiser Mischung auf derselben Fläche vorfinden. Die Nutzung geschieht entsprechend durch Herausschlagen der schlagreifen Stämme. Diese Art der Nutzung ist ökologisch weniger schädlich, führt zu natürlicheren Waldbildern, ist aber auch weniger rentabel.

Aufforsten: Abgeholzte Flächen müssen neu aufgeforstet werden. Dies geschieht entweder durch künstliche Verjüngung (Pflanzen junger Bäume) oder durch Naturverjüngung (Baumsamen fliegen an, wurzeln und bilden einen neuen Jungwald). Heute sucht man, wo immer dies möglich ist, die Naturverjüngung zu bevorzugen. Sie bildet eine natürlichere und standortgemäßere Pflanzengesellschaft, ästhetische und gesunde Mischwaldformen und ist die Vorstufe zu einem anzustrebenden Femelwald.

Hauptbaumarten: *Die Fichte:* Sie ist unser wichtigster Wirtschaftsbaum; ihre Schnellwüchsigkeit hat in den vergangenen hundert Jahren dazu geführt, daß man sie in großen Monokulturen angebaut hat.

Die Tanne (Weißtanne): In bergigen Wäldern natürlich vorkommend. Durch den intensiven Fichtenanbau wurde sie etwas zurückgedrängt.

Kiefern: Die hauptsächlich vorkommende Art ist die Weißkiefer; sie wird weitgehend auf nährstoffarmen Böden gepflanzt. Eine Sonderform ist die *Latsche* des Hochgebirges mit niederliegendem Stamm.

Die Lärche: Ein sehr lichtbedürftiger Gebirgsbaum (wächst aber auch im Wienerwald), der die Nadeln im Winter abwirft.

Die Douglasie: Aus Nordamerika eingeführt, im Wuchs der Fichte und der Tanne ähnlich. Ihrer Schnellwüchsigkeit wegen häufig angepflanzt. Schälgefährdet.

Die Buchen: Hainbuche und Rotbuche sind die häufigsten Laubbaumarten. Ihre Früchte, die Bucheckern, bilden eine wertvolle Wintermast für alles Schalenwild.

Die Eichen: Die bei uns vorkommenden Arten sind die Flaumeiche, die Stieleiche, die Traubeneiche. Sie kommen häufig auch

132 Einige Baumarten

a Kiefer. Sie stellt keine hohen Ansprüche an die Böden. Bei uns kommt sie hauptsächlich auf trockenen Böden vor.

b Fichte. Hauptwirtschaftsholzart. Ihrer Schnellwüchsigkeit wegen wurde sie seit Beginn dieses Jahrhunderts in riesigen Monokulturen angebaut.

c Europäische Lärche. Sie wirft als einziger Nadelbaum unserer Breiten ihre Nadeln im Winter ab. Sehr lichthungrig, ausgesprochener Gebirgsbaum.

d Stieleiche. Sie ist ein eindrucksvoller Baum (Umfang bis 1 m). Die Frucht hat 4—5 cm lange Stiele. Hohe Ansprüche an den Boden.

e Feldahorn. Er steht häufig einzeln, auf Feldern. Höhe zwischen 9 und 25 m, bei ungünstigen Verhältnissen bleibt er strauchförmig. Baum des Flachlandes.

f Baumweide. Anspruchsloser Baum, der nur genügend nasse Böden benötigt. Besonders Rehwild und Hasen bietet sie Deckung und Weichholzäsung.

g Faulbaum. Seine Rinde riecht faulig. Strauch, etwa 2—3 m hoch, liebt feuchte Böden, anspruchslos, eignet sich sehr gut zur Biotopverbesserung. Seine schwarzen Beeren werden vom Wild sehr gern angenommen.

h Weißdorn. Kleiner Baum von höchstens 12 m Höhe, anspruchslos; kalkiger Boden besonders günstig. Die roten, mehligen Früchte werden von den Vögeln gern angenommen.

i Kornelkirsche. Kleiner Baum bis etwa 5 m Höhe. Die Früchte sind länglich, rot und eßbar. Bei allen Vögeln sehr beliebt. Kalkiger Boden bevorzugt, kälteempfindlich.

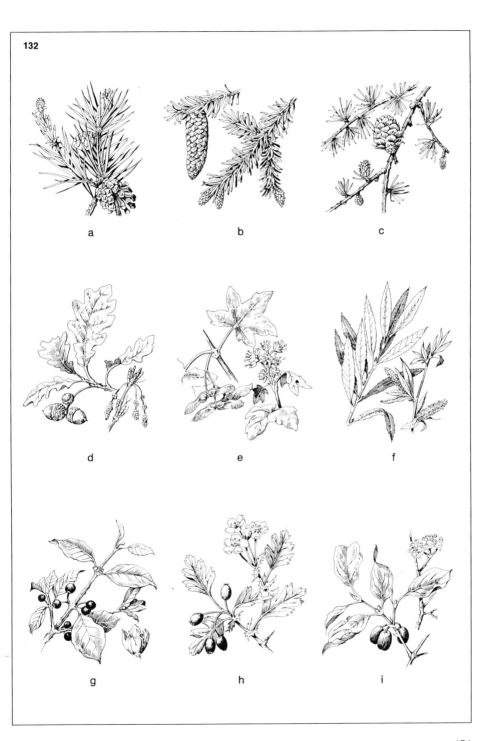

a

b

c

d

e

f

g

h

i

als Mischformen vor. Die Früchte, die Eicheln, bilden ebenfalls eine wertvolle Wintermast.

Weitere wichtige Laubbaumarten sind *Esche, Ahorn, Birke, Vogelbeere, Pappel, Weide.*

Schadensfaktoren im Wald: Hohe Schalenwildbestände sind vor allem da große Feinde der Waldverjüngung und eines ökonomischen Waldbaues, wo sie keine natürlichen Lebensbedingungen mehr haben. Das heißt: Wo Schalenwild keine natürlichen Äsungsgrundlagen mehr hat und wo es vor allem durch die grenzenlose Erholungsfunktion des Waldes seinen natürlichen Äsungsrhythmus nicht mehr einhalten kann, geht es vermehrt zu Schaden.

Rehwild verbeißt dann die Triebe der jungen Bäume, Rotwild und Muffelwild schält die Rinde von den Bäumen und verbeißt ebenfalls.

Wildschadensabwehr: Die beste Vorbeugung ist das Einhalten tragbarer Wilddichten und der Schutz vor Beunruhigung. Gefährdete Flächen werden durch das Aufstellen von Scheuchen (Knall-, Blinkanlagen), durch Einzäunen, Einzelschutz durch Drahthosen, Bestreichen mit Verbißschutzmitteln geschützt. Besonders gegen Schwarzwild hat sich auch das Herstellen von Ablenkungsfütterungen bewährt.

Fragen:

160 Welche landbaulichen Maßnahmen sind als Hegemaßnahmen vorzunehmen?

161 Was sind Hackfrüchte?

162 Welche hegerischen Vorteile bringt der Zwischenfruchtanbau?

163 Was sind Sonderkulturen?

164 Welche Wildart verursacht die schwersten Schäden in der Landwirtschaft?

165 Welchen Schaden verursachen Hasen und Kaninchen?

166 Welche Schutzfunktion hat der Wald im Gebirge?

167 Was ist Naturverjüngung?

168 Was sind die Hauptbaumarten?

169 Wann geht Schalenwild im Wald vermehrt zu Schaden?

Jagdhunde

Allgemeines

Gründe zur Haltung von Jagdhunden

Weidgerechtigkeit: Die Gesetze der Weidgerechtigkeit verlangen vom Jäger eine möglichst schnelle Erlösung krankgeschossenen Wildes. Dies ist häufig nur durch den Einsatz von Hunden möglich. Auch die Jagdgesetze verlangen die Haltung brauchbarer Jagdhunde für Reviere von bestimmten Größen — die Forderung ist länderweise verschieden. Einzelne Länder fordern die Haltung bestimmter Hunde (z. B. Schweißhunde oder auf Schweißfährte geprüfte Gebrauchshunde).

Jagdpraktische Gründe: Sinnvolle Niederwildjagd währe ohne Jagdhunde kaum möglich. Hierfür sind eigene Rassen gezüchtet.

Wahl des Hundes

Bei der Wahl des Hundes sind die gebotenen Jagdmöglichkeiten und die Möglichkeiten der Haltung zu bedenken. Für einen Jäger, der in der Stadt wohnt und nur einige Male jährlich zur Jagd eingeladen ist, besteht keine Notwendigkeit zur Haltung eines Hundes.

In reinen Hochwildrevieren wird man einen Schweißhund oder eine Bracke halten, dazu vielleicht einen Stöberhund, in reinen Feldrevieren oder in Revieren mit hohem Feldanteil Vorstehhunde, die zur Jagd auf Niederwild und Rehwild benutzt werden. In Revieren, in denen die Fuchsbejagung sehr intensiv betrieben wird, hält man zusätzlich einen Bau- oder Erdhund.

Diese Aufteilung kann natürlich nie ganz genau sein, sondern dient nur als Anhaltspunkt.

Eigenschaften brauchbarer Jagdhunde

Man unterscheidet zwischen *Erbanlagen* (angewölften Anlagen) und *Eigenschaften, die durch Abrichtung erworben* werden.

Erbanlagen

Gute Nase: Sie ist erste Voraussetzung, weil fast alle Erfolge des Jagdhundes letztlich auf seiner Nasenleistung beruhen.

Spurwille: Der Hund muß auch den Willen haben, den Signalen, die seinem Gehirn über die Nase vermittelt werden, so lange zu folgen, bis er zum Stück kommt.

Schärfe: Er muß gefundenes, noch lebendes Wild abwürgen oder es so lange stellen, bis der Jäger es erlegen kann.

Wesensfestigkeit: Er darf nicht nervös sein und muß körperliche und geistige Belastungen leicht ertragen. Eines der ersten Mittel, um die Nervenfestigkeit des Hundes zu prüfen, ist die Feststellung seiner Schußfestigkeit.

Durch Abrichtung erworbene Eigenschaften

Auch der bestveranlagte Hund ist ohne geeignete Abrichtung nicht brauchbar. Bei der Abrichtung werden ihm eine Reihe von Eigenschaften anerzogen, die ihn erst zum brauchbaren Jagdhund machen.

Vielseitigkeit

Die heutigen Jagdmöglichkeiten verlangen Hunde, die vielseitig eingesetzt werden können. Der normale Gebrauchshund sollte deshalb an angewölften Eigenschaften Spurwillen, Bringtreue, Wasserfreudigkeit und Spurlaut mitbringen.

Die Arbeit des Hundes

Sie trennt sich in die *Arbeit vor dem Schuß* und die *Arbeit nach dem Schuß.*

Vor dem Schuß: Suchen von Niederwild durch *Stöbern* oder *Buschieren, Vorstehen, Brackieren; Bauarbeit* der Erdhunde. Alle diese Arbeiten haben den Endzweck, das Wild dem Jäger vor den Lauf zu bringen.

Nach dem Schuß: Diese Arbeit dient immer dazu, erlegtes oder krankgeschossenes Wild zur Strecke zu bringen. Der Schweißhund arbeitet dabei am langen Riemen (Schweißleine) die Wundfährte aus und bringt den Jäger zum Stück oder hetzt frei.

In Fällen, in denen er ohne Schweißleine arbeitet, muß er dem Jäger das Stück verweisen durch *Totverbellen, Bringselverweisen* oder freies *Verweisen.* Gestelltes, noch lebendes Wild verweist er durch *Standlaut.*

Apportierhunde suchen geschossenes Niederwild und *bringen* es dem Schützen. In England hat man dazu eigene Rassen gezüchtet, die „Retriever", deren einzige Aufgabe das Apportieren ist. In Österreich werden alle Vorsteh- und Stöberhunderassen zum Apportieren abgerichtet.

Jagdhunderassen

Österreich hat in der Züchtung vielseitiger Jagdhunderassen eine gute Tradition.

Züchter und Führer der einzelnen Rassen haben sich jeweils in Vereinen zusammengeschlossen. Jäger, die einen Hund führen wollen, sollen sich diesen Vereinen zur Beratung und Ausbildung anschließen. Folgende Jagdhunderassen sind in Österreich hauptsächlich gebräuchlich:

Bracken (Laufhunde)

Sie sind die älteste Jagdhundrasse und bilden die Zuchtgrundlage für eine ganze Reihe von Jagdgebrauchshunden.

Bracken jagen lang und anhaltend auf der Spur von Hase und Fuchs und müssen dabei eine besondere „Spurreinheit" zeigen, das heißt, sie sollen nur auf der Spur des einmal angejagten Wildes bleiben.

Die Bracke jagt das Wild in einem Bogen bis zum Ausgangspunkt der Jagd zurück und bringt es so dem dort stehenden Jäger vor die Flinte. Wichtig ist spurlautes Jagen. Der Hund gibt dabei Laut, solange er auf der Spur ist.

Heute ist das „Brackieren" nur noch in seltenen Fällen möglich und wird auch von der Jagdgesetzgebung zeitlich eingeschränkt.

Die Bracken eignen sich ihrer hervorragenden Nase, ihres Spurwillens und ihres angewölften Spurlautes wegen auch sehr gut zu Schweißhunden und zu Stöberhunden, wenn sie rot- und rehwildrein abgerichtet sind, also gesundes Rot- und Rehwild nicht jagen.

Die gebräuchlichsten Brackenarten sind die *Brandlbracke*, die *Tiroler Bracke*, die *Steirische Rauhhaarbracke* und die *Dachsbracke*. Daneben gibt es ausländische Bracken wie *Basset*, *Beagle* und *Luzerner Laufhund*.

Schweißhunde

Sie sind Spezialisten mit der Aufgabe, die Fährte von krankem Hochwild auch unter schwierigsten Bedingungen auszuarbeiten. Dabei arbeiten sie am Schweißriemen. Kommen sie zum Stück und ist dieses noch nicht verendet, so werden sie „geschnallt", das heißt von der Leine gelassen und hetzen das Stück „zustande", bis es sich also stellt und verbellen es so lange, bis der Jäger kommt und den Fangschuß antragen kann.

Wichtig ist, daß der Schweißhund das Stück nur stellt und verbellt und nicht versucht, es „niederzuziehen", das heißt, es nicht angreift, weil er dadurch vom Wild geschlagen (verletzt) werden könnte.

Hannoversche Schweißhunde: Sie sind meist hirschrot, manchmal dunkel gestromt und mittelschwer. Ihre Einsatzgebiete sind Flachland und Mittelgebirge.

Bayerische Gebirgsschweißhunde: Sie sind eine Kreuzung von Hannoverschen Schweißhunden und Gebirgsbracken. Daraus entstand ein leichter Typ, der bei den schwierigsten Geländeverhältnissen des Hochgebirges besser einsetzbar ist.

Stöberhunde

Auch sie stehen den Bracken noch sehr nahe. Spurlaut und Spurwille machen sie für ihre Arbeit besonders geeignet. Wasserfreudigkeit und Bringfreude machen den Stöberhund sehr vielseitig verwendbar.

Deutscher Wachtelhund: Die wohl verbreitetste Stöberhunderasse. Er hat alle für Stöberhunde nötigen angewölften Eigenschaften und kann für sämtliche Gebrauchshundearbeiten eingesetzt werden, mit Ausnahme des Vorstehens.

Spaniel: Eine weitere Stöberhunderasse, die sich in verschiedene Familien aufteilt. Die gebräuchlichsten sind der *Cockerspaniel*, der in verschiedenen Farbvariationen gezüchtet wird, und der *Springerspaniel*. Da der Spaniel schon sehr lange als Modehund gezüchtet wird, ist bei seiner Anschaffung auf gute Abstammung zu achten.

Vorstehhunde

Vorstehhunde sind Niederwild-Spezialisten, die weiträumig im Felde suchen und das Wild „vorstehen", wenn sie Witterung bekommen. Das heißt, sie verfolgen es nicht, sondern verharren vor ihm, bis der Schütze es heraustritt. Erlegtes oder krankgeschossenes Wild suchen und apportieren sie.

Über diese Aufgaben hinaus sind die Vorstehhunde beim Stöbern und Buschieren im Wald ebenso verwendbar wie bei der Schweißarbeit auf Schalenwild und bei der Wasserarbeit.

Wir unterscheiden zwischen

Deutsch-Kurzhaar: Kurz und hart behaart; Haupteinsatzgebiet Feldarbeit.

Weimaraner: Lang- und kurzhaarige Formen. Färbung mehr silbergrau, helles Auge. Ausgeprägte Raubwild- und Mannschärfe.

Deutsch-Langhaar: Kräftiges, meist leicht gewelltes Langhaar. Rute nicht kupiert. Farbe braun mit oder ohne weiße Abzeichen. Gute Wasserhunde.

Großer Münsterländer, Kleiner Münsterländer: Haar wie beim Deutsch-Langhaar, Färbung weiß mit schwarzen oder braunen Platten. Der Große Münsterländer etwa im Gebäude dem Deutsch-Langhaar entsprechend, der Kleine Münsterländer etwa in der Größe des Deutsch-Wachtel. Gute Stöberer, Wasserfreude, aber auch gute Vorstehhunde.

Deutsch-Drahthaar: Die in Deutschland am weitesten verbreitete Vorstehhunderasse. Haar mittellang, sehr drahtig. Äußerst wesensfester, vielseitig einsetzbarer Hund.

Deutsch-Stichelhaar: Sehr knappes Haar, ausgeprägter Bart. Die Rasse ist nicht mehr häufig.

Griffon: Haar weicher und länger als beim Rauhhaar, Bart und Augenbrauen besonders stark ausgeprägt.

133 Alpenländische Dachsbracke. Bracken sind wahrscheinlich unsere ältesten Jagdhunderassen.

134 Brandlbracke. In Österreich weit verbreitet.

135 Beagle. Eine englische Brackenart, die dort noch als Meutehund bei der Parforcejagd benutzt wird.

136 Bayerischer Gebirgsschweißhund. Die Jagd im Hochgebirge verlangt einen wendigen, leichten Hund, der aber doch die Feinnasigkeit des Schweißspezialisten hat.

137 Hannoverscher Schweißhund. Der klassische deutsche Schweißhund.

138 Jagdspaniel. Die Spaniels sind gute Stöberer und Wasserarbeiter. Der Spurlaut ist manchmal nicht sehr ausgeprägt.

139 Deutscher Wachtelhund (braun). Mehr als »Kurzjager« in kleinen Revieren gezüchtet.

140 Deutscher Wachtelhund (Braunschimmel). Er zeigt die Brackeneigenschaften deutlicher, als der braune Deutsche Wachtelhund.

133 △   ▽ 135   134 △   ▽ 136

▽ 137   ▽ 138

▽ 139   ▽ 140

Pudelpointer: Ursprünglich eine Kreuzung von Pudel und Pointer. Zweck der Kreuzung war, die Eigenschaften des englischen Pointers, eines Vorsteh-Spezialisten, mit denen des besonders wasserfreudigen und gelehrigen alten Jagd-Pudels zu vereinen.

Neben diesen deutschen Vorstehhunderassen sind noch verschiedene **ausländische Vorstehhunderassen** im Gebrauch:

Die *Pointer* stammen aus England, ebenso die verschiedenen *Setter*-Arten.

In letzter Zeit haben sich noch die Ungarischen Vorstehhunde (Magyar Vizsla, Ungarisch-Rauhhaar), der Cesky Fousek (Böhmisch-Rauhbart) und die Bretonischen Vorstehhunde (Espagneul Breton) etwas verbreitet.

In England hat man immer schon hochspezialisierte Rassen gezüchtet. So wurde die Feldarbeit auf zwei Hunde aufgeteilt: Das Suchen vor dem Schuß und das Vorstehen erledigten die Pointer, das Apportieren geschossenen Wildes die Retriever. Die bekanntesten Rassen sind der Golden Retriever und der Labrador Retriever. In Österreich haben diese Spezialisten kaum Bedeutung.

Bau- oder Erdhunde

Ihre Hauptaufgabe ist die Arbeit unter der Erde auf Fuchs und Dachs. Dabei folgen sie dem Wild in seine Baue und „sprengen" es, damit es vom draußen wartenden Jäger geschossen werden kann, oder sie würgen das Wild im Bau ab und ziehen es an die Oberfläche. Die Erdhunde müssen außerordentlich raubwildscharf sein. Gute Erdhunde sind immer auch als gute Stöberhunde verwendbar, ausgeprägt ist ihr Laut (lockerer Hals).

Besonders die Dachshunde eignen sich durch ihren hohen Anteil an Brackenblut auch vorzüglich zu Schweißhunden, soweit die Geländeverhältnisse dies erlauben.

Dachshunde (Dackel, Teckel): Muskulöser, langgestreckter, kurzläufiger Körper. Besonders in der Kopfform ist das Brackenerbe unverkennbar. Sie werden in drei Haarformen gezüchtet.

Kurzhaar: Die älteste Rasse. Färbung meist schwarz-rot. Der Kurzhaar hatte durch nachlässige Zucht häufig seine Schärfe verloren, deshalb züchtete man um die Jahrhundertwende scharfe Terrierrassen ein und erhielt so den *Rauhhaar.* Er ist heute die jagdlich am meisten geführte Dackelrasse und verbindet Schärfe und Passion mit hervorragender Nase, gutem Laut und Wesensfestigkeit: Farbe schwarz-rot, saufarben oder dürrlaubfarben. *Langhaar:* Langes, meist welliges Haar, Farbe schwarz-rot oder durchgehend rot.

141 Weimaraner in typischer Vorstehhaltung. Typisch für ihn das helle »Habichtsauge«. Er hat ausgeprägte Schärfe.

142 Deutsch-Kurzhaar. Farbe und Zeichnung verschieden. Vielseitig einsetzbarer Feldhund.

143 Großer Münsterländer. Er entspricht etwa dem Deutsch-Langhaar.

144 Kleiner Münsterländer. Er ist Vorstehhund und mittlerer Stöberhund zugleich. Deshalb schafft er sich in den letzten Jahren immer mehr Freunde.

145 Deutsch-Drahthaar. Auf größte Vielseitigkeit gezüchteter Vorstehhund.

146 Deutsch-Stichelhaar. Er wird heute noch hauptsächlich in Ostfriesland gezüchtet.

147 Deutsch Langhaar. Ein kräftiger Hund, besonders für die Wasserarbeit geeignet.

148 Griffon. Er ist eine der Ursprungsrassen des Deutsch-Drahthaars. Deshalb kommt das Haar des Griffon beim DD auch manchmal wieder durch.

141 △

142 △

▽ 143

▽ 144

▽ 145

▽ 146

▽ 147

münch

▽ 148

Deutscher Jagdterrier: Er kann als Übergang von den Erdhunden zu den Stöberhunden gelten. Durch seine höheren Läufe ist er schneller und beweglicher als der Dachshund. Er ist besonders wasserfreudig und außerdem ist er durch die Schärfe, die ihm angezüchtet wurde, ein besonders für die Saujagd geeigneter Hund.

Besonderes Merkmal sind die Kippohren. Das Haar ist rauh- oder glatthaarig, die Farbe meist schwarz-rot, hin und wieder dürrlaubfarben.

Aufzucht, Pflege und Haltung der Hunde

Der Junggänger, der weiß, daß er nicht nur Gelegenheitsjäger bleiben wird und genug Möglichkeiten hat, einen Hund gerecht einzusetzen, tut gut daran, einen Welpen anzuschaffen, ihn selber aufzuziehen und abzuführen. Die Mühe, die ihm dadurch entsteht, wird reichlich aufgewogen durch die Erfahrung, die er dabei sammelt.

Aufzucht, Pflege und Haltung des Hundes müssen fachgerecht vorgenommen werden, das ist die Voraussetzung dafür, daß aus dem Welpen ein brauchbarer Jagdhund wird.

Zucht und Aufzucht

Der unerfahrene Züchter läßt sich durch seinen Zuchtverein beraten.

Decken: Nicht vor der 3. Hitze. Ab dem 9. Tag des Färbens ist die Hündin aufnahmebereit.

Tragezeit: 60—64 Tage.

Abgabe von Welpen: nicht vor der 8. Woche.

Entwurmen: Die Welpen müssen vor der Abgabe in der 3. Woche und 6. Woche entwurmt werden. Die Hündin wird bereits 3 Wochen vor dem Werfen einmal entwurmt.

Die Impfungen: Im Alter von etwa 8—9 Wochen müssen die Welpen eine aktive Schutzimpfung erhalten, die gleichzeitig gegen *Staupe, ansteckende Leberentzündung* und die *Stuttgarter Hundeseuche* (Leptospirose) immunisiert. Die Impfung wird nach einigen Wochen wiederholt und soll dann immer wieder aufgefrischt werden.

Im Alter von 12 Wochen sollen die Welpen auf jeden Fall gegen *Tollwut* geimpft werden. Auch diese Impfung wird in Abständen aufgefrischt.

Fütterung der Welpen: Bis in die 3. Woche ernähren sich die Welpen ausschließlich mit der Milch der Hündin. In dieser Zeit

149 Pudelpointer. Um die Jahrhundertwende war der alte deutsche Jagdpudel, ein hervorragender Wasserhund, durch Schönheitszucht so degeneriert, daß man seine Eigenschaften in einer neuen Rasse erhalten wollte. Deshalb kreuzte man ihn mit dem englischen Pointer.

150 Englischer Setter

151 Schottischer Setter

152 Irischer Setter

153 Bretonischer Vorstehhund (Epagneul Breton)

154 Labrador Retriever

155 Ungarischer Vorstehhund (Magyar Viszla)

156 Pointer. Die Pointer wurden in England als reine Vorsteh-Spezialisten gezüchtet. Das Apportieren hatten die Retriever zu erledigen.

160

149 △

150 △

▽ **151**

▽ **152**

▽ **153**

▽ **154**

▽ **155**

▽ **156**

frißt die Hündin die Exkremente der Welpen. Das darf nicht aus Reinlichkeitsgründen verhindert werden. Die Exkremente enthalten Stoffe, die die Milchbildung anregen. Ab der 4. Woche Zufütterung mit herkömmlichen Welpenfuttermitteln.

Zahnentwicklung: Nach etwa 7 Wochen sind die ersten Zähne vollständig. Die Hündin läßt die Welpen dann nicht mehr saugen. Sie sind „abgespänt". Nach etwa 9 Monaten ist das endgültige Gebiß vollständig.

Wachstum: Nach dem Zahnwechsel ist das Größenwachstum ziemlich abgeschlossen. Die endgültige Form hat der Hund mit etwa eineinhalb Jahren.

Kupieren: Nach dem Tierschutzgesetz ist das Kupieren der Rute nur durch den Tierarzt erlaubt.

Gesundheitspflege: Was am Welpen durch falsche Fütterung versäumt wird, kann im ganzen Hundeleben nicht mehr nachgeholt werden. Genaue Informationen beim Verein und in der Fachliteratur einholen. Entwurmung muß in entsprechenden Abständen stattfinden. Unerfahrene Züchter sollen den Tierarzt zu Rate ziehen. Er weist auch auf evtl. nötige Vitamingaben hin.

Pflege und Haltung erwachsener Hunde

Leistungsfähigkeit und Leistungswillen des Hundes hängt wesentlich von der richtigen Haltung und Pflege ab.

Das Lager: Sauber und dem Zug nicht ausgesetzt. Zwingerhunde müssen die Möglichkeit haben, sich vor praller Sonne, Kälte und Regen zu schützen. Jagdhunde bringen oft Ungeziefer, hauptsächlich Flöhe mit. Wenn der Hund dies durch Kratzen zeigt, muß nicht nur er, sondern auch das Lager entfloht werden. Flöhe sind Bandwurmträger.

Kontakt mit dem Menschen: Reine Zwingerhunde, die nur zur Abrichtung und zur Jagd aus dem Zwinger kommen, erreichen nie die Leistungen von Hunden, die einen engen persönlichen Kontakt zu ihrem Führer haben.

Fütterung: Die modernen Futtermittel bieten alle Möglichkeiten, den Hund gesund zu ernähren. Reine Fleischfütterung ist schädlich, sie schädigt vor allem die Nieren. Auch Hundehalter, die genug Fleischabfälle haben, sollen mindestens ein Drittel pflanzliche Kost (Hunde-Futterflocken) zufüttern.

Knochen sind nötige Kalziumlieferanten. Zu viel Knochenfütterung ist jedoch gefährlich, sie kann zum Darmverschluß führen. Röhrenknochen (Geflügel, Läufe von Wild) durchstoßen Speiseröhre oder Darm.

Futterzeiten: Einmal am Tag zu immer gleicher Zeit. Wöchentlich ein Hungertag ist gesund.

Futtermengen: Von Hund zu Hund verschieden, je nach körperlicher Belastung des Hundes und danach, ob er ein guter oder ein schlechter Futterverwerter ist.

Pflege: Vor allem ist zu beachten, daß Hunde durch ihre Passion auf der Jagd ihre Erschöpfung oft nicht zeigen können und

157 Deutscher Jagdterrier. Er ist wegen seiner Schärfe besonders auf Sauen und bei der Baujagd einzusetzen.

158 Rauhaariger Dachshund. Die Dachshunde (Dackel, Tekkel) bringen noch sehr viele ursprüngliche Brackeneigenschaften mit und eignen sich deshalb besonders für Schweißarbeit, soweit sie ihrer körperlichen Schwäche angemessen ist, für gründliche Stöberarbeit und ihrer Schärfe und Kleinheit wegen für Bauarbeit.

159 Kurzhaariger Dachshund. Er dürfte die älteste Dackelrasse sei. In seinem ursprünglichen Erscheinungsbild war er etwas vierschrötig und „dackelbeinig" Diese Eigenschaften hat man ihm in den neueren Zuchten wieder weggezüchtet.

160 Langhaariger Dachshund. Es gibt ausgezeichnete Züchtungen langhaariger Dachshunde, doch ist beim Kauf sorgfältig auf Abstammung und Leistungsprüfungen zu achten: Der Langhaardackel wurde noch mehr als die anderen Dackelrassen von manchen Hundehaltern rein auf Modehund und Schönheit gezüchtet.

157 △   ▽ 159   158 △   ▽ 160

dadurch leicht überanstrengt werden. Das kann bei jungen Hunden zu bleibenden Herzschäden führen. Hier muß der Führer seinen Verstand arbeiten lassen.

Nach Wasserarbeit ist dem Hund Gelegenheit zu geben, sich zu erwärmen, es kommt sonst leicht, abgesehen von unmittelbar daraus entstehenden Krankheiten, zu Nierenschäden. Zuhause oder im Zwinger muß der Hund warm liegen können.

Krankheiten: Das Hundeleben währt nur ein Sechstel des Menschenlebens. Auch die Krankheiten des Hundes sind auf diese Spanne verkürzt. Das ist besonders bei akuten Krankheiten zu bedenken. Der Hund ist heute krank und übermorgen tot, während wir noch gar nicht damit rechnen. Zudem klagt er nicht über seine Leiden.

Bei allen schweren Störungen, die keinen leicht erkennbaren Grund haben, ist schnellstens der Tierarzt aufzusuchen.

Krankheitsverhütung

Gehörgänge: Reinigen mit einem Wattebausch, besonders nach Wasserarbeit.

Hautschmarotzer: Mit entsprechenden Präparaten behandeln. Hier ist darauf zu achten, daß keine gefährlichen Insektizide benutzt werden.

163

Augen: Manche Hunde sind an den Augen empfindlich. Suche im hohen Gras kann zu Entzündungen durch die Grassamen führen. Lange Suche im Schilf und in scharfkantigen Gräsern zerschneidet die Lider. Es gibt Tropfen und Salben, die angewendet werden können. Besonders schädlich ist das Herausschauen aus dem fahrenden Auto.

Analdrüsen: Links und rechts vom Weidloch liegen die beiden Duftdrüsen der Hunde (deshalb beriechen sich die Hunde von hinten). Sie werden oft nicht genügend entleert, besonders bei Rüden. Dann entstehen Entzündungen, die sehr schwer heilbar sind, wenn sie nicht früh genug behandelt werden. Durch Ausdrücken wird die Entleerung der Drüsen gefördert.

Verletzungen: Oberflächliche Wunden heilen meist ohne fremde Hilfe. Bei allen anderen Verletzungen ist so schnell als möglich der Tierarzt zuzuziehen.

Krankheiten

Sie sind im Anfangsstadium oft schwer zu erkennen. Wir können zwischen Infektionskrankheiten und organischen Krankheiten, die ohne Infektion entstanden sind, unterscheiden.

Infektionskrankheiten: Die hauptsächlichen infektiösen Hundekrankheiten sind die *Staupearten,* die *Leptospirose* (Stuttgarter Hundeseuche), *Weil'sche Krankheit,* die *Toxoplasmose,* die der „Katzenseuche" ähnliche *PARVO-Virus-Krankheit* und vor allem die *Tollwut.* Jede dieser Krankheiten ist durch rechtzeitige Impfung zu verhindern. Bereits die Welpen müssen geimpft werden. Die Tollwutimpfung ist jährlich zu wiederholen.

Nichtinfektiöse organische Krankheiten: Unter diesen sind die verschiedenen Nierenkrankheiten die häufigste Todesursache unserer Hunde. Sicher werden sie hauptsächlich durch falsche Fütterung (reine Fleischfütterung) hervorgerufen.

Weitere Krankheiten, die gerade bei Jagdhunden, bedingt durch ihre Arbeit, häufig auftreten, gehören dem rheumatischen Formenkreis an.

Parasiten: Jagdhunde sind vermehrt dem Einfluß von Parasiten ausgesetzt. *Flöhe, Zecken, Bandwürmer* führen bei ordentlicher Pflege des erwachsenen Hundes kaum zu bedrohlichen Krankheitsbildern. Sorgfältig zu behandeln sind *Demodikose* und *Räude,* die durch die Haut eindringende Milben hervorgerufen werden.

Ernährungsfehler in der Jugend: Sie führen zu *Rachitis,* die sich hauptsächlich durch nach außen verbogene Läufe (O-Beinigkeit) und in leichteren Formen durch Verdickungen an den Rippen äußert (rachitischer Rosenkranz). Diese Krankheit zeugt von Unwissenheit und Interesselosigkeit des Züchters und ist durch entsprechende Ernährung leicht zu verhindern. Hunde aus solchen Zuchten müssen abgelehnt werden.

Angeborene Fehler: Sie sind nicht eigentlich als Krankheiten zu bezeichnen, doch können sie zu schweren Störungen führen und sind in genau festgelegten Fällen Zuchtausschlußgrund.

161 Kreislauf des Hundebandwurmes
Jagdhunde, die Innereien von Wild fressen, bekommen häufig Bandwürmer. Erwachsenen, gesunden Hunden vermag der Bandwurm nicht allzusehr zu schaden, dennoch ist genau auf einen eventuellen Befall zu achten. Er äußert sich in Bandwurmgliedern, die im Kot abgehen, in erhöhtem Hunger bei gleichzeitiger Gewichtsabnahme. Er vermehrt sich über den Floh als Zwischenwirt in der abgebildeten Weise.
Besonders gefährlich ist der Kleine Bandwurm (Echinococcus), weil er auf den Menschen übertragen wird und zu lebensgefährlichem Befall führen kann. Der Kot eines mit Echinococcus befallenen Hundes sieht aus, als wenn er mit kleinen weißen Stacheln besetzt wäre.

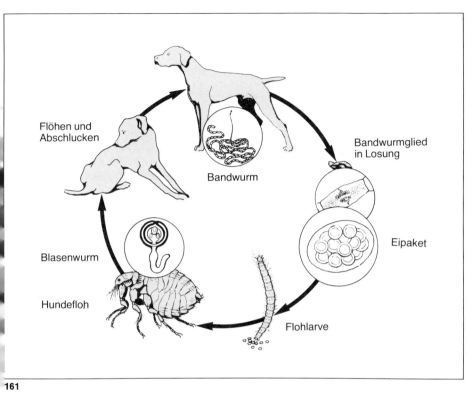

Flöhen und Abschlucken

Bandwurm

Bandwurmglied in Losung

Eipaket

Flohlarve

Blasenwurm

Hundefloh

161

Der wichtigste dieser Fehler ist die *Hüftgelenksdysplasie,* die hauptsächlich bei den schweren Rassen auftritt. Sie beruht auf einer Fehlentwicklung von Hüftgelenkspfanne und -kugel, ist unheilbar, wird weitervererbt und muß deshalb auch in leichteren Fällen zum Zuchtausschluß führen. *Zahn- und Kiefermängel* äußern sich in fehlenden Zähnen und Mißbildungen des Kiefers. Auch sie sind vererbbar und führen deshalb in bestimmten Fällen zum Zuchtausschluß.

Auch Hodenfehler treten häufiger auf. Beim Monorchismus ist nur ein Hoden sichtbar, der zweite liegt in der Bauchhöhle, beim *Kryptorchismus* sind beide Hoden in der Bauchhöhle. Die in der Bauchhöhle liegenden Hoden erzeugen keinen Samen mehr. Hunde mit Kryptorchismus sind also nicht mehr fortpflanzungsfähig.

Eine vererbbare Mißbildung des Augenlids ist das *Ektropium* (ausgestülptes Augenlid) und das *Entropium* (eingerolltes Augenlid).

Krankheitsanzeichen: Auf ungewöhnliche Verhaltensweisen ist genau zu achten.

Bemerkenswerte Anzeichen sind:

Starker Durst über längere Zeit hinweg. Er weist auf Nierenkrankheiten, bei Hündinnen auch auf Krankheiten des Geschlechtsapparates hin.

165

Ekzeme, Haarausfall sind fast nie Erkrankungen, die von selber entstanden sind (Primärerkrankungen), sondern nur die Symptome von organischen Krankheiten. Nierenerkrankungen und hormonelle Störungen stehen im Vordergrund.

Erbrechen ist bei Hunden nicht selten. Hunde können den Mageninhalt bewußt herauswürgen. Dies tun sie z. B. wenn sie einen völlig leeren Magen haben: Als Fleischfresser entwickeln sie sehr viel Magensäure, die ihnen unangenehm wird, wenn keine Nahrung im Magen ist. Sie würgen die Magensäure dann als weißen Schleim aus. Dauerndes Erbrechen, Blut im Erbrochenen, Erbrechen nach dem Saufen dagegen sind Krankheitsanzeichen. Tierarzt hinzuziehen.

Schlittenfahren: Rutschen auf dem Hinterteil weist auf Analdrüsenentzündung oder starken Wurmbefall hin.

Der erfahrene Hundehalter kennt die Verhaltensweisen seines Hundes und zieht seine Schlüsse aus abweichendem Verhalten. Auch Tierärzte können meist nicht auf Anhieb eine Diagnose stellen. Wichtig ist zu erkennen, ob der Hund krank ist oder nicht, um schnell die entsprechenden Maßnahmen zu treffen.

Erziehung, Abrichtung und Führung

Oberstes Gesetz bei Erziehung, Abrichtung und Führung des Hundes ist Konsequenz. Bevor ein Befehl gegeben wird, muß der Führer überlegen: Ist der Hund fähig, ihn auszuführen? Wenn dies nicht der Fall ist, darf der Befehl nicht gegeben werden. Wenn der Befehl erteilt ist, muß der Hund ihn unter allen Umständen ausführen. Er darf von Anfang an nicht auf die Idee kommen, einen Befehl verweigern zu können.

Erziehung ist der Umgang mit dem jungen Hund, der ihn zur Einfügung in die soziale Gemeinschaft führt. Der Hund ist ein soziales Wesen und nimmt eine geschickte Erziehung dankbar an.

Abrichtung ist die Vorbereitung des Hundes auf seine jagdlichen Aufgaben. Wenn die Abrichtung beendet ist, muß der Hund bei richtiger Führung seine jagdlichen Aufgaben zufriedenstellend erfüllen können.

Führung ist der Umgang mit dem abgerichteten Hund und sein jagdlicher Einsatz.

Erziehung des jungen Hundes

Der spätere Führer muß sich täglich intensiv mit dem jungen Hund beschäftigen. Dabei wird er sehr schnell Anlagen, Fähigkeiten und Neigungen erkennen.

Die *Nase* wird gefördert durch Futterschleppen. Dabei wird das Futter nicht an der üblichen Stelle gereicht, sondern es wird mit ihm eine Spur gezogen, an deren Ende es versteckt ist.

Darauf achten, daß der Hund nicht zu sehr auf Ballspielen, Stöckchenapportieren und ähnliches geprägt wird!

Stubenreinheit entwickelt sich von selber, wenn der Hund regelmäßig Gelegenheit erhält, sich zu lösen.

Erste Gehorsamsübungen: Man sagt in scharfem Ton „Platz" zu ihm und bringt ihn an seinen Platz. Dort wird er gelobt. Ganz wichtig: An seinem Platz darf er nie gestraft, auch nicht scharf angesprochen werden. Er muß ihm sicherer Zufluchtsort sein.

Wenn er auf „komm" hereinkommt, erhält er einen Leckerbissen. Wenn er ohne Erlaubnis fressen will, sagt man „pfui", nimmt ihm das Fressen weg und gibt ihm mit der Zeitung einen Klaps.

Leinenführigkeit erlernt der Hund, indem man mit ihm an der Leine einfach weitergeht, auch wenn er nicht mehr will. Sehr bald merkt er, daß Widerstand keinen Zweck hat.

Alleinbleiben erlernt er, indem man ihn in ein Zimmer sperrt und wenn er jammert unerwartet die Tür öffnet und ihn scharf anredet. Er merkt dann, daß Jammern nur unangenehme Reaktionen hervorruft.

Strafe oder harter Zwang sind beim jungen Hund zu vermeiden. Er wird sonst überängstlich. Sehr nützlich ist dagegen großes Lob, wenn er erwünschte Dinge tut.

Abrichtung

Der Hund soll mindestens ein halbes Jahr alt sein, bis mit der Abrichtung begonnen wird.

Zwang: Neuerdings wird immer wieder von einer Abrichtung ohne Zwang und Strafen geredet. Jagdliche Abrichtung ohne Zwang ist unmöglich! Der Hund kann nicht in unserem Sinn denken. Er versucht immer nur das zu tun, was ihm angenehm ist oder wozu ihn seine Instinkte treiben. Andere Verhaltensweisen erlernt er nur durch die Gegenwirkung von angenehmen und unangenehmen Reizen, genauso wie auch kleine Kinder. Das bedeutet, daß Lob und Strafe in abgewogenem Verhältnis die Grundlage der Abrichtung sind.

Ziel der Abrichtung: Der Hund soll Verhaltensweisen lernen, die für die Jagd nötig sind. Dazu gehört in erster Linie der Gehorsam, der eine weitere Abrichtung überhaupt erst ermöglicht.

Gehorsamsübungen: Der Erlernen der Gehorsamsübungen hat man früher „Stubendressur" genannt, weil sie zuhause, ohne Kontakt zum Revier, durchgeführt wurde. Auch heute muß jede Abrichtung mit den Gehorsamsübungen beginnen.

Die wichtigsten Übungen sind: *Gehen frei bei Fuß, Hereinkommen auf Ruf und Pfiff, Sitzen* und die wichtigste Übung: *Down.* Dabei liegt der Hund flach am Boden, den Kopf zwischen den Vorderläufen. Die Downlage muß ausgehalten werden, bis der Hund durch Kommando daraus erlöst wird. Der Hund muß das Kommando durch Zuruf, Handzeichen, Pfiff verstehen. Eine Steigerung ist Down außerhalb der Einwirkung des Herrn auf Handzeichen oder Pfiff. Ohne die exakte Beherrschung dieser

Übung ist eine wirklich gründliche Abrichtung des Hundes nicht möglich. Andererseits macht eine perfekte Downdressur die Anwendung des Teletakt-Gerätes überflüssig.

Jagdpraktische Abrichtung: Sie kann beginnen, wenn die Gehorsamsübungen beherrscht werden.

Je nach Rasse und Einsatzbereich des Hundes wird man die Anlagen zum Stöbern, zum Vorstehen, zum Verlorenbringen bzw. Apportieren, zur Feldarbeit, Wasserarbeit, Schweiß- oder Bauarbeit fördern. Hundearbeit ist praktische Arbeit und kann nur mit dem Hund und unter Anleitung durch erfahrene Führer erlernt werden, deshalb ist dem jungen Führer auf jeden Fall zu raten, daß er sich einem entsprechenden Verein anschließt und zusammen mit dem jungen Hund einen Führerkurs mit abschließender Brauchbarkeitsprüfung absolviert.

Führen

Auch das Führen des fertigen Jagdhundes verlangt Kenntnisse und Einfühlungsvermögen. Gerade der Jagdhund bringt noch ein sehr urtümliches Meuteverhalten mit. Dementsprechend prüft er immer wieder, ob er sich nicht zum Meuteführer aufschwingen kann. Wenn der Führer Schwächen zeigt — am gefährlichsten sind Intelligenzschwächen — wird er nie einen zufriedenstellend arbeitenden Hund haben. Am deutlichsten wird dies an schlechten Jägern mit durch Abrichter abgerichteten Hunden sichtbar, die hervorragende Prüfungen gemacht haben und beim neuen Führer plötzlich nichts mehr leisten.

Gute Hunde brauchen Konsequenz, Härte — aber keine Brutalität — Jagdgelegenheit und einen intelligenten Führer.

Das Jagdgebrauchshundewesen

Jeder Jungjäger, der einen Hund abführen will, sollte sich an einen Jagdhundeverein wenden, der sich auch mit der Ausbildung von Hundeführern befaßt.

Die Dachorganisation der Jagdgebrauchshundevereine ist der *österreichische Jagdgebrauchshunde-Verband (ÖJGV)*. Wer einen Hund erwirbt, soll dies nur über einen Verein tun, der dieser Dachorganisation angeschlossen ist. Solche Hunde haben eine Ahnentafel, in der die Vorfahren mit den Prüfungen, die sie abgelegt haben, verzeichnet sind. Je besser die Prüfungszensuren der Vorfahren sind, umso mehr darf natürlich von den Nachkommen erwartet werden. Den letzten Ausschlag aber geben immer die Qualitäten des Abrichters.

Abrichtungsgegenstände

162 Oberländer-Apportierbock, Strohbock, Kettenhalsband, Zwille, Führungsleine, Doppelpfeife, Dressurhalsband, Feldleine. Seit mehreren Jahren ist als zusätzliches Hilfsmittel das »Teletakt-Gerät« dazugekommen. Wer mit den obigen Abrichtungsgegenständen richtig umzugehen weiß, benötigt diese technische Hilfsmittel nicht. Die Zwille reicht fast ebensoweit, und wenn der Hund einmal auf den Triller der Doppelpfeife auch auf Entfernung »down« geht, ist die Grundlage für eine perfekte Dressur geschaffen.

163 Schweißriemen, Schweißhalsung, ausgestopfte Rehdecke, ausgestopfter Kaninchenbalg, Bringsel, selbstgefertigter viereckiger Holzbock, ausgestopfter Fuchsbalg.

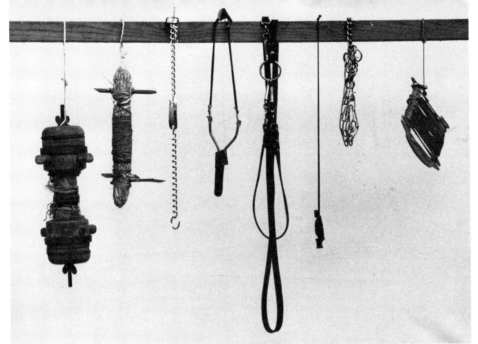

162

163

Organisation des Jagdhundewesens

Österreichischer Kynologenverband (ÖKV)
Johann Teufel-Gasse 8, 1238 Wien

wacht in Österreich über die Haltung, Zucht und Abrichtung von Hunden, vertritt Österreich international in kynologischen Belangen und führt seit mehr als 100 Jahren das Österreichische Hundezuchtbuch (ÖHZB), in welchem alle seit dieser Zeit in Österreich reinrassig gezüchteten Hunde erfaßt sind. Der ÖKV bildet weiters Formwertrichter aus, die auch Jagdhunde bei Pfostenschauen (Formwertbeurteilung), Vereinszuchtschauen und Internationalen Hundeausstellungen bewerten.

Österreichischer Jagdgebrauchshundeverband (ÖJGV)
p. A. Frau Generalsekretär Kettner
Döblinger Hauptstraße 33, 1190 Wien

ist die Dachorganisation aller österreichischen Jagdhundevereine. Er hält ständigen Kontakt zu 24 Rassenzuchtvereinen (die 36 Jagdgebrauchshunderassen betreuen) und zu 11 Prüfungsvereinen.

Der ÖJGV bildet Leistungsrichter aus, veranstaltet Jagdhundeprüfungen, organisiert Jagdhundevorführungen, und seine wahrscheinlich wichtigste Tätigkeit ist die Führung des **Österreichischen Leistungsbuches für Jagdhunde (ÖLBJ)**.

In das ÖLBJ werden einerseits Hunde, die die höchstwertige Prüfung jeder Rasse oder Rassengruppe bestehen, eingetragen, weiters Vorstehhunde, die verschiedene Sonderprüfungen (z. B. Bringtreue, erschwerte Schweiß-, Lautstöber-, Verlorenbringer-, Mannschärfe-Prüfung) bestehen. Andererseits werden auch die Hundeführer, die erfolgreich eine Gebrauchs-, Haupt- oder Vollgebrauchsprüfung absolviert haben, im ÖLBJ festgehalten und mit dem **Jagdhundeführer-Abzeichen (JHFA)** ausgezeichnet. Für sieben erfolgreiche Führungen, wobei mit einem Hund nur zwei Stufen des JHFA erreicht werden können, wird der Titel **Meisterführer (Mf)** verliehen. Weiters verleiht der ÖJGV besonders erfolgreichen Hunden den Titel **Österreichischer Jagdhunde-Prüfungs-Sieger (ÖJPS)**.

Rassezuchtvereine: Sie sind für die Zucht und Prüfung von Hunden einer oder mehrerer Rassen, die im ÖHZB eingetragen sein müssen, verantwortlich. Sie erstellen die Zuchtordnung und Prüfungsordnung für diese Rasse(n), betreuen und beraten ihre Mitglieder, halten Hundeführerkurse für Jungjäger und Hundebesitzer ab und führen, je nach Rasse, bestimmte Sonderprüfungen durch.

Zu den 24 Rassezuchtvereinen zählen z. B.: „Klub Dachsbrakke", „Österreichischer Schweißhundeverein" (ÖSV), „Österreichischer Kurzhaarklub" (ÖKK), „Österreichischer Jagdspaniel Klub", „Österreichischer Dachshundeklub" (ÖDHK).

Prüfungsvereine: Fördern durch Abhaltung von Hundeführer-kursen und sonstigen Veranstaltungen das Jagdwesen und halten Prüfungen für Hunde aller Rassen ab. Als Prüfungen werden Jugend-, Anlagen-, Leistungs- und Gebrauchsprüfungen durchgeführt.

Zu den 11 Prüfungsvereinen zählen z.b.: „Burgenländischer Jagdhunde-Prüfungsverein", „Kärntner Jagdhundeprüfungsverein", „Tullner Jagdklub und Umgebung", „Jagdhundeprüfungsverein Linz", „Steirischer Jagdhundeprüfungsverein", „Jagdgebrauchshundeklub Salzburg".

Abkürzungen der Jagdhunderassen in Österreich:

Brandlbracke	BrBr
Steirische Rauhhaarbracke	StrBr
Tiroler Bracke	TiBr
Dachsbracke	DBr
Beagle	BG
Basset Hound	BasH
Berner Laufhund	BL
Bayrischer Gebirgsschweißhund	BGS
Hannoveraner Schweißhund	HS
Deutsch Kurzhaar	DK
Deutsch Langhaar	DL
Kleiner Münsterländer	KlMü
Großer Münsterländer	GrMü
Deutsch Drahthaar	DDr
Pudelpointer	PP
Cesky Fousek	CF
Langhaar Weimaraner	WL
Kurzhaar Weimaraner	WK
Magyar Vizsla	UngK
Drahth. Ungar. Vorstehhund	UngR
English Setter	ES
Irish Setter	IS
Gordon-Setter	GS
Pointer	P
Epagneul Breton	EpB
Deutscher Wachtelhund	DW
Cocker Spaniel	CS
Springer Spaniel	SS
Labrador Retriever	LabR
Golden Retriever	GolR
Rauhhaariger Dachshund	RD
Langhaariger Dachshund	LD
Kurzhaariger Dachshund	KD
Deutscher Jagdterrier	JgdT
Drahthaariger Foxterrier	rhF
Glatthaariger Foxterrier	ghF

Fragen:

170 Bei welchen Formen der Jagdausübung ist die Hundeführung unerläßlich?

171 Welche Eigenschaften muß ein Jagdhund haben?

172 Welche Hunde müssen bei der Schalenwildjagd verfügbar sein?

173 Welche ist die verbreitetste Stöberhunderasse?

174 Welcher Schweißhund ist in Österreich am weitesten verbreitet?

175 Welche Erdhundrassen gibt es?

176 Welche medizinischen Maßnahmen sind bei der Welpenaufzucht zu beachten?

177 Warum ist zu viel Knochenfütterung gefährlich?

178 Welche Krankheiten werden durch rechtzeitige Impfungen verhindert?

179 Welcher angeborene Fehler ist der häufigste Zuchtausschlußgrund?

180 Was ist oberstes Gesetz bei Erziehung, Abrichtung und Führung des Hundes?

181 In welchem Alter kann mit der eigentlichen Abrichtung begonnen werden?

Waffen

Allgemeines, gesetzliche Grundlagen

Waffen sind Gegenstände, mit denen der Mensch seine körperlichen Fähigkeiten für Kampf oder Jagd verstärkt. Eine klare Scheidung in Jagdwaffen einerseits und Kriegswaffen andererseits ist nicht möglich. Aus der jägerischen Tradition werden aber nur solche Waffen für die Jagdausübung verwendet (und vom Gesetzgeber dafür zugelassen), die weder zu übermächtig und wahllos, noch zu schwach und (daher) tierquälerisch wirken (Dynamitladungen, Harpunen, Steinschleudern sind wohl Waffen, aber bei uns keine Jagdwaffen). Fallen gehören begrifflich und gesetzlich nicht zu den Waffen, unterliegen aber vergleichbaren Einschränkungen. Welche Waffen der Jäger zur Jagd verwenden darf und welchen Einschränkungen er dabei unterliegt, richtet sich nach den Jagdgesetzen der Länder.

Schußwaffen

Schußwaffen im Sinne des Waffengesetzes sind Geräte, die zum Angriff, zur Verteidigung, zum Sport, Spiel oder zur Jagd bestimmt sind und bei denen Geschosse durch einen Lauf getrieben werden.

Verbote

Verboten sind Schußwaffen, die über das für Jagd- und Sportzwecke allgemein übliche Maß zusammengeklappt, zusammengeschoben, verkürzt oder schnell zerlegt werden können.
Verboten sind auch Flinten mit einer Gesamtlänge von weniger als 90 cm oder mit einer Lauflänge von weniger als 45 cm; Schußwaffen mit Schalldämpfern oder Scheinwerfern; Waffen, aus denen ohne Verwendung von Patronen Flüssigkeiten oder Gase verschossen, verspritzt oder versprüht werden können; weiters „Schlagringe", „Totschläger", „Stahlruten" als Hiebwaffen und „Springmesser" und „Fallmesser" als Stichwaffen.
Inhaber gültiger Jagdkarten sind lt. Waffengesetz vom Verbot des Besitzes von Spring- und Fallmessern ausgenommen.
Verboten sind auch Nachbildungen (Attrappen) einer Waffe, die einen Mißbrauch befürchten lassen.

Langwaffen

Langwaffen sind Schußwaffen von mehr als 60 cm Gesamtlänge (Schrotflinten ab 90 cm Gesamtlänge) und können von Inhabern einer gültigen Jagdkarte frei erworben werden. Andere Personen müssen bei der Behörde für den Erwerb oder Besitz von Langwaffen um einen Waffenschein ansuchen.

Das Schrotgewehr (die Flinte)

Die Flinte ist eine Handfeuerwaffe, die so konstruiert ist, daß mit einem schnellen und nicht genau gezielten Schuß auch bewegliche Ziele auf mäßige Entfernung (ca. 10—40 m) getroffen werden können. Dazu werden eine größere Anzahl kleiner, runder Geschosse (Schrote) aus einem glatten Lauf gleichzeitig verschossen. Wird die Entfernungsbegrenzung beachtet und treffen möglichst mehrere Schrote das Ziel, so wirkt der Schrotschuß schnell und sicher tödlich.

Der Lauf: Der Lauf der Flinte, der als Schrotlauf auch in kombinierten Waffen anzutreffen ist, ist eine glatte Röhre, die sich vom Patronenlager zur Mündung leicht verjüngt.

Das Patronenlager: Es ist zur Aufnahme von Schrotpatronen mit 65 mm oder 70 mm Hülsenlänge eingerichtet; das häufige Verschießen von Patronen mit jeweils nicht passenden Hülsenlängen ist gefährlich, lediglich Patronen mit 67,5 mm Hülsenlänge können unbesorgt aus Patronenlagern für 65 mm oder 70 mm Hülsenlänge verschossen werden. (Achtung: „Magazin" = 76 mm lang.)

Choke: Im Bereich der Mündung ist der Schrotlauf i. d. R. verengt (Choke): Je stärker die Verengung ist, desto enger hält die Schrotgarbe nach Verlassen des Laufes zusammen. Das geht von der *Zylinderbohrung* (praktisch ohne Verengung) über den ¼-, ½- *und* ¾-*Choke-* bis zur *Voll-Choke* oder „Würgebohrung". Jagdlich mindert eine zu enge Bohrung die Gebrauchsfähigkeit der Flinte: Sie gibt ihr die erwünschte Streuung erst in einer Entfernung, in der die Wirksamkeit der Schrote nachläßt, während sie im näheren Bereich die Schrotgarbe zu eng zusammenhält. *Flinten mit Voll-Choke* in beiden Läufen findet man daher sinnvoll nur für das sportliche *Trapschießen* („Trapflinten"), während Flinten für das sportliche *Skeetschießen* auf beiden Läufen *offen (meist ¼-Choke) gebohrt* sind.

Für den jagdlichen Gebrauch (und auch für das jagdliche Tontaubenschießen, wo Trap und Skeet mit einer Flinte zu schießen sind), liegt die Bohrung zweckmäßigerweise in keinem der beiden Extrembereiche.

Jagdlich sinnvoll ist der Voll-Choke nur in Ausnahmefällen, z. B. für sehr hoch streichende Gänse und Enten oder den Fuchs am Luderplatz. Traditionell werden bei uns Doppel-Flinten angeboten, deren rechter (bei Bockflinten: unterer) Lauf offener gebohrt ist, als der linke (bzw. obere) Lauf. Diese Anordnung stammt aus einer Zeit, als die Suchjagd auf Rebhühner und Hasen als gängigste Jagdart galt: Bei ihr schießt man mit dem ersten Schuß auf eine nähere, mit dem zweiten auf eine weitere Entfernung.

Laufdurchmesser: Er wird nicht in Millimetern gemessen, sondern (nach einem alten, aus England stammenden System) nach der Zahl der Blei-Rundkugeln dieses Durchmessers, die auf ein englisches Pfund (453,6 g) gehen. Bei einem größeren Durchmesser sind es weniger, bei einem kleineren mehr. Die Kaliber 12, 16 und 20 sind die bei uns häufigen Kaliber, seltener kommen die Kaliber 8, 10, 24, 28 und 32 (amerik. „410") vor.

164 Schrotpatronen mit verschiedenen Zwischenmitteln Unter »Zwischenmittel« versteht man den Bestandteil der Schrotpatronen, der zwischen Pulver- und Schrotladung angeordnet ist. Links eine moderne Konstruktion mit Becherpfropfen, rechts die herkömmliche Konstruktion mit Filzpropfen und Kartonblättchen über dem Pulver und unter dem Schrot.

165 Die drei wichtigsten Schrotkaliber. Kal. 12 entspricht dem Durchmesser einer Bleikugel, von der zwölf auf ein englisches Pfund gehen, Kal. 16 dem Durchmesser einer Bleikugel, von der sechzehn auf ein englisches Pfund gehen usw. Je höher also die Zahl wird, um so kleiner wird das Kaliber. Kaliber über 12 und unter 20 sind bei uns kaum mehr gebräuchlich.

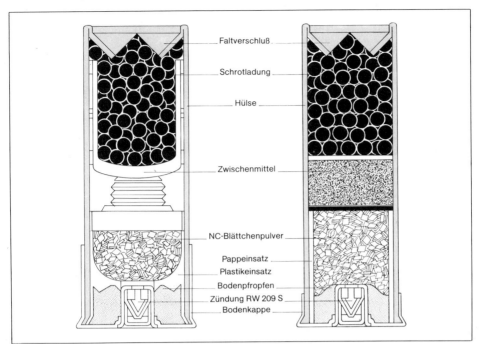

164

← 18,2 mm →
Kal. 12

← 16,8 mm →
Kal. 16

←15,7 mm→
Kal. 20

Faltverschluß
Schrotladung
Hülse
Zwischenmittel
NC-Blättchenpulver
Pappeinsatz
Plastikeinsatz
Bodenpfropfen
Zündung RW 209 S
Bodenkappe

165 **Schrotpatronen:** Sie enthalten (meist in einer Hülse aus Pappe oder Plastik) *Zündhütchen, Pulver, Zwischenmittel* („Pfropfen") und *Schrot.* Sie sind entweder mit einem *Faltverschluß* vorne verschlossen oder mit einem *gebördelten Rand,* der das *Deckblättchen* hält. Dieses trägt meistens die Bezeichnung der Schrotgröße, entweder in mm oder als *Schrotnummer* — oder beides. In Österreich entspricht z. B. Schrot Nr. 12 = 2½ mm, Nr. 10 = 3 mm, Nr. 8 = 3½ mm usw. *Achtung:* Die Schrotnummern sind international nicht einheitlich — daher Vorsicht bei ausländischen Marken, sofern sie nicht die Schrotstärke in mm auf dem Deckblatt oder der Hülse tragen. Ebenfalls auf der Hülse angegeben muß die Länge der Hülse (in aufgefaltetem Zustand) sein, sofern sie 65 mm übersteigt.

Die wichtigsten Schrotstärken

Bezeichnungen (Nr.) in				
Österreich	*BRD, USA Frankreich*	*Schweden*	*∅ mm*	*Jagd auf*
12	7	1	2,5	Kleineres Flugwild, Kaninchen
10	5	3	3	Größeres Flugwild (Ente, Fasan), Hase
8	3	5	3,5	Hase, Fuchs
6	1	7	4	Auerhahn, Dachs, Gans

Schrote: Sie bestehen meist aus einer Bleilegierung (Hartblei), zuweilen verkupfert oder vernickelt, neuerdings auch gelegentlich aus Stahl. Letztere haben ganz andere ballistische Eigenschaften als Bleischrote, sind aber in manchen Gegenden der USA zur Wasserjagd vorgeschrieben, damit sich die Wildenten beim „Gründeln" nicht eine Bleivergiftung holen. Die Zahl der Schrote in der Patrone schwankt je nach Kaliber, Schrotgröße und Verwendungszweck.

Reichweite: Man sollte sich folgende *Faustregel* merken:

2,5 mm Schrot tötet wirksam auf 25 m und gefährdet den Hintergrund bis auf 250 m. 3 mm-Schrot 30 m und 300 m, 3,5 mm-Schrot 35 m und 350 m. Tatsächlich gefährdet feineres Schrot das Hinterland etwas weniger weit, gröberes Schrot etwas weiter, als es die Faustregel angibt.

Posten: Enthält die Schrotpatrone nur wenige Schrotkugeln von 5 (und mehr) mm Durchmesser, so spricht man von „Posten". Sie wurden früher (auch) bei uns zum Schuß auf Schalenwild verwendet; heute ist das verboten.

Flintenlaufgeschoß: Es ist ein einzelner zylindrischer Körper, der statt der Schrotladung verschossen wird. Manche Schrotläufe verschießen ihn mit ausreichender Präzision bis auf 60 m, dann erfüllt er durchaus seinen Zweck z. B. auf der Saujagd. In Staaten, wo Büchsenläufe für den normalen Bürger nicht erlaubt sind, wird heute noch das meiste Schalenwild damit erlegt. Sonst dient er eher zum Fangschuß oder als Notbehelf.

Das Kugelgewehr (Die Büchse)

Die Büchse ist eine *Handfeuerwaffe,* die so konstruiert ist, daß ein Einzelgeschoß („Kugel") mit großer Präzision auf größere Entfernung ins Ziel gebracht werden kann. Das Geschoß verliert dabei zwar etwas an Energie, wirkt aber bis an das Ende seiner Flugbahn (u. U. 6—8 km) möglicherweise tödlich. Die Schußentfernung wird daher weniger durch die Reichweite des Geschosses als vielmehr durch die nachlassende Präzision bestimmt.

Streuung: Selbst aus einem Schießgerät (also unter Ausschaltung von möglichen Fehlern des Schützen) abgefeuerte Büchsenschüsse haben auf 100 m Entfernung eine „Streuung" von 3—5 cm (hervorragende Leistung), die sich auf weitere Entfernung überproportional vergrößert.

Schußentfernung: Die jagdlich vertretbare Schußentfernung richtet sich nach der Größe des Wildes und den Umständen der Schußabgabe: Um stehend freihändig ein Rehkitz sauber hinter das Blatt zu schießen, kann 60 m schon weit sein. Die in den Schußtafeln vorkommende Entfernung von 300 m gilt nur für sehr erfahrene Schützen — und das nur unter den günstigsten Schußverhältnissen.

166 Ermitteln der günstigsten Einschußentfernung.
Das Geschoß steigt, wenn es den Lauf verlassen hat. Bei C kreuzt es die Visierlinie und fällt nach dem Erreichen eines Höhepunktes wieder. Beim Punkt B kreuzt es die Visierlinie wieder. Wenn man das Zielfernrohr, dessen Sichtlinie ja nicht der Visierlinie entspricht, weil es höher montiert ist, auf diesen Punkt einstellt, ist das Gewehr auf die günstigste Einschußentfernung eingestellt, bei der die Geschoßparabel bei jagdlich normalen Entfernungen die geringsten Abweichungen von der Ziellinie hat. Diese »günstigste Einschußentfernung« (GEE) wird in den ballistischen Tabellen für die Patronen angegeben.

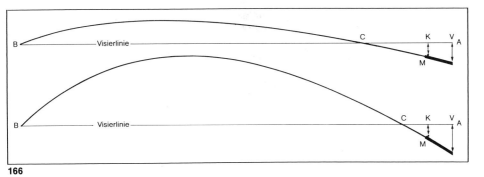

Einschußentfernung: Das Büchsengeschoß beschreibt bei seinem Flug eine Parabel, die die *Visierlinie zweimal schneidet:* Einmal in der Nähe der Mündung, einmal in der Entfernung, auf die die Büchse „eingeschossen" ist. *„Einschießen"* bedeutet die Visiereinrichtung (Zielfernrohr) der Büchse auf den Punkt einzustellen, den das Geschoß bei gegebener Entfernung trifft.

Wirkung: Sie wird durch mehrere Faktoren bestimmt.

Die Geschoßenergie (Geschoßgewicht × Geschoßgeschwindigkeit am Auftreffpunkt) wird beim Auftreffen und Durchqueren des Wildkörpers weitgehend, bei Geschossen, die im Wildkörper steckenbleiben (,,kein Ausschuß"), völlig an diesen abgegeben. Bei genügend hoher Geschwindigkeit des Geschosses im Ziel führt das Eindringen und (praktisch gleichzeitige) Verlassen des Geschosses im Wildkörper zu einem „paarigen Schock", der blitzartig töten kann. Während Vollmantelgeschosse, wie sie vom Militär verwendet werden, so konstruiert sind, daß sie auch Hindernisse durchschlagen können und den Gegner möglichst kampfunfähig machen, sind die jagdlichen Büchsengeschosse so konstruiert, daß sie

● auf unverdecktes Wild abgefeuert

● möglichst sofort töten oder — bei schlechten Schüssen — das Wild so verletzen, daß es schnell gefunden und erlöst werden kann,

● trotzdem eine Verwertung des erlegten Wildes ermöglichen.

Jagdgeschosse: Die aus den (für militärischen Gebrauch verbotenen) Dum-Dum-Geschossen weiterentwickelten Konstruktionen sind so gebaut, daß sie

● präzise treffen,

● eine angemessen große Wunde im Wildkörper verursachen,

● viel Energie an ihn abgeben (Vergrößerung des Querschnitts durch Aufstauchen und/oder Splitterwirkung)

● möglichst Ausschuß liefern (eine Außenwunde beim Verlassen des Wildkörpers), damit das geschossene Wild auch dann gefunden werden kann, wenn es vom „Anschuß" (= Ort, wo es getroffen wurde) noch wegflüchten sollte.

Kaliber: Die jagdlichen Büchsengeschosse haben *Kaliber* (= *Geschoßdurchmesser)* zwischen 5,6 und 11,5 mm, wobei die kleinsten Kaliber für kleinere Wildarten (bis höchstens zum Reh), die größten für schwerstes außereuropäisches Wild (Büffel, Elefanten) konstruiert sind.

Die Jagdgesetze stellen Mindestanforderungen an Büchsenpatronen, z. B. Tirol für Rot- und Steinwild 2300 Joule, für das übrige Schalenwild 980 Joule auf 100 m.

NÖ verbietet, Schalenwild, Murmeltiere und Trapphahnen mit Schrot, Posten und gehacktem Blei sowie mit Randfeuerpatronen und mit Zentralfeuerpatronen, deren Hülsen kürzer als 40 mm sind oder deren Kaliberdurchmesser unter 5,5 mm liegt, zu beschießen.

Leistungsdaten: Sie sind für die verschiedenen Kaliber und Laborierungen (= Geschoß und Treibladung) in Schußtafeln (Ballistischen Tabellen) festgehalten, die von der Industrie herausgegeben werden. Die Jagdbüchsenpatronen werden dabei nach dem metrischen System und/oder nach britisch/amerikanischer Weise bezeichnet.

Metrisches System (Beispiel): 5,6 × 50 Magnum bzw. 9,3 × 74 R. Die Zahl 5,6 bzw. 9,3 bezeichnet das *Kaliber* (Nennkaliber) = abgerundeter Wert, der irgendwo zwischen Geschoßdurchmesser, Zug- und Feldkaliber liegt (s. Abb.). Die Zahl 50 bzw. 74 bezeichnet die Länge der Patronenhülse. (Auch hier nur grob: Tatsächlich ist die Hülse um Millimeterbruchteile kürzer, um Fertigungstoleranzen auszugleichen.) Die Bezeichnung „Magnum" ist einfach ein zusätzlicher Beiname (nach britisch/amerikanischem Muster), andere Beinamen wie „vom Hofe" oder „M. Sch." (Mannlicher-Schönauer) weisen auf den Erfinder oder die ursprüngliche Herstellerfirma hin. Der Buchstabe „R" besagt, daß es sich um eine Hülse mit Rand handelt (häufig für Kipplaufbüchsen).

Achtung: Unter keinen Umständen Patronen aus Büchsen verschießen, die nicht genau passen! Meist wird es technisch gar nicht möglich sein, außer bei sehr ähnlichen Patronen — um so größer ist dort die Gefahr: Eine Patrone 8 × 57 JRS aus einer Büchse 8 × 57 JR zu verschießen ist lebensgefährlich! (Gefahr der Laufsprengung — das S-Geschoß hat einen etwas größeren Durchmesser!)

Britisch/amerikanisches System (Beispiel): 243 Win. bzw. 375 H&H Magnum. Die Zahlen 243 bzw. 375 bezeichnen das *Nennkaliber* (in tausendstel Zoll, bei zweistelligen Zahlen in hundertstel Zoll), die Namen (oder Zahlen) dahinter sind Hersteller- oder Phantasienamen, die (keine Angaben über Hülsenlänge!) zur weiteren Unterscheidung dienen. Auch hier müssen natürlich Waffe und Geschoß genau zueinander passen. In Zweifelsfällen den Büchsenmacher fragen!

Laborierung: Patronen derselben Bezeichnung (z. B. 7 × 64) haben Unterarten mit unterschiedlicher Ladung und unterschiedlichem Geschoßgewicht, die aus ein- und derselben Waffe verschossen werden können. Diese „Laborierung" kann man wechseln, je nachdem welche Wildart man bevorzugt bejagen möchte und/oder je nachdem, mit welcher Laborierung die

Ballistische Daten gebräuchlicher Jagdbüchsenpatronen

Kaliber	Fabrikat	Geschoßgewicht	Geschoßart	Fluggeschwindigkeit in m/sec			Geschoßenergie in Joule (1 Joule 0,102 Kpm)			Treffpunktlage in cm zur Visierlinie bei ○ Fleckschuß			GEE in m	Treffpunktlage in cm zur Visierlinie bei GEE-Fleckschuß durch das Zielfernrohr — GEE = Günstigste Einschieß-Entfernung					Gasdruck ca. bar
				V_0	V_{100}	V_{200}	E_0	E_{100}	E_{200}	50 m	100 m	150 m		50 m	100 m	150 m	200 m	300 m	
22 Winchester Magnum	Winchester	2,6	Teilm.-Hohlsp.	615	430		491	245		+4,0	○	−16,0	100	+3,0	○	−14,0	—	—	1800
22 Hornet*	RWS	3,0	Teilmantel	740	560	425	824	471	275	+2,5	○	−9,5	135	+3,0	+3,5	−3,0	−20,0	—	2800
222 Remington	Frankonia Jagd	3,24	Teilmantel	970	785	625	1524	998	633	+1,0	○	−4,0	185	+4,0	+4,0	+2,5	−2,5	−36,0	3200
	Hirtenberger	3,56	Nosler	935	810	690	1556	1168	847	+1,0	○	−3,5	190	+0,7	+3,5	+3,0	−1,5	−28,0	3200
5,6×50 Magnum	RWS	3,24	Teilmantel-S	1095	915	755	1942	1354	922	±0	○	−3,0	210	+0,5	+4,0	+4,0	−1,0	−19,0	3300
5,6×50 R Magnum	RWS	3,24	Teilmantel-S	1070	890	740	1854	1285	883	+0,5	○	−3,0	205	+1,0	+4,0	+4,0	+0,5	−20,0	3000
	Hirtenberger	3,6	Nosler	1000	860	734	1800	1331	970	+0,5	○	−3,0	195	+1,0	+4,0	+3,5	−0,5	−24,0	3000
5,6×52 R Savage	Norma	4,6	Teilmantel-S	850	700	580	1667	1128	765	+0,5	○	−3,0	200	+0,5	+4,0	+4,0	0	−22,0	3000
5,6×57	RWS	4,8	Kegelspitz	1040	920	805	2600	2031	1560	±0	○	−3,0	215	+0,5	+3,5	+4,0	+1,5	−16,0	3800
5,6×57 R	RWS	4,8	Kegelspitz																3800
243 Winchester	Sellier & Bellot	6,5	Teilmantel-S	905	770	665	2662	1927	1437	+0,6	○	−4,0	180	+1,0	+4,0	+3,0	−3,0	−31,0	3600
	RWS	6,2	Kegelspitz	955	840	740	2825	2195	1700	+0,5	○	−4,0	190	+1,0	+4,0	+3,0	−1,5	−25,0	3600
	Hirtenberger	6,2	Nosler	940	845	756	2739	2213	1772	+0,6	○	−4,6	190	+1,0	+4,0	+3,5	−1,5	−23,0	3600
	Remington	5,2	Power-Lokt	1042	909	789	2815	2139	1609	+0,5	○	−3,7	190	+0,5	+3,2	+3,3	−1,2	−22,0	3600
	Sako	5,8	Teilmantel-S	955	860	775	2640	2140	1740	+0,6	○	−4,5	190	+1,0	+3,5	+3,1	−1,5	−23,0	3600
6,5×57	Hirtenberger	8,1	Nosler	865	795	730	3030	2560	2158	+1,0	○	−5,0	185	+1,8	+3,8	+3,0	−2,0	−26,0	3400
	RWS	8,2	Kegelspitz	870	795	715	3100	2590	2099	+1,0	○	−5,0	175	+1,5	+4,0	+2,5	−3,5	−30,0	3400

Kaliber	Fabrikat	Geschoßart	Geschoßgewicht	Fluggeschwindigkeit in m/sec			Geschoßenergie in Joule (1 Joule 0,102 Kpm)			Treffpunktlage in cm zur Visierlinie bei ○ Fleckschuß			GEE in m	Treffpunktlage in cm zur Visierlinie bei GEE-Fleckschuß durch das Zielfernrohr (GEE — Günstigste Einschieß-Entfernung)					Gasdruck ca. bar
				V_0	V_{100}	V_{200}	E_0	E_{100}	E_{200}	50 m	100 m	150 m		50 m	100 m	150 m	200 m	300 m	
6,5 × 57 R	RWS	Kegelspitz	8,2	845	770	695	2923	2433	1982	+1,0	○	– 5,5	175	+1,5	+4,0	+2,5	– 3,5	– 30,0	2900
	Sellier & Bellot	Teilmantel	8,5	775	690	626	2551	2021	1668	+1,2	○	– 7,0	150	+2,5	+4,9	○	– 10,4	– 51,0	2900
6,5 × 68	Hirtenberger	Nosler	8,1	950	865	790	3655	3030	2528	+0,5	○	– 3,5	195	+1,0	+3,0	+3,5	– 0,5	– 24,0	3800
	RWS	Kegelspitz	8,2	960	875	795	3777	3139	2590	+0,5	○	– 4,0	200	+1,0	+4,0	+3,5	○	– 21,0	3800
.270 Winchester	Remington	Coré-Lokt	8,4	948	861	780	3787	3129	2560	+0,5	○	– 3,9	185	+0,5	+3,5	+3,0	– 2,0	– 24,0	3600
7 × 57	RWS	Teilmantel-R	9,0	780	670	565	2737	2020	1432	+1,5	○	– 8,0	150	+2,0	+4,0	○	– 10,0	– 53,0	3400
	RWS	Brenneker TIG	10,5	800	705	635	3365	2609	2119	+1,5	○	– 6,5	155	+1,5	+4,0	+0,5	+ 7,5	– 42,0	3400
7 × 57 R	RWS	Kegelspitz	8,0	890	780	585	3168	2434	1877	+1,0	○	– 4,5	180	+1,5	+4,0	+3,0	– 3,0	– 30,0	3000
	RWS	H-Mantel Kupferhohlsp.	11,2	750	675	610	3149	2551	2080	+1,5	○	– 7,0	155	+2,0	+4,0	+0,5	– 9,0	– 44,0	3000
7 × 64	RWS	Kegelspitz	8,0	970	855	750	3764	2924	2250	+0,5	○	– 4,0	200	+1,0	+4,0	+4,0	○	– 22,0	3600
	Hirtenberger	ABC	10,0	820	720	627	3362	2592	1966	+0,6	○	– 5,0	165	+1,5	+4,0	+1,5	– 6,5	– 42,0	3600
	RWS	Kegelspitz	10,5	880	795	720	4061	3316	2717	+0,5	○	– 5,0	180	+1,5	+4,0	+2,5	– 2,5	– 27,0	3600
	RWS	Brenneke TIG	10,5	880	770	700	4061	3110	2570	+1,0	○	– 5,5	175	+1,5	+4,0	+2,5	– 3,5	– 31,0	3600
	RWS	H-Mantel Kupferhohlsp.	11,2	850	765	690	4042	3277	2668	+1,0	○	– 5,5	170	+1,5	+4,0	+2,0	– 4,5	– 31,0	3600
7 × 65 R	RWS	Brenneke TIG	11,5	865	795	735	4307	3630	3110	+0,5	○	– 4,5	180	+1,0	+4,0	+2,5	– 2,5	– 27,0	3600
	Hirtenberger	ABC	10,0	800	700	607	3200	2450	1842	+0,7	○	– 5,6	160	+1,5	+4,0	+1,0	– 7,5	– 43,0	3300
	RWS	Kegelspitz	10,5	860	775	700	3885	3149	2570	+1,0	○	– 5,5	175	+1,5	+4,0	+2,5	– 3,5	– 30,0	3300
	RWS	Brenneke TIG	10,5	870	760	690	3973	3031	2502	+1,0	○	– 5,0	175	+1,5	+4,0	+2,5	– 3,5	32,0	3300
	RWS	H-Mantel Kupferhohlsp.	11,2	830	750	675	3855	3149	2551	+1,0	○	– 6,0	165	+1,5	+4,0	+1,5	– 5,5	– 33,0	3300

		g																	
7 mm Remington	RWS	11,5	Brenneke TIG	835	765	705	4012	3365	2855	+ 0,5	O	− 5,0	175	+ 1,0	+ 4,0	+ 2,5	− 3,5	30,0	3300
	Norma	9,72	Teilm. Spitz	948	855	808	4365	3551	3178	+ 0,5	O	− 4,0	200	+ 0,7	+ 3,6	+ 3,5	± O	− 18,6	3800
308 Winchester (7,62 × 51)	RWS	11,7	Brenneke TUG	780	690	615	3541	2786	2217	+ 3,5	O	− 6,5	155	+ 3,0	+ 4,0	+ 0,5	− 8,0	− 46,0	3600
30/06 Springfield (7,62 × 63)	RWS	11,7	Brenneke TUG	840	745	665	4130	3267	2590	+ 1,0	O	− 5,5	165	+ 1,5	+ 4,0	+ 2,0	− 5,0	− 36,0	3400
8 × 57 J	Norma	12,7	Teilmantel-R	770	660	561	3756	2766	2001	+ 1,5	O	− 7,1	140	+ 1,5	+ 3,5	− 1,5	− 12,0	−	3300
8 × 57 IR	RWS	12,7	Teilmantel-R	710	607	517	3198	2335	1697	+ 1,9	O	− 8,5	140	+ 2,0	+ 3,8	− 2,0	− 15,0	−	2800
8 × 57 IS	RWS	12,1	H-Mantel Kupferhohlsp.	820	730	650	4071	3227	2560	+ 1,0	O	− 6,0	160	+ 1,5	+ 4,0	+ 1,0	− 6,5	− 38,0	3400
	RWS	12,8	Brenneke TIG	800	700	625	4101	3139	2502	0,0	O	− 6,5	160	+ 1,5	+ 4,0	+ 1,0	− 7,0	− 42,0	3400
8 × 57 JRS	RWS	12,7	Teilmantel-R	730	625	540	3384	2482	1854	+ 2,0	O	− 9,0	140	+ 2,5	+ 4,0	− 1,5	− 14,0	− 62,0	2900
8 × 68 S	RWS	12,1	H-Mantel Kupferhohlsp.	970	870	775	5690	4581	3630	+ 0,5	O	− 4,0	195	+ 1,0	+ 4,0	+ 3,5	− 0,5	− 20,0	3800
	Hirtenberger	13,0	ABC	875	775	680	4977	3904	3006	+ 0,5	O	− 5,5	175	+ 1,0	+ 4,0	+ 2,0	− 4,0	− 32,0	3800
	RWS	14,5	Kegelspitz	870	780	695	5484	4415	3502	+ 1,0	O	− 5,5	175	+ 1,5	+ 4,0	+ 2,5	− 3,5	− 30,0	3800
9,3 × 62	RWS	18,5	Teilmantel-R	695	605	530	4464	3384	2600	+ 2,0	O	− 9,5	135	+ 2,5	+ 3,5	− 2,5	− 16,0	− 68,0	3400
	RWS	19,0	Brenneke TUG	740	675	625	5199	4326	3708	+ 1,5	O	− 7,0	155	+ 2,0	+ 4,0	+ 0,5	− 8,5	− 46,0	3400
9,3 × 64	RWS	18,5	Teilmantel-R	820	695	605	6220	4464	3384	+ 1,5	O	− 6,5	160	+ 1,5	+ 4,0	+ 1,5	− 7,5	− 45,0	3900
9,3 × 72 R	RWS	12,5	Kupfer Teilm.	615	475	380	2364	1413	983	+ 1,0	O	− 14,0	115	+ 3,0	+ 2,5	− 8,5	− 34,0	− 134,0	1800
9,3 × 74 R	RWS	16,7	H-Mantel Kupferhohlsp.	750	675	605	4699	3806	3061	+ 1,5	O	− 7,5	150	+ 2,0	+ 4,0	O	− 9,5	− 47,0	3000
.375 H & H Magnum (9,55 × 72)	RWS	18,5	Teilmantel-R	695	605	530	4464	3384	2600	+ 2,0	O	− 8,6	135	+ 2,5	+ 3,5	− 2,5	− 16,0	− 68,0	3000
	Winchester	17,5	Teilmantel-R	820	730	646	5886	4670	3649	+ 1,0	O	− 5,7	150	+ 2,0	+ 3,8	O	− 9,0	− 45,0	3800
	Winchester	19,4	Silvertip-Exp.	771	684	603	5778	4552	3532	+ 1,2	O	− 6,5	140	+ 2,0	+ 4,0	− 1,0	− 12,0	− 57,0	3800
404 Rimless (10,72 × 73)	RWS	26,0	Vollmantel-R	705	600	535	6461	4680	3721	+ 2,0	O	− 9,0	140	+ 2,5	+ 4,0	− 1,0	− 25,0	−	3200

jeweilige Büchse am besten schießt. Die Auswahl ist groß. So bietet allein ein Waffenkatalog von drei Herstellerfirmen (und es gibt noch mehr!) insgesamt elf Laborierungen mit Geschoßgewichten zwischen 8,0 g und 11,5 g an. *Achtung:* Patronen verschiedener Laborierung, verschiedener Hersteller, ja selbst unterschiedlicher Fertigungsserien desselben Herstellers und derselben Laborierung müssen keineswegs genau dieselbe Treffpunktlage ergeben! Daher: Bei jedem Neueinkauf, erst recht bei Marken- oder Laborierungswechsel, Kontrollschüsse auf die Scheibe machen! So ist es auch zweckmäßig, Jagdbüchsenpatronen gleich in größeren Portionen (gleiche Fertigungsserie für mehrjährigen Bedarf) einzukaufen.

Der Büchsenlauf: Er unterscheidet sich in seiner Konstruktion vom Flintenlauf vor allem dadurch, daß er das Einzelgeschoß, das durch ihn hindurchgetrieben wird, zu einer Kreiselbewegung zwingt. Durch diese Rotation (= Drehungen um die eigene Längsachse) bleibt auch das Langgeschoß stabil, d. h. es fliegt weiter mit dem vorderen Ende voraus, obwohl sein Schwerpunkt hinter der Mitte liegt. Ein Blick in den Büchsenlauf zeigt die für diesen „Drall" erforderlichen, leicht spiralförmigen *„Züge" und „Felder"* bzw. spiralförmiges vier- oder seckseckiges *„Profil" (Polygonlauf).*

Der Einstecklauf: Ein Kugel- oder Schrotlauf kleinen Kalibers, der in den Lauf einer großkalibrigen Waffe eingeführt wird. Auf diese Weise kann aus der großkalibrigen Waffe eine Patrone kleinen Kalibers verschossen werden.

Praktisch von Bedeutung ist nur der für Flintenläufe der Kal. 12 und 16 gefertigte Einstecklauf für die Kugelkaliber .22 lfB bzw. (heute fast ausschließlich) .22 Winchester Magnum. Vor allem mit Büchsflinten und Drillingen (Zielfernrohr!) kann man damit bis auf 80 m Kaninchen, Tauben, Krähen usw. erfolgreich die „kleine Kugel" antragen. (Nicht mit dem Einstecklauf verwechseln: Wechselläufe!)

Langwaffen-Typen

Die für Flinten- und Büchsenläufe konstruierten Waffen lassen sich in Waffen mit feststehendem Lauf und Kipplaufwaffen einteilen.

Kipplaufwaffen: Hier ist der vordere Teil (Lauf oder Läufe mit Patronenlager, Vorderschaft) mit dem hinteren Teil (Schaft mit Verschluß und System — d. h. den Vorrichtungen, um den Lauf hinten abdichten und die Patronen abfeuern zu können) nur durch ein Gelenk verbunden. Laden und Entladen ist bei geöffneter Waffe möglich, nur die geschlossene („zugeklappte") Waffe ist schußbereit.

Diese Konstruktion ermöglicht es, *nicht nur einen Lauf, sondern zwei und mehr Schrot- und/oder Kugelläufe,* zu einem „Laufbündel" vereinigt, in einer Waffe anzuordnen.

Wechselläufe: Der hintere Teil der Waffe kann wahlweise mit verschiedenen Laufbündeln kombiniert werden.

167 Verschiedene Geschoßtypen. Das Vollmantelgeschoß ist jagdlich kaum verwendbar, weil es sich nicht zertiert und deshalb nur einen geringen Teil seiner Energie an den Wildkörper abgibt. Die übrigen Geschoßtypen pilzen sich auf oder zerteilen sich und geben einen Großteil ihrer Geschoßenergie im Wildkörper ab. Dadurch kommt es bei sauber plazierten Schüssen zum Schocktod. Die Wahl des Geschoßtyps sollte sich nach den Jagdmöglichkeiten richten.

168 Querschnitt durch einen Kugellauf. Links mit Zug- und Feldprofil, rechts mit Polygonprofil.

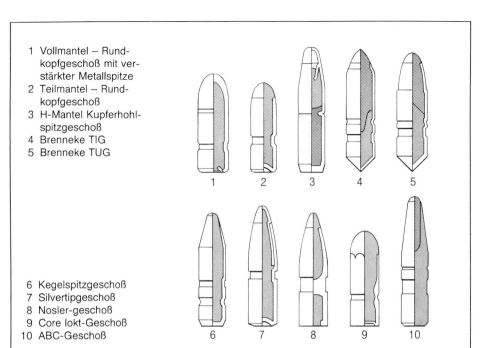

1 Vollmantel – Rund-
  kopfgeschoß mit ver-
  stärkter Metallspitze
2 Teilmantel – Rund-
  kopfgeschoß
3 H-Mantel Kupferhohl-
  spitzgeschoß
4 Brenneke TIG
5 Brenneke TUG

1   2   3   4   5

6 Kegelspitzgeschoß
7 Silvertipgeschoß
8 Nosler-geschoß
9 Core lokt-Geschoß
10 ABC-Geschoß

6   7   8   9   10

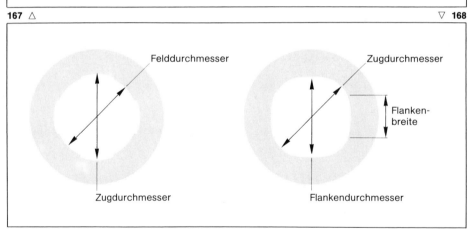

Felddurchmesser   Zugdurchmesser

                                    Flanken-
                                    breite

Zugdurchmesser   Flankendurchmesser

Hahn-Kipplaufwaffe: Bei der einläufigen Hahn-Kipplaufwaffe befindet sich an der Unterseite des Laufes ein Laufhaken, der in eine entsprechende Aussparung im System paßt und dort nach dem Schließen der Waffe fest verriegelt wird. Zum Ver- und Entriegeln dient ein am Systemkasten angebrachter Verriegelungshebel. Im Systemkasten befindet sich weiters ein Schlagbolzen, dessen Spitze auf das Zündhütchen einer Patrone zeigt, sobald diese in das Patronenlager (am hinteren Laufende) eingeführt und die Waffe geschlossen ist. Auf das hintere Ende des Schlagbolzens schlägt der Hahn auf, sofern er zurückgezogen und die ihn bewegende Hahnfeder gespannt wurde, und zwar sobald durch Betätigung des Abzugs die Sperre gelöst wird, die den Hahn in gespannter Stellung hält.

Alle anderen Kipplaufwaffen mit mehreren Läufen, Schlössern, Abzügen usw. sind nur Erweiterungen dieses Grundmodells. Auch die „hahnlosen" Selbstspannerflinten besitzen Hähne (dann „Schlagstücke" genannt), nur daß diese — von außen unsichtbar — im Inneren des Systems liegen. Die Konstruktion von Selbstspanner-Kipplaufwaffen hat die Einführung von „Sicherungen" (s. dort) erforderlich gemacht.

Der größte Vorteil der Kipplaufwaffe ist ihre Sicherheit: Eine aufgeklappte, entladene Kipplaufwaffe ist ungefährlich — es ist dies auch von jedem (einschließlich dessen, der die Waffe führt) auf einen Blick erkennbar. Ihr Hauptnachteil liegt darin, daß der Schütze zum Laden (und Wiederladen) der Waffe ziemlich Raum und Bewegungsfreiheit braucht.

Waffen mit feststehendem Lauf: Sie müssen auch mindestens *einen* beweglichen Teil haben, weil ja sonst die Patrone nicht eingeführt und die Hülse der abgeschossenen Patrone nicht entfernt werden könnte.

Einzellader mit Zylinderverschluß: Der Lauf ist nach hinten um einen halboffenen Teil („Hülse") verlängert, der durch einen drehbaren Zylinder verriegelt wird. Bei geöffnetem und zurückgezogenem Zylinder läßt sich eine Patrone im Patronenlager einführen. Im Zylinder befindet sich der Schlagbolzen mit der Schlagbolzenfeder, die beim Schließen des Zylinderverschlusses gespannt und durch Betätigung des unter dem Verschluß in der Hülse angebrachten Abzuges gelöst wird. Wird der Verschluß wieder geöffnet, so zieht ein Hebel die Patrone (oder abgeschossene Patronenhülse) wieder aus dem Patronenlager heraus.

Repetierbüchsen: Sie sind im Grunde nur Weiterentwicklungen dieser Konstruktion. Das Öffnen und Schließen des Zylinderverschlusses („Kammer") wird dabei meist durch den seitlich hervorstehenden „Kammerstengel" bewirkt. Ein Sicherungsflügel verhindert das unbeabsichtigte Vorschnellen des Schlagbolzens. Zum mehrschüssigen „Repetiergewehr" wird die Waffe dadurch, daß aus einem unter der Hülse angebrachten „Magazin" die jeweils zuoberst liegende Patrone beim Schließen der Kammer in das Patronenlager eingeführt wird.

Selbstladewaffen (Halbautomaten): Der Unterschied zur Repetierbüchse besteht darin, daß der Verschluß nicht mehr von Hand bedient wird, sondern daß dies durch den *Rückstoß bzw. durch den Gasdruck* geschieht, der sich beim Abfeuern eines Schusses ergibt. (Für den ersten Schuß müssen natürlich auch Selbstlader von Hand geladen und der Verschluß geschlossen werden!) Solche „Schnellfeuerwaffen" sind nach den Jagdgesetzen für die Jagdausübung verboten.

Blockverschluß: Eine grundsätzlich andere Konstruktion findet sich bei Waffen mit feststehendem Lauf und Blockverschluß.

169 Laufkombinationen

a Doppelflinte

b Bockdoppelflinte

c Doppelbüchse

d Bergstutzen. Er verbindet einen größer- und einen kleinkalibrigen Kugellauf für den Schuß auf stärkeres Schalenwild und den Schuß auf Raubwild.

e Büchsflinte. Sie wird kaum mehr hergestellt

f Bockbüchsflinte

g Drilling. Er ist die Hauptwaffe des Berufsjägers im Flachland

h Doppelbüchsdrilling

i Bockdrilling

(h) und (i) werden nur wenig gebraucht.

170 Repetierbüchse (Mannlicher-Schönauer) mit Zylinderverschluß. Der Zylinderverschluß wurde aus den Militärwaffen entwickelt und ist besonders robust. Deshalb ist er der bei uns hauptsächlich verwendete Verschluß für Jagdwaffen. Er läßt vor allem im Gegensatz zu den amerikanischen Unterhebelrepetierern weit höhere Patronenleistungen zu.

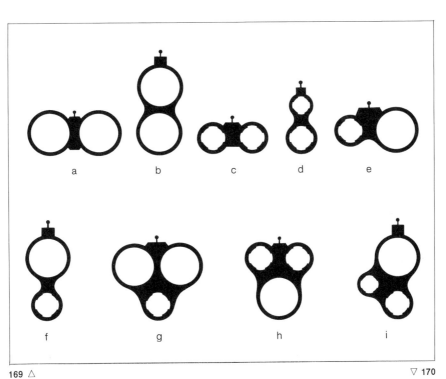

a   b   c   d   e

f   g   h   i

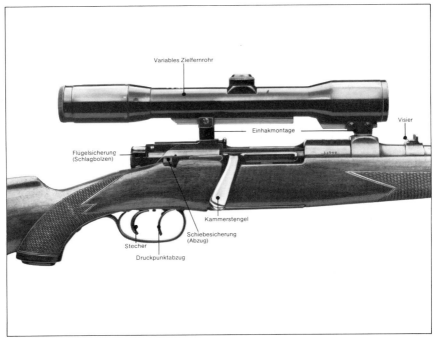

Variables Zielfernrohr

Einhakmontage

Visier

Flugelsicherung
(Schlagbolzen)

Kammerstengel

Schiebesicherung
(Abzug)

Stecher

Druckpunktabzug

Hier entfällt die Verlängerung des Laufes nach hinten, auch wird der Verschluß nicht durch einen in der Längsrichtung des Laufes bewegten Zylinder, sondern durch einen senkrecht zu ihm bewegten Block bewirkt, der auch Schlagbolzen und Schlagbolzenfeder enthält. Sehr elegante und — dank ihrer Kürze — gut ausbalancierte Büchsen werden nach diesem System hergestellt, für schnelle Schußfolgen sind sie freilich wenig geeignet.

Sicherung, Stecher

Einige Gefahrenpunkte, die Waffen mit feststehendem Lauf und Kipplaufwaffen gemeinsam sind, verdienen besonders behandelt zu werden: Die Stecher und die Sicherungen.

Stecher: Fast ausschließlich in Mitteleuropa verbreitete Vorrichtungen, um konstruktionsgemäß verhältnismäßig schwer gängige Abzüge von Büchsen durch „Fingerspitzenberührung" auslösen zu können. Sonst auf der Welt hat man sich bemüht, den Abzug selbst „weicher" zu konstruieren bzw. sich mit härter gehenden Abzügen abgefunden. Es gibt den sog. *„Deutschen" (Doppelzüngel-)Stecher* und den *„französischen" (Rück-)Stecher.* Beiden ist gemeinsam, daß bei ihrer Betätigung in einer zusätzlichen Feder Kraft gespeichert wird, die dann bei einer leichten Berührung des eigentlichen Abzugs frei wird und den Abzug betätigt. Da bei einer „gestochenen" Waffe selbst durch einen gewöhnlichen Stoß der Schuß ausgelöst werden kann, ist sie besonders gefährlich. Problematisch ist z. B. auch das „Entstechen" der Waffe, das heißt, das Überführen der Waffe von einem „gestochenen" in einen „ungestochenen" Zustand, wie es z. B. notwendig werden kann, wenn man die Büchse schon gestochen hatte, aber dann den Schuß doch nicht abgeben kann. Bei der Jägerprüfung wird verlangt, daß man selbst dieses Problem mit nachtwandlerischer Sicherheit praktisch lösen — und das auch vormachen kann!

Sicherungen: Sie wurden erfunden, als Vorderlader und Gewehre mit außenliegenden Hähnen durch modernere Konstruktionen abgelöst wurden. Vom Luntengewehr bis zum Hinterlader-Hahngewehr brauchte man keine Sicherung: So lange die Lunte nicht brannte oder der Hahn „in Ruh" war, konnte die Waffe nicht unbeabsichtigt losgehen — es sei denn, durch eine besondere Verquickung ungünstiger Umstände. Letzteres gilt auch heute noch bei „gesicherten" Gewehren, daher: Nur die ungeladene Waffe ist wirklich „gesichert"!

Das Problem bei allen Sicherungen besteht darin, daß man außen an der Waffe eine Vorrichtung betätigt — und sich dann auf zweierlei verlassen muß: Erstens, daß innen in der Waffe tatsächlich ein Stück Metall an die vorgesehene Stelle bewegt wird, und zweitens, daß dies auch bewirkt, daß sich kein Schuß lösen kann, ehe man die Vorrichtung wieder im Gegensinn betätigt und auf den Abzug drückt.

Flügelsicherung: Sie hat eine eindeutige und unkomplizierte Funktion. Ist der Sicherungsflügel umgelegt, kann der Schlag-

171 Die drei Sicherungssysteme einer Kipplaufbüchse sind: Abzugssicherung, Stangensicherung, Schlagstücksicherung. Je näher die Sicherung am Schlagbolzen eingreift, um so sicherer ist sie. Am sichersten ist immer noch das ungeladene Gewehr.

172 Doppelzüngelstecher (deutscher Stecher) in eingestochenem Zustand. Das Einstechen erfolgt durch Zurückziehen des hinteren Abzuges. Durch Antupfen des vorderen Abzuges (Tupfer) wird der Schuß ausgelöst.

173 Rückstecher (franz. Stecher) in eingestochenem Zustand. Er wird bei mehrläufigen Gewehren (kombinierten Waffen) benutzt. Der Abzug wird nach vorne gedrückt, bis »eingestochen« ist. Mit dem gleichen Abzug wird dann durch leichten Fingerdruck der Schuß gelöst.

174 Drilling. 1878 gelang dem Büchsenmacher Oberhammer erstmals die Kombination einer Doppelflinte mit einer Kipplaufbüchse. Damit war eine Universalwaffe geschaffen, die nach entsprechender Weiterentwicklung allen Ansprüchen genügt, die unter normalen Revierverhältnissen gestellt werden.

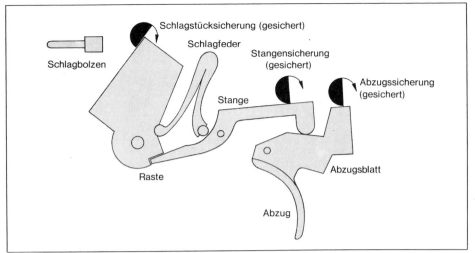

Schlagbolzen

Schlagstücksicherung (gesichert)

Schlagfeder

Stangensicherung (gesichert)

Abzugssicherung (gesichert)

Stange

Raste

Abzugsblatt

Abzug

171 △   ▽ **172**   ▽ **173**

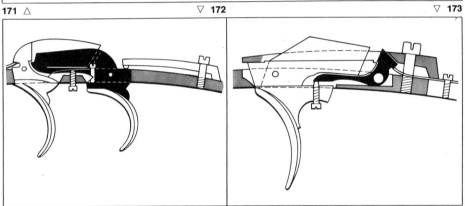

174

bolzen tatsächlich nicht vorschnellen — selbst wenn die Waffe vom Hochsitz fällt oder gar der Kolbenhals abbricht. Die Gefahr liegt hier anderswo: Es ist schon vorgekommen, daß sich ein Schuß beim Entsichern gelöst hat, sobald nämlich der Sicherungsflügel den Schlagbolzen freigab und dieser — durch einen Defekt — von nichts anderem mehr gehalten wurde. Daher: Schon bei Entsichern jeder Waffe darauf achten, daß sie nicht in eine gefährliche Richtung zeigt!

Schiebesicherung: Was hier von der Flügelsicherung beim Mauser 98 (und dem Mannlich-Schönauer) gesagt ist, gilt auch für die modernen Schiebesicherungen an Repetiergewehren, sofern sie am Schloß selbst angebracht sind und daher den Schlagbolzen verläßlich festhalten. (Daß man von der klassischen Flügelsicherung überhaupt abgekommen ist, rührt allein davon her, daß sie sich bei aufmontiertem Zielfernrohr — besonders wenn es niedrig montiert wurde — nicht oder wenigstens nicht mehr leicht betätigen ließ.) Dagegen sind Schieber-Sicherungen auf dem Kolbenhals oder Sicherungen am Abzug reine Abzugssicherungen.

Abzugssicherung: Sie ist die häufigste (und unsicherste) Sicherung. Sie verhindert nur, daß der Abzug zurückgezogen werden kann. Wenn die Waffe z. B. hinfällt, kann sich trotzdem ein Schuß lösen, weil die Erschütterung genügen kann, um den Mechanismus auszulösen.

Stangensicherung: Sie wirkt (viel weiter „vorne") auf die Stange, die den unsichtbaren Hahn hält bzw. freigibt. Sollte aber, z. B. durch einen heftigen Sturz, die Stange brechen, kann sich trotzdem ein Schuß lösen.

Schlagstücksicherung: Sie greift am Schlagstück an, das sie in der gespannten Lage hält.

Handspannvorrichtungen: Nicht mehr zu den Sicherungen gehören die Handspannvorrichtungen, die ihnen zwar ähnlich sehen, aber eine ganz andere Funktion haben. Hier wird nicht ein gespannter Hahn am Zuschlagen gehindert, vielmehr wird hier der (jetzt unsichtbare) Hahn — ganz wie der sichtbare beim Hahngewehr — erst unmittelbar zur Schußabgabe gespannt. Kommt man nicht zu Schuß, entspannt man ihn wieder. Zweifellos: Nächst der ungeladenen Waffe ist die ungespannte Waffe am sichersten. Bei diesen Handspannern gibt es sogar eine Konstruktion (Sicherheitsbüchsflinte), bei der ein Schwinggewicht in der Waffe die gespannte Schlagstückfeder bei einem Sturz der Waffe selbsttätig entspannt.

Der Beschuß

Der staatliche Beschuß wird durch die Beschußstempel dokumentiert, die auf den Lauf und Verschluß eingeschlagen sein müssen. Er ist eine Sicherheitsmaßnahme dagegen, daß Lauf und Verschluß beim Schießen durch Materialfehler o. ä. kaputt gehen und dadurch Leben und Gesundheit des Schützen gefährdet werden. Zu diesem Zweck werden Läufe und Verschlüs-

175 Nur amtlich überprüfte, d. h. beschossene Gewehre dürfen verkauft oder anderen überlassen werden. Der amtliche Beschuß wird durch »Beschußzeichen« bestätigt, die an leicht sichtbarer Stelle an Lauf und Verschluß eingeprägt werden.

Österreichische Beschußzeichen

 Wien Endbeschuß   Ferlach Endbeschuß   Wien Nitrobeschuß   Ferlach Nitrobeschuß   Verstärkte Ladung

Deutsche Beschußzeichen ab 1939

Deutschland 1939–1945	Bundesrepublik Deutschland 1945–1968	ab 1969	Deutsche Dem. Republik ab 1945
(eagle)	(eagle)	(eagle)	(eagle)
dazu	dazu	dazu	
M Vorbeschuß	**M** Vorbeschuß	**N** zur Verwendung von Munition mit normalem Gebrauchsgasdruck	**S** Vorbeschuß für Schwarzpulver für Schrotlauf
SP Endbeschuß mit Schwarzpulver	**SP** Endbeschuß mit Schwarzpulver	**J** Instandsetzungsbeschuß	**G** Vorbeschuß für Schwarzpulver für Kugellauf
N Endbeschuß mit rauchlosem Pulver	**N** Endbeschuß mit rauchlosem Pulver	**V** Zur Verwendung von Munition mit überhöhtem Gasdruck	**W** Würgebohrung
S Beschuß für Sonderwaffen	**S** Beschuß für Sonderwaffen	bei Bewegungsenergie unter 0,75 kpm (7.5 Joule)	**U** Untersuchung
FB Freiwilliger Beschuß	**FB** Freiwilliger Beschuß	Zulassungszeichen für Handfeuerwaffen und Einsteckläufe	**N** Nitropulver
J Instandsetzungsbeschuß	**J** Instandsetzungsbeschuß	Zulassungszeichen für Schreckschuß- und Signalwaffen	**R** Reparatur

Zeichen für Beschußstellen 1945-1968 u. ab 1969

Berlin
Ulm
Hannover
Kiel – bis 1968 seit 1969 –
München
Köln

Zeichen für Beschußstellen 1939–1945

 Oberndorf

 Suhl

 Zella-Mehlis

ab 1969 (rechte Spalte Forts.)

ferner Herstellerzeichen
Namen, Firma od. Warenzeichen

Fortlaufende Nummer z. B. 18756

Munition z. B. 7 × 64 oder 16/70

Jahreszahl z. B. 688 oder gi 8 (heißt 1968 August)

Deutsche Dem. Republik (Forts.)

Datum z. B. 1254 d. h. Dezember 1954

Zeichen für Beschußstellen

 Suhl

5

se in den staatlichen Beschußanstalten mit verstärkter Ladung beschossen und diese Haltbarkeitsprüfung auf dem geprüften Material bestätigt. Was freilich auch der staatliche Beschuß nicht verhindern kann: Daß mit nichtpassenden Patronen geschossen wird und daß das Material durch mangelhafte Pflege (Rost!) leidet. Beides kann zu Beschädigungen führen, die man dem Beschuß nicht anlasten darf. Dringend muß davor gewarnt werden, Lauf, Patronenlager und Verschluß einer Waffe zum Gegenstand eigenhändiger Verbesserungs-Basteleien zu machen: Nicht nur daß das zu gefährlich ist — in vielen Fällen wäre auch ein erneuter Beschuß erforderlich.

Führung

Eine Schußwaffe „führt" im Sinne des Waffengesetzes, wer sie bei sich hat.
Eine Schußwaffe führt jedoch nicht, wer sie
● innerhalb von Wohn- und Betriebsräumen oder eingefriedeten Liegenschaften mit Zustimmung des zu ihrer Benützung Berechtigten oder
● ungeladen und lediglich zu dem Zweck, diese Waffe von einem Ort zum anderen zu bringen,
bei sich hat.

Waffenschein

Das Führen von Schußwaffen, die keine Faustfeuerwaffen sind, ist nur auf Grund eines von der Behörde ausgestellten Waffenscheines zulässig. Ausgenommen sind Personen, die
● im Besitz eines Waffenpasses sind;
● im Besitz einer gültigen Jagdkarte sind (hinsichtlich des Führens von Jagdwaffen);
● als Angehörige eines traditionellen Schützenvereines mit ihren Gewehren aus festlichem Anlaß ausrücken.
Waffenscheine werden von der Behörde nur an „verläßliche" Personen, die einen Bedarf zum Führen von Waffen nachweisen, ausgestellt.
Als verläßlich ist eine Person anzusehen, wenn Tatsachen die Annahme rechtfertigen, daß sie
● Waffen nicht mißbräuchlich oder leichtfertig verwenden wird;
● mit Waffen vorsichtig und sachgemäß umgehen und diese sorgfältig verwahren wird;
● Waffen nicht Personen überlassen wird, die zum Besitz von Waffen nicht berechtigt sind.

Unfallverhütungsvorschriften

Bestimmungen über die Handhabung von Waffen stehen nicht nur im Waffengesetz und seinen Ausführungsvorschriften, sondern auch in den Unfallverhütungsvorschriften der landwirtschaftlichen Berufsverbände. Diese haben zwar keine Gesetzeskraft, können aber vor Gericht eine große Rolle spielen, wenn es darum geht, ob einer „die gebotene Sorgfalt" auch tatsächlich walten ließ. Hinsichtlich der Handhabung der Jagdwaffen fordern sie u. a., daß

● Schußwaffen nur während der tatsächlichen Jagdausübung geladen sein dürfen und daß die Laufmündung beim Laden und Entladen so zu halten ist, daß niemand gefährdet wird
● auch während der tatsächlichen Jagdausübung in Gefahrenlagen wie z. B. beim Besteigen oder Verlassen eines Hochsitzes, Überschreiten von Hindernissen, Besteigen von Fahrzeugen usw. zu entladen ist,
● Flintenlaufgeschosse so mitgeführt werden müssen, daß Verwechslungen mit Schrotpatronen ausgeschlossen sind.

Besondere Bestimmungen gelten für den Umgang mit der Schußwaffe auf Treib- und Gesellschaftsjagden sowie für Nachsuchen auf Schalenwild, sofern dabei mehrere Personen beteiligt sind. Auch für das Übungsschießen auf Schießständen gelten besondere Bestimmungen, die auch beim Wettkampfschießen eingehalten werden müssen. Nicht zwingend vorgeschrieben sind diese Bestimmungen also lediglich für das Überprüfen der Funktionstüchtigkeit usw. von Schußwaffen, das außerhalb von Übungs- und Wettkampfschießen stattfindet. Die Unfallverhütungsvorschriften sind für die jagdliche Praxis außerordentlich wichtig. Man sollte sie daher in allen Einzelheiten beherrschen.

Über alle amtlichen Vorschriften hinaus gilt der Satz, den man jedem Kind schon in Fleisch und Blut übergehen lassen sollte:„Richte nie eine Waffe — und sei sie nur ein Spielzeug aus Holz oder Plastik — auf einen Menschen und handhabe jede Waffe so, als ob sie jeden Augenblick losgehen könnte!"

Kurzwaffen (Faustfeuerwaffen)

Allgemeines, gesetzliche Grundlagen

Der Erwerb, der Besitz und das Führen von Faustfeuerwaffen ist nur auf Grund einer behördlichen Erlaubnis zulässig. Die Erlaubnis zum Erwerb, Besitz und zum Führen von Faustfeuerwaffen wird durch den Waffenpaß, die Erlaubnis zum Erwerb und Besitz von Faustfeuerwaffen durch die Waffenbesitzkarte erteilt. Für Jagdaufseher wird schon in den Landesjagdgesetzen ein Mindestalter von 21 vollendeten Jahren vorausgesetzt und vor der Bestätigung und Beeidigung die Verläßlichkeit überprüft. Die Landesjagdgesetze berechtigen die Jagdaufseher bei Ausübung ihres Dienstes ein Jagdgewehr, eine Faustfeuerwaffe und eine kurze Seitenwaffe zu tragen. Der Nachweis des Bedarfes, den die Behörde vor dem Ausstellen der Waffenpässe prüfen muß, ist somit für Jagdaufseher ausreichend erbracht. Grundsätzlich werden nur 2 Faustfeuerwaffen in den Waffenpaß eingetragen.

Die Landesjagdgesetze verbieten die Verwendung von Faust-feuerwaffen bei der Jagdausübung (ausgenommen für den Fangschuß) und manche Gesetze verlangen ein Mindestkaliber von 8,5 mm und eine Geschoßenergie (E_o) von mindestens 250 Joule.

Kurzwaffentypen

Die Kurzwaffen — nach dem Gesetz Schußwaffen unter 60 cm Gesamtlänge — teilen sich in *Revolver* und *Pistolen*. (Unter Pistolen seien hier halbautomatische Selbstladepistolen verstanden, da sowohl die einschüssigen Reiter- oder Duellpistolen als auch die vollautomatischen Maschinenpistolen nicht zu den zeitgenössischen Jagdwaffen zählen).

Revolver

Das englische Zeitwort *to revolve* bedeutet „sich drehen". Ein Revolver ist demnach eine Waffe mit mehreren Patronenlagern, die kreisförmig zu einer Trommel zusammengefaßt sind. Diese läßt sich so drehen, daß immer ein Patronenlager genau hinter dem hinteren Laufende steht. Natürlich bleibt zwischen Trommel und Lauf immer ein kleiner Luftspalt, durch den ein Teil der Treibgase entweicht — aber für die Praxis, die Wirkung im Nahbereich, ist das unwesentlich. Jedes Mal, wenn der Hahn gespannt wird, dreht sich die Trommel um ein Stück weiter und befördert das nächste Patronenlager hinter den Lauf.

Single Action: Der Hahn muß zu jedem Schuß mit der Hand neu aufgezogen werden.

Double-Action: Man kann den Hahn auch durch kräftiges Ziehen am Abzug spannen: Die (meist) sechs Patronen in der Trommel lassen sich also ohne weiteres nacheinander abfeuern, so schnell man den Abzug betätigen kann.

Gefahren: Wie alle einfachen und unkomplizierten, robusten Waffen, bietet der Revolver (bei halbwegs vernünftigem Umgang) wenig Gefahren: Man sieht im allgemeinen, ob er geladen ist, er läßt sich geladen und schußbereit weitgehend gefahrlos herumtragen, er kennt weder die (trügerische) Sicherung noch Ladehemmungen, er verdaut alle Munition störungsfrei, die kalibermäßig hineinpaßt — von der Platzpatrone über Gas- und Schrotpatronen bis zum Blei- und Teilmantelgeschoß.

Mündungsenergie: Da die Kurzwaffe für den Jäger in erster Linie zum Fangschuß auf Schalenwild geeignet sein sollte, muß sie auch die ausreichende Mündungsenergie bringen, die wiederum von der Lauflänge beeinflußt wird. Bei den für den Fangschuß aus nächster Nähe idealen, ganz kurzen Läufen (2 Zoll = 5 cm) beträgt die Mündungsenergie gerade noch ⅔ dessen, was in der Schußtafel angegeben wird. Bei der .38 Special sind das aber nur 210—240 Joule. Auch das Geschoß muß „fangschußgeeignet" sein und möglichst den Wildkörper nicht glatt durchschlagen. Geeignet sind die speziell konstruierten Fangschußpatronen von RWS.

176 Pistole: SIG-Sauer Mod. P 225. Die Pistole ist leichter, schneller in der Schußfolge, aber auch gefährlicher.
Bei einigen Konstruktionen zeigt der Signalstift das Vorhandensein einer Patrone im Lauf an.

177 Revolver: Combat-Korth, Kal. 357 Mag. Der Revolver ist eine robuste Gebrauchswaffe.

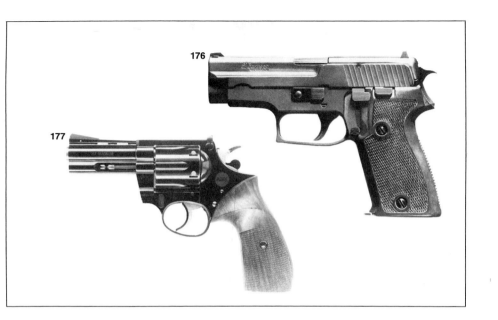

Ballistische Daten der gebräuchlichen Patronen für Faustfeuer-waffen

	Patrone	Ge-schoß-ge-wicht (g)	Max. Gas-druck (bar)	Flugge-schwin-digkeit (m/s) V_0	Auftreffenergie (J)		
					E_0	E_{25}	E_{50}
Pistolen-patronen	6,35 mm	3,2	1300	225	81	74	67
	7,65 mm	4,7	1800	305	219	204	190
	7,65 Parabellum	6,0	2600	360	392	353	324
	9 mm kurz	6,1	1400	275	235	216	196
	9 mm Police	6,1	2000	330	332	290	260
	9 mm Parabellum	8,0	2600	350	491	451	422
	.45 Automatik	14,95	1400	270	549	500	481
Revolver-patronen	.32 S & W lang	6,3	1200	240	181	167	157
	.38 Special	10,2	1400	265	363	314	294
	.357 Magnum	10,2	3200	445	1010	900	796
	.44 Magnum	15,6		448	1560		
	.45 Colt	16,5		262	569		

Nachteil der Revolver: Wirklich fangschußgeeignete Revolver lassen sich nicht unauffällig tragen, nicht in der Anzug- oder Manteltasche, sondern nur in einem „Holster".

Selbstladepistolen

Selbstladepistolen wurden erst — wie Selbstladegewehre — mit der Erfindung rauchlosen Pulvers konstruierbar. Der Pulverschleim des Schwarzpulvers hätte sie alle nach wenigen Schüssen funktionsunfähig gemacht. Selbstladepistolen funktionieren im Prinzip genauso wie Selbstladeflinten oder -büchsen, nur daß das Magazin immer im Griffstück liegt.
Hauptvorteil der Pistole: Man kann sie einfach in die Tasche stecken.
Sicherheitsbestimmungen: Nachdem beim Hantieren mit Selbstladepistolen *unverhältnismäßig viele Unfälle vorkommen,* sollte man sich folgendes einprägen: Immer wenn eine Pistole nicht benützt werden soll, muß sie *entladen* werden. Dazu nimmt man das Magazin heraus und repetiert eine möglicherweise noch im Lauf befindliche Patrone heraus. Erst nachdem man nachgesehen hat, ob sich keine Patrone mehr im Lauf befindet, darf man sie reinigen, zerlegen oder — zum Zweck der Aufbewahrung — den Verschluß wieder schließen. Auch wenn man eine Pistole wieder zur Hand nimmt, entfernt man zunächst das Magazin und öffnet den Verschluß, bis er offen bleibt. Dabei vergewissert man sich, daß keine Patrone mehr im Lauf steckt.

Kurzwaffen auf Schießständen

Für Schießstände gelten für alle Kurzwaffen folgende Bestimmungen: Pistolen und Revolver dürfen erst auf den Schützenständen aus der Verwahrung genommen und nach Anweisung des Schießleiters geladen werden.
Nach Beendigung jeder Schießserie ist
● bei Pistolen das Magazin herauszunehmen und der Verschluß, soweit möglich, in offener Stellung festzustellen;
● bei Revolvern ist die leere Trommel (auch leere Hülsen entfernen!) herauszuschwenken bzw. abzukippen.
In diesem Zustand sind die Waffen zu tragen, abzugeben und anzunehmen bzw. (mit der Mündung zur Scheibe) abzulegen.

178 Kalte Waffen

a Saufeder
b Klappmesser
c Waidmesser
d Waidblatt
e Hirschfänger

Blanke Waffen

Die blanken oder kalten Waffen bestehen aus den Stichwaffen, die hauptsächlich zum Abfangen von Schwarzwild benutzt werden *(Saufeder)* und den Messern, mit denen zerwirkt, abgefangen, abgenickt und aufgebrochen wird.
Das *Weidmesser* ist die meistverwendete blanke Waffe, mit ihr kann vor allem Rehwild abgenickt werden — deshalb auch die Bezeichnung *Gnicker.* Wenn das Weidmesser aufklappbar ist, muß die Klinge zur Vermeidung von Verletzungen feststellbar sein.

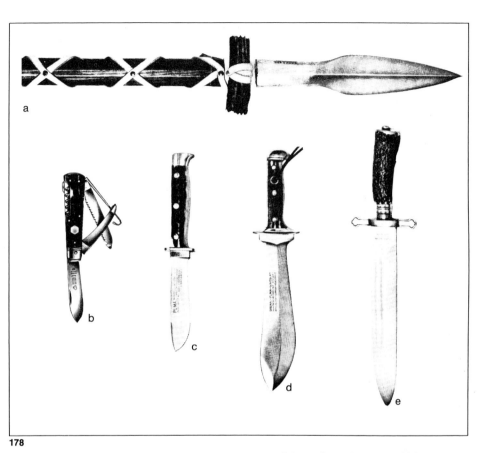

178

Das *Weidblatt* ist wesentlich größer, dient zum Abfangen von stärkerem Schalenwild und kann auch als Werzeug verwendet werden. Beim Aufbrechen kann mit ihm die Schloßnaht aufgeschlagen werden.

Der *Hirschfänger* diente früher ebenfalls zum Abfangen von Rotwild, heute ist er eigentlich nur noch Dekorationswaffe.

Ballistik

Ballistik ist die Lehre von den Eigenschaften geworfener Körper. In Betracht zu ziehen sind dabei Form und Gewicht der Körper, die Energie, mit der sie bewegt werden und welchen weiteren Einflüssen (Reibung, Rotation usw.) sie unterliegen. Beeinflußt wird die Bahn, die ein geworfener Körper beschreibt, natürlich von Erdanziehung und Luftwiderstand, vom Abgangswinkel und (in geringem Maße) von der Dichte der Luft, durch die er sich bewegt. Bei unseren Schußwaffen unterscheiden wir zwischen *Innenballistik* (= was zwischen Patronenlager und

Laufmündung geschieht) und *Außenballistik* (= was zwischen Laufmündung und Flugbahnende geschieht).

Innenballistik

Hier sollte man wissen, daß durch den Schlag des Schlagbolzens die Zündmasse des Zündhütchens und von dieser das Pulver entzündet wird, das daraufhin mehr oder weniger schnell zu heißem Gas verbrennt. (Schrotpatronen haben schneller verbrennende, „aggressivere", Kugelpatronen langsamer verbrennende „progressivere" Pulver.) Da das heiße Gas ein weit größeres Volumen braucht als das feste Pulver, entsteht der Gasdruck. Wenn er sonst nirgends hinauskann, schiebt er den Pfropfen mit den davorliegenden Schroten bzw. das Büchsengeschoß in den Lauf und durch ihn hindurch ins Freie.

Freiflug: So heißt die kleine Strecke, die das Büchsengeschoß zurücklegt, nachdem es die Patronenhülse verläßt und bevor es in die Züge und Felder des Büchsenlaufes gepreßt wird.

Sobald das Geschoß (oder Schrotladung und Pfropfen) den Lauf an der Mündung verlassen hat, können sich die bislang schiebenden heißen Gase ungehemmt nach allen Seiten ausdehnen: Es entsteht der *Mündungsknall,* das *Mündungsfeuer* und der *Rückstoß* — letere besonders stark bei kurzen Läufen und starken Ladungen.

Temperatur des entzündeten Pulvers: Bis 3000°
Gasdruck: 2000 bis 4000 bar

Außenballistik

Die Geschwindigkeit, mit der das Geschoß die Mündung verläßt, wird mit V/0 (= Velocitas bei Entfernung Null) bezeichnet, die Energie, die es in diesem Augenblick abzugeben in der Lage wäre, mit E_0 bezeichnet. *Luftwiderstand* und *Erdanziehung* bewirken, daß sich sein Flug laufend verlangsamt und die Flugbahn in Richtung Erdmittelpunkt gekrümmt wird. Daher muß die Mündung der Waffe immer etwas höher zeigen als auf das Ziel — es sei denn, man würde direkt senkrecht nach oben oder unten schießen.

Bei einem Ziel, das sich auf gleicher Höhe mit dem Schützen befindet, ergibt sich etwa folgendes Bild (s. Abb. 166). Unter diesen Bedingungen werden auch die Werte gemessen, die in der Schußtafel auftauchen: Geschwindigkeit bzw. Energieabgabe auf 100 m, 200 m, 300 m (V/100 und E/100, V/200 und E/200 usw.).

Einschießentfernung

Richtet man die Visiereinrichtung (Kimme und Korn bzw. Zielfernrohr) so ein, daß sie genau dorthin zeigt, wo auf 100 m Entfernung (bei waagrechtem Schuß) das Geschoß einschlägt, so sagt man, die Waffe sei „auf 100 m eingeschossen". Auf weitere

Entfernung muß dann das Geschoß tiefer einschlagen — auch diese Werte sind in der Schußtafel angegeben. Die „günstigste Einschieß-Entfernung" GEE ist jene Entfernung, auf die man die Waffe einschießen (lassen) muß, wenn nähere oder weitere Schüsse möglichst nahe an dem Treffpunkt der GEE liegen sollen. (So hat eine bestimmte Laborierung der 9,3 × 7,4 R, wenn sie auf 100 m eingeschossen ist, auf 150 m einen Tiefschuß von 8,6 cm. Schießt man sie auf die GEE von (in diesem Fall) 135 m ein, so hat sie auf 100 m einen Hochschuß von 3,5 cm und auf 150 m einen Tiefschuß von 2,5 cm — was für den praktischen Jagdbetrieb so gut wie Fleckschuß ist — und zwar auf beide Entfernungen. Praktisch erreicht man das, indem man auf dem 100 m-Stand die Büchse auf 100 m so einschießt, daß sie 3,5 cm zu hoch schießt.

Zielfehler

Wie bereits erläutert, stimmen die Angaben über Fleckschuß (Hochschuß, Tiefschuß), wie sie in der Schußtafel enthalten sind, nur bei waagrecht abgegebenen Schüssen. Während bei leicht nach oben oder unten abgegebenen Schüssen die Abweichungen in der Treffpunktlage noch vernachlässigbar klein sind, machen sie sich bei steil nach oben oder unten abgegebenen Schüssen doch bemerkbar: Die Flugbahn des Geschosses ist in beiden Fällen wesentlich gestreckter als bei waagerecht abgegebenen Schüssen, für die die Visiereinrichtung (Kimme und Korn bzw. Zielfernrohr) eingestellt ist. In beiden Fällen wird daher das Geschoß *oberhalb* des Zielpunktes einschlagen. Daher: *„Bergrauf und Berg-runter — halt immer drunter!"*
Praktisch haben diese Erwägungen allerdings nur auf größere Entfernung oder bei (altmodischen) Patronen mit stark gekrümmter Geschoßflugbahn eine Bedeutung (zu letzteren muß man z. B. die .22 lfB zählen!): So lange sich die möglichen Abweichungen in Bereichen bis zu 5 cm bewegen, sollte man sie in der jagdlichen Praxis besser vergessen!
Abweichungen auf nahe Distanz: Sie ergeben sich daraus, daß die Achse des Zielfernrohrs höher (bei einer Bockbüchsflinte mit untenliegendem Kugellauf sogar beträchtlich höher) liegt, als die Achse des Kugellaufes. Bis zu dem Punkt, an dem sich die Visierlinie und die Flugbahn des Geschosses zum ersten Mal schneiden, muß daher das Geschoß etwas unter dem Punkt einschlagen, auf den das Zielfernrohr-Abkommen zeigt. Praktisch kann es freilich fast nur dann zu einem Fehlschuß kommen, wenn man etwa ein Wiesel mit der Kugel aus der Büchsflinte (dem Drilling) auf 5 oder 10 m erlegen möchte! Schon bei einem Rehbock auf 10 oder 15 m spielt es keine Rolle mehr, ob man ihn 3 cm höher oder tiefer aufs Blatt trifft. Was viel öfter vorkommt: Der (junge) Jäger erinnert sich (verunsichert): „Auf diese kurze Entfernung hat die Büchse ja noch Tiefschuß!" — hält daraufhin auf den Bock eine Handbreit über den Träger — und hat ihn prompt glatt überschossen.

Parallaxe: Ähnlich überbewertet wird häufig die sog. „Parallaxe" des Zielfernrohrs, die eigentlich nur als Ausrede für Fehlschüsse von Bedeutung ist. Es handelt sich dabei um die Tatsache, daß das Absehen des Zielfernrohrs tatsächlich nur dann genau auf den Kugeleinschlag zeigt, wenn man genau durch die *Mitte* der Okularlinse blickt. Schielt man dagegen etwas schief ins Zielfernrohr (was man daran erkennt, daß das Blickfeld nicht kreisrund-hell, sondern durch Randschatten eingeengt ist), so wird der Schuß auch nicht genau dort sitzen, wo das Absehen hinzeigt, sondern darüber, darunter oder daneben — freilich (wie Versuche ergeben haben) auf 100 m allenfalls zwei Finger breit! Für die jagdliche Praxis ist es am besten, man vergißt die Parallaxe!

Verkanten: Der häufigste Zielfehler dagegen, sogar mit der Flinte, ist das Verkanten — und das wirkt sich entscheidend aus! Alle unsere Visiereinrichtungen gehen nämlich von der Voraussetzung aus, daß sich das Zielauge am hinteren Ende einer Visierlinie befindet, die genau senkrecht über der Geschoßflugbahn beginnt und von dieser zweimal senkrecht geschnitten wird. Das Geschoß fliegt freilich völlig gleich, auch wenn wir z. B. die Büchse um 90° gedreht abfeuern — nur unser Auge blickt — über oder durch die Zielvorrichtung — völlig woanders hin! Weniger stark, aber immer noch fühlbar genug, um vorbeizuschießen, ist die Abweichung zwischen Zielpunkt und Treffpunkt, wenn die Waffe weniger stark verdreht („verkantet") ist: Ein Verkanten nach links bringt einen Links-Tiefschuß, nach rechts einen Rechts-Tiefschuß.

Jagdoptik

Das Zielen

Für den Schrotschuß und für den Kugelschuß auf kurze Entfernung genügt bei einem gut liegenden Gewehr das Korn auf der Laufmündung: Blickt man bei korrektem Anschlag den Lauf entlang auf das Ziel, so wird die Schrotgarbe oder das Büchsengeschoß etwa (d. h. mit für jagdliche Zwecke ausreichender Genauigkeit) dort sitzen, wo das Korn hinzeigt. Für präzise Schüsse auf weitere Entfernung reicht das nicht mehr aus: Hier muß zwischen Auge und Korn noch ein weiterer fester Punkt (Diopter, Ringvisier, Kimme) montiert werden: Erst wenn Kimme, Korn und Ziel optisch auf einer Linie liegen, ist der genaue Treffer gewährleistet.

Damit beginnen aber auch schon die Schwierigkeiten, weil das Auge — vor allem bei fortschreitendem Alter — meist nicht mehr in der Lage ist, drei verschieden weit entfernte Gegenstände gleichzeitig scharf auf der Netzhaut abzubilden. Man bringt dann vielleicht noch Korn und Ziel oder Kimme und Korn zusammen, aber nicht mehr Kimme, Korn und Ziel.

179 Zielen über Kimme und Korn und Zielfehler

a Feinkorn

b Grobkorn

c Gestrichen Korn

d Rechtsverklemmtes Korn: Rechtsschuß

180 Zielen mit der Flinte bei schnellbeweglichem Wild. Beim Flintenschießen gilt die Regel: Der Lauf schießt, der Schaft trifft. Drüberhalten, drunterhalten, aufsitzen lassen, Vorhalten – muß von Fall zu Fall entschieden werden. Sicher ist, daß der beste Schütze keine guten Ergebnisse hat, wenn der Flintenschaft nicht paßt.

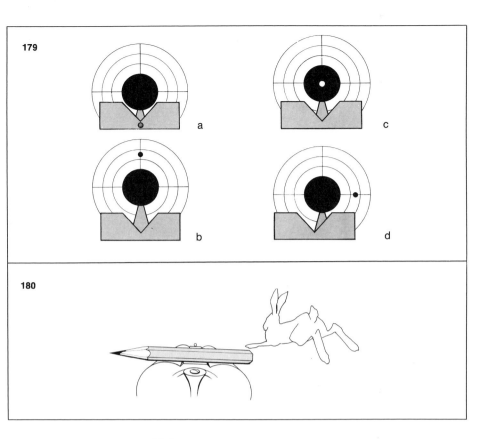

Visierungen

Sie besteht bei der Büchse aus *Kimme* und *Korn*.
Das Korn ist immer dem Kimmen-Ausschnitt angepaßt.
Perlkorn = halbrunder Kimmen-Ausschnitt
Dachkorn = V-förmiger Kimmen-Ausschnitt
Balkenkorn = rechteckiger Kimmenausschnitt
Das Korn muß beim Zielen mit der Oberkante der Kimme abschneiden („gestrichenes Korn"). In der Praxis hat die Visierung durch die Einführung des Zielfernrohres keine große Bedeutung mehr.
Bei der Flinte besteht die Visierung lediglich aus einer Schiene mit Korn.

Zielfernrohre

Beim Zielfernrohr liegen Ziel und Absehen scheinbar auf einer Ebene — man braucht also nur das Absehen genau auf das Ziel zu bringen. Dazu kommt noch die Vergrößerung des Zieles im Fernrohr, die es scheinbar näher an den Schützen heranrückt. Freilich wird nicht nur das Ziel vergrößert, auch jedes Wackeln und Zittern des Schützen erscheint mehrfach verstärkt; bei sehr starken Vergrößerungen kann man seinen eigenen Herzschlag am Absehen erkennen. Hierin — und in der Verkleinerung des Sehfelds — liegt in der Praxis die Begrenzung der Vergrößerungsmöglichkeit. Bei uns werden angeboten:

Zielfernrohre mit 1—2½ facher Vergrößerung: Für das Flüchtigschießen — z. B. auf Drückjagden.

Zielfernrohre mit 4—6facher Vergrößerung: Für Pirsch und Ansitz.

Zielfernrohre mit 8—10 (12)facher Vergrößerung: Für den Ansitz bei schlechten Lichtverhältnissen.

Dämmerungsleistung: Bei hoher Vergrößerung und großem Objektivdurchmesser (Lichteinfall!) kann man mit dem Zielfernrohr auch in tiefer Dämmerung und im schwachen Restlicht der Nacht noch schießen und treffen — freilich nicht bei völliger Dunkelheit. Durch eine besondere Behandlung der Oberflächen von Linsen und Prismen („Vergütung") läßt sich die Dämmerungsleistung noch verbessern.

Absehen: Zu den Absehen läßt sich nur sagen, daß jeder auf das Absehen schwört, das er gewohnt ist, und daß dünne Fadenkreuzfäden bei tiefer Dämmerung verschwinden. Wichtig ist, bei Sehfehlern das Zielfernrohr auf das eigene Auge einzustellen, man kann es i. d. R. um 3 Dioptrien verstellen.

Montage

Wie gut ein Zielfernrohr schießt, hängt auch wesentlich von der Montage ab, deren es verschiedene Systeme gibt. Am bekanntesten ist die sog. *Suhler Einhak-Montage,* moderner die *Schwenkmontage.* Richtig ist sicher, daß man hier nicht sparen sollte.

Ferngläser

Das Glas für den Jäger muß vor allem den Mittelweg zwischen zu groß und zu schwer und zu klein und zu leistungsschwach einhalten. Dabei soll es mindestens eine 6fache Vergrößerung, ein *weites Sehfeld* und eine *gute Dämmerungsleistung* haben und soll das Wild auch am Rand des Sehfeldes scharf und farbtreu abbilden.

Optische Bezeichnung: Bei der Bezeichnung von Ferngläsern und Spektiven (z. B. 10 × 40) bedeutet die erste Zahl die *Vergrößerung,* die zweite den *Objektivdurchmesser,* von dem die Lichtmenge abhängt, die das Glas einläßt. Der Objektivdurchmesser, dividiert durch die Vergrößerung, ergibt die Austrittspupille in mm. (Hier 40:10 = 4 mm.) Diese kann man als hellen Fleck sehen, wenn man das Glas auf Armlänge gegen einen hellen Hintergrund hält. Viel Licht gibt auch viel Helligkeit — aber weiter als 7 mm öffnet sich die menschliche Pupille nicht. Daher hat es auch keinen Zweck, Gläser mit größeren Austritts-

181 Schnittbild eines Zielfernrohres. Es soll den jagdpraktischen Möglichkeiten angepaßt sein. Bei der Montage ist auf den richtigen Augenabstand zu achten, sonst gibt es durch den Rückstoß schwere Augenbrauenverletzungen.

182 Das Zielfernrohr-Absehen. Es soll nach Revierverhältnissen und Jagdmöglichkeiten gewählt werden. Absehen 3 z. B. ermöglicht bei Tageslicht präziseste Weitschüsse, ist also für die Gamsjagd im Hochgebirge geeignet, bei Schüssen in der Dämmerung aber sieht man das Fadenkreuz nicht mehr. Auf jeden Fall muß das Absehen höhen- und seitenverstellbar sein. Absehen 1 wird am häufigsten verwendet.

183 Entfernungsschätzen durch das Zielfernrohr mit Absehen 1

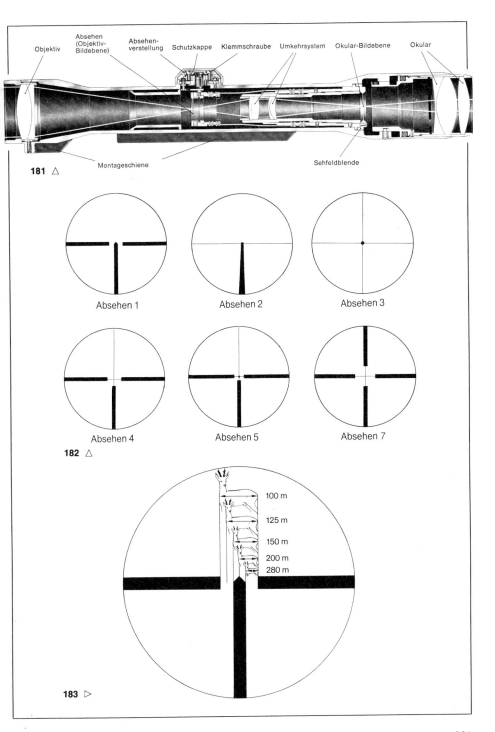

Objektiv Absehen (Objektiv-Bildebene) Absehen-verstellung Schutzkappe Klemmschraube Umkehrsystem Okular-Bildebene Okular

Montageschiene

Sehfeldblende

181 △

Absehen 1

Absehen 2

Absehen 3

Absehen 4

Absehen 5

Absehen 7

182 △

100 m
125 m
150 m
200 m
280 m

183 ▷

pupillen zu konstruieren; 6 × 42, 8 × 56, 9 × 63 und 11 × 80 ergeben alle Austrittspupillen von 7 mm.

Dämmerungszahl: Wieviel man bei schwachem Licht sieht, läßt sich mit der Dämmerungszahl ermessen (und durch Ausprobieren in der Praxis; denn für die letzten feinen Unterschiede, für die kontrastreiche Wiedergabe usw., kommt es auf die Qualität an). Die Dämmerungszahl errechnet man: Quadratwurzel aus Vergrößerung mal Objektivdurchmesser.

Das Spektiv

Es hat, wie bei seiner starken Vergrößerung leicht erklärlich, nur ein kleines Sehfeld. Hat man aber den zu beobachtenden Gegenstand einmal erfaßt, so läßt er sich präzis beobachten. Früher (bei schwacher Dämmerungsleistung) ein Gerät des Hochgebirgsjägers auf tagaktives Wild, haben die modernen Spektive auch in der Praxis des normalen Reviers ihren Platz gefunden.

Einstellen: Bei Ferngläsern und mehr noch bei Spektiven ist es völlig normal, sie je nach Entfernung und Beleuchtung immer wieder scharf einzustellen. Nur das Zielfernrohr läßt man, wie es ist, sobald man es einmal auf das eigene Auge eingestellt hat.

Fragen:

182 Worin ist festgelegt, welche Waffen ein Jäger heute bei uns zur Jagd verwenden darf?

183 Welche Flinten sind nach dem Waffengesetz verboten?

184 Was sind „Langwaffen"?

185 Wie unterscheiden sich größeres (gröberes) und kleineres (feineres) Schrot in ihrer Wirkung?

186 Welche Hülsenlängen gibt es bei Schrotpatronen und aus welchen Patronenlagern dürfen sie verschossen werden?

187 Für welche Zwecke eignet sich der „Voll-Choke"?

188 Was bedeutet „Kaliber 12" und woher kommt diese Bezeichnung?

189 Wie lautet die Faustregel über die Reichweite der Schrote?

190 Was sind Posten und was Flintenlaufgeschoß und welche gesetzlichen Bestimmungen gibt es hinsichtlich ihrer Verwendung auf Schalenwild?

191 Bis auf welche Entfernung können Büchsengeschosse tödlich wirken und wodurch wird hier die jagdliche Schußentfernung begrenzt?

192 Welche Wirkungen sollen die Geschosse von Jagdbüchsenpatronen im Wildkörper haben?

193 Welche Mindestanforderungen stellt das Tiroler Jagdgesetz an Büchsenpatronen für die Jagd auf Rot- und Steinwild?

194 Was bedeutet die Patronenbezeichnung $9,3 \times 74$ R?

195 Warum darf man eine Patrone 8×57 JS nicht aus einem Büchsenlauf für das Kaliber 8×57 J verschießen?

196 Haben alle Laborierungen der Patronen, die aus einer Büchse verschossen werden können, die gleiche Treffpunktlage?

197 Was ist ein Einstecklauf und wozu wird er am häufigsten verwendet?

198 Welche Sicherungen gibt es bei Kipplaufwaffen, welche von ihnen ist die sicherste — und wann ist eine solche Waffe wirklich 100 %ig „gesichert"?

199 Sind Schnellfeuerkugelwaffen bei der Jagd erlaubt?

200 Wozu dient der staatliche Beschuß und woran erkennt man, ob die Waffe „beschossen" ist?

201 Was wird unter „Führen" einer Schußwaffe verstanden?

202 Warum kann der Jäger ohne Waffenschein Jagdwaffen führen?

203 Wieviel Kurzwaffen (Faustfeuerwaffen) darf der Waffenpaßinhaber im allgemeinen erwerben?

204 Wozu darf der Waffenpaßinhaber die Kurzwaffe im Revier verwenden und welche Einschränkungen gelten für den Fangschuß bei Schalenwild?

205 Was tut man, wenn eine Selbstladepistole nicht benützt werden, sondern z. B. im Schrank aufbewahrt werden soll?

206 Es gibt „offensive" und „progressive" Pulversorten, welche sind für Schrot- und welche für Kugelpatronen?

207 Was bedeutet E_{100}?

208 Warum gilt der Satz: „Bergauf-bergrunter — halt immer drunter!"?

Grundzüge
des Jagdrechtes

Jagdrecht ist Landessache! Die Landesjagdgesetze können beim Amt der jeweiligen Landesregierung bezogen werden!

Nach dem Untergang des Römischen Reiches fußte die Jagdrechtsregelung zunächst auf Gebräuchen der Germanen und damit auf einer eigenen Bodenverteilung und Nutzungsordnung für das in Besitz genommene Land. Die „Almende" (der Gemeinschaftsgrund) konnte von allen Stammesangehörigen, das „Sondereigen" nur vom Grundeigentümer bejagt werden. Wir sehen hier schon die Ansätze für den Begriff „Eigenjagd" und „Gemeinschaftsjagd" und bereits die enge Verknüpfung des Jagdrechtes mit dem Eigentum an Grund und Boden. Dieser Grundsatz wird mit der Staatenbildung durchbrochen. Privilegierte Stände nehmen das Jagdrecht, vor allem die „Hohe Jagd", für sich in Anspruch, ganze Volksgruppen werden von der Jagdberechtigung ausgeschlossen und nur einem Teil des Volkes wird die Ausübung der „Niederjagd" gestattet. Erst 1818 konnten Bürger oder Bauern eine Jagd erwerben bzw. pachten. Das Jagdpatent von 7. März 1849 hob endlich die Jagd auf fremdem Grund und Boden auf und erklärte das Jagdrecht als Ausfluß des Grundeigentums.

Um die Jahrhundertwende siegen die Autonomiebestrebungen der Länder und die Jagd wird Landessache. Der Grundsatz, daß das Jagdrecht mit dem Grundeigentum verbunden ist, wird in allen Landesjagdgesetzen festgelegt. Zwischen 1938 und 1945 hatte für die damalige „Ostmark" das Reichsjagdgesetz Gültigkeit. Nach der Befreiung Österreichs wurde die Jagdgesetzgebung wieder den Ländern übertragen.

Das Jagdrecht: Es ist untrennbar mit dem Eigentum an Grund und Boden verbunden. Dieser Grundgedanke findet sich in allen Landesjagdgesetzen. Auch die sonstigen wesentlichen Inhalte gleichen einander ziemlich, dennoch gibt es eine Reihe von jagdrechtlichen Verschiedenheiten.

Jagdjahr: In NÖ, Wien und Salzburg die Zeit vom 1. Jänner bis 31. Dezember; im Burgenland vom 1. Februar bis 31. Jänner; in den übrigen Ländern von 1. April bis 31. März.

Jagdperiode (Pachtzeit): Dauert in Tirol mindestens 10 Jahre; in Kärnten höchstens 10 Jahre; in NÖ und Salzburg 9 Jahre; in Vorarlberg und der Steiermark 6 Jahre; auch in OÖ, dort aber für Hochwildjagden 9 Jahre; usw.

Eigenjagd: Im allgemeinen eine zusammenhängende Fläche im Eigenbesitz von mindestens 115 ha (200 Joch), aber mit unterschiedlichen Voraussetzungen hinsichtlich Zusammenhang und jagdlich nutzbarer Gestaltung der Flächen. Für die Neubildung von Eigenjagden läßt Kärnten und Tirol nur Mindestflächen von 200 ha gelten; Salzburg 115 ha nur dann, „wenn besondere jagdliche Gründe dies zulassen". Große Eigenjagden dürfen in Salzburg nur auf Mindestflächen von 500 ha aufgeteilt werden.

Genossenschafts- bzw. Gemeindejagdgebiete: Sind die im Bereiche einer Gemeinde (Katastralgemeinde) gelegenen Grundstücke, die von der Behörde nicht als Eigenjagd anerkannt wurden. Tirol und Kärnten verlangen 500 ha, Steiermark und Vorarlberg 300 ha, sonst meist 115 ha Mindestfläche. Die Verwaltung dieser Gebiete obliegt einem von den Genossenschaftern (Grundbesitzer in der Gemeinde) gewählten Jagdausschuß; in Kärnten, Steiermark, Salzburg und Wien wird die Verwaltung des Jagdrechtes der Gemeindevertretung anvertraut.

Vorpachtrechte auf einen **Jagdeinschluß** (Enklave): Hier gelten unterschiedliche Bestimmungen. In einigen Ländern muß diese Enklave vollkommen von Eigenjagdgebieten umschlossen sein, in anderen genügt ein sog. Dreiviertel-Einschluß (Tirol) und in NÖ müssen die umschließenden Grundflächen „eine für die zweckmäßige Bejagung geeignete Gestalt und insbesondere Breite" haben. Die Begründung für einen Jagdeinschluß (Stmk. Angliederung, OÖ Jagdanschluß genannt) ist in manchen Gesetzen „zweckmäßige Bejagung" oder „geordnete Jagdwirtschaft". Keinesfalls darf aber durch die Inanspruchnahme eines Vorpachtrechtes die Fläche des verbleibenden Genossenschafts- bzw. Gemeindejagdgebietes unter das Mindestausmaß von 115 ha (500 ha in Tirol usw.) absinken.

Eignung als Jagdpächter: Bedingt in NÖ den Besitz von mindestens drei niederösterreichischen Jahresjagdkarten in den letzten 10 Jahren; in der Steiermark Besitz einer Jagdkarte durch 5 Jahre; in Tirol, Salzburg und OÖ den Besitz einer gültigen Jagdkarte usw.

Jagdgesellschaften: Sie müssen einen pachtfähigen Jagdleiter namhaft machen; andere Gesetze verlangen, daß nur Mitglieder aufgenommen werden, denen die Jagdkarte nicht verweigert werden kann, oder daß alle Mitglieder Jagdkartenbesitzer sind; die Steiermark fordert sogar, daß die Hälfte der Mitglieder pachtfähig ist. Die Anzahl der Gesellschafter wird in Kärnten, Vorarlberg und Tirol schon im Gesetz nach dem Gebietsausmaß festgelegt, während es sonst den Behörden überlassen bleibt.

Jagdkarten: Sie werden von den Bezirksverwaltungsbehörden an Personen über 18 Jahre (ausnahmsweise 16 Jahre) ausgestellt. Die Ausübung der Jagd ist nur mit einer gültigen Jagdkarte erlaubt. Die Verweigerungsgründe sind in allen Gesetzen taxativ aufgezählt und nahezu gleichlautend.

Jagdschutz: Er umfaßt die Abwehr von Verletzungen der zum Schutz des Wildes und der Jagd erlassenen Bestimmungen, verursacht durch Wilddiebe, Raubwild und Raubzeug. Die meisten Landesjagdgesetze erörtern eingehend, was unter Jagdschutz zu verstehen ist. Nicht einheitlich sind die jagdpolizeilichen Bestimmungen über das Raubzeug (im Revier angetroffene, das Wild schädigende Hunde und Katzen). Fast alle Gesetze schützen aber Jagd-, Polizei-, Blinden-, Lawinen- und Hirtenhunde, wenn sie, als solche erkennbar, für die ihnen zukommenden Aufgaben verwendet werden und sich aus Anlaß ihrer Verwendung vorübergehend der Einwirkung ihres Herrn entzogen haben.

Zur Besorgung des Jagdschutzdienstes muß für ein oder mehrere Reviere zusammen mindestens ein Aufsichtsorgan bestellt, von der Bezirksverwaltungsbehörde bestätigt und vereidigt werden. Die meisten Länder verlangen für bestimmte Reviere, je nach Größe, Gelände und Kultur die Bestellung eines hauptberuflichen Jagdaufsehers (NÖ ab 3000 ha, Steiermark ab 2500 ha, Tirol ab 2000 ha, wenn mindestens 1500 ha Waldungen sind). Die beiden letzteren Länder bezeichnen den hauptberuflichen Jagdaufseher als Berufsjäger.

Jagd- und **Schonzeit:** Die jagdbaren Tiere sind in allen Landesjagdgesetzen taxativ aufgezählt; dabei sind auffallende Besonderheiten zu beobachten: Zu den jagdbaren Tieren zählten noch 1988 nur in Vorarlberg der Kranich, die Wasserläufer und Strandläufer, nur in Tirol der Tannenhäher, nur in Salzburg der Nutria, nur in Wien die Saatkrähe, der Bilch und das Eichhörnchen; alle sind aber ganzjährig geschont.

Die Steiermark ist von der bisherigen Einteilung in jagdbares und nicht jagdbares Wild abgegangen und beschreibt den Begriff „Wild" umfassend. Als Wild sind auch Tierarten aufgezählt, die dem Naturschutz unterliegen (Greifvögel und Eulen) und bei Festsetzung von Schußzeiten für Wild, das dem Naturschutz unterliegt, ist der Naturschutzbeirat zu hören.

Die Jagd-(Schuß)zeiten und Schonzeiten werden von den einzelnen Landesregierungen im Verordungswege erlassen. In NÖ sind mit Stand vom Sommer 1989 folgende Jagdzeiten gültig:

Adler	x	Fischotter	x	
Alpendohle*)	x	Fuchs	1. 1.—31.12	
Alpenhase	x	Gamswild	1. 8.—31.12	
Auerhahn	1. 5.—31. 5.ᵃ⁾	Geier	x	
Auerhenne	x	Graureiher³)	x	
Bär	x	Habicht	x	
Birkhahn	1. 5.—31. 5.ᵇ⁾	Haselhahn	1. 9.—31.10	
Birkhenne	x	Haselhenne	x	
Bläßhuhn	1. 8.—28. 2.	Iltis	1. 1.—31.12.	
Brachvogel	x	Kormoran	x	
Bussarde:		Kolkrabe	1.10.—31.12.	
Mäuse-	x	Krammetsvogel	x	
Rauhfuß-¹)	x	Luchs	x	
Dachs	16. 6.—15. 1.	Marder:		
Damwild	1. 9.—15. 1	Edelmarder	1.11.—28. 2.	
Dohle*)	1. 1.—31.12.	Steinmarder	1.11.—28. 2.	
Eichelhäher*)	1. 8.—15. 3.	Marderhund	1. 1.—31.12.	
Elch	x	Milane	x	
Elster*)	1. 8.—15. 3.	Möwen	x	
Eulen	x	Muffelwild:		
Falken	x	Widder	1. 7.—15. 1.	
Fasane	1.10.—31.12	Schaf	1. 7.—31.12.	
Feldhase²)	1.10—31.12.	Lamm	1. 7.—31.12.	

Art	Schußzeit	Art	Schußzeit
Murmeltier	x	Steinhuhn	x
Nebelkrähe*)	1. 1.—31.12.	Steinwild	x
Rabenkrähe*)	1. 1.—31.12	Störche	x
Rackelhahn	1. 1.—31.12.	Tannenhäher*)	x
Rackelhenne	x	Taucher alle	x
Rallen	x	Teichhuhn	x
Rebhuhn	x	Trapphahn	x
Regenpfeifer	x	Trapphenne	x
Rehwild:		Triel	x
Rehbock	16. 5.—15.10.	Wachtel	x
Schmalgais	16. 5.—31. 5.	Waldschnepfe⁴)	1. 9.—15. 4.
	und 16. 8.—31.12.	Waschbär	1. 1.—31.12.
Sonstige Gaisen		Weihen	x
und Kitze	16. 8.—31.12.	Wiesel	1. 1.—31.12.
Rohrdommeln	x	Wildenten	1. 9.—31.12.
Rotwild:		Wildgänse	1. 8.—31. 1.
Hirsch (I, II, III)	1. 8.—15. 1.	Wildkaninchen	1. 1.—31.12.
Schmalspießer	1. 7.—15. 1.	Wildkatze	x
Schmaltier		Wildschweine:	
und Kalb	1. 7.—15. 1.	Keiler	1. 1.—31.12
Sonstige Tiere	1. 8.—15. 1.	Bache⁵)	1. 1.—31.12.
Saatkrähe*)	x	Frischling	1. 1.—31.12.
Säger	x	Wildtauben:	
Schneehuhn	x	Hohltaube	x
Schwäne	x	Ringeltaube	16. 7.—15. 4.
Sikawild:		Türkentaube	16. 7.—15. 4.
Hirsch	1. 9.—15. 1.	Turteltaube	16. 7.—15. 4.
Tier	1. 8.—15. 1.	Wildtruthahn	x
Kalb	1. 8.—15. 1.	Wildtruthenne	x
Sperber	x	Wolf	x

x Ganzjährig geschont.
¹) Andere ebenfalls geschont.
²) In Weingärten und in einer Tiefe von etwa 200 m sowie in Weingartenrieden in den von Weingärten ganz oder teilweise umschlossenen Grundflächen: 1. 10.—31. 1.
³) Im Bereich von Fischteichen und sonstigen Fischzuchtanlagen sowie von Bächen, die der Aufzucht von Brütlingen und Jungfischen dienen, Schußzeit vom 1. 9.—28. 2. — Alle anderen Reiher geschont.
⁴) Andere Schnepfenarten geschont.
⁵) Führende Bache 16. 7.—15. 2.
ª) In geraden Jahren; in ungeraden ganzjährig geschont.
ᵇ) In ungeraden Jahren; in geraden ganzjährig geschont.
*) Auf Grund naturschutzrechtlicher Bestimmungen.

Wildstandsregelung: Ist die Schaffung eines qualitativ hochstehenden und zahlenmäßig den Revierverhältnissen angepaßten Wildstandes unter ständiger Beachtung der Interessen der Land- und Forstwirtschaft. Eine Überhege gefährdet nicht nur die Landeskultur, sie birgt auch die Gefahr der Degeneration in sich, anderseits bringt ein übermäßiger Abschuß oder eine Qualitätsverminderung des Wildstandes eine Minderung des Wertes der Jagd mit sich und sollte auch vermieden werden.

Abschußpläne für Schalenwild — das Schwarzwild ausgenommen — und für Auer-, Birk- und Trapphahnen sowie für Murmeltiere sind alljährlich auch für jedes Revier meist der Bezirksverwaltungsbehörde zur Genehmigung vorzulegen. In der Steiermark genehmigt der Bezirksjägermeister den eingereichten Abschußplan im Einvernehmen mit der zuständigen Bezirkskammer für Land- und Forstwirtschaft; erst bei Unzukömmlichkeiten schreitet die Behörde ein und kann außer dem Verhängen einer Strafe und der Pachtvertrags-Auflösung auch den nicht getätigten Abschuß durch vertrauenswürdige Personen auf Kosten des Jagdberechtigten durchführen lassen. Die Behörde kann andererseits die Einstellung oder Einschränkung des Abschusses anordnen, wenn die Gefahr einer das Jagdgebiet entwertenden oder einer die angrenzenden Jagdreviere schädigenden Jagdausübung besteht.

In Vorarlberg erfolgt die Abschußplanung primär aufgrund des Ausmaßes der Wildschäden am Wald und nicht mehr aufgrund unsicherer Wildstandserhebungen und Wildzuwachsberechnungen. Eine großräumige Regionalplanung nach wildökologischen Gesichtspunkten, ein landesweites objektives Wildschadenkontrollsystem, die Vorlagepflicht für sämtliches erlegtes Schalenwild (Abschußkontrolle), ein revierübergreifendes, regionsbezogenes Abschußkontingent, die Schaffung von Wildschutzgebieten (touristischen Sperrgebieten) im Bereich von Rotwild-Winterfütterungen sowie für wichtige Einstandsgebiete soll mithelfen, Wildschäden zu vermeiden.

Die Einteilung des Schalenwildes nach Altersklassen ist nicht einheitlich geregelt. Grundsätzlich wird aber zwischen männlichem und weiblichem Wild unterschieden. Innerhalb der Geschlechter erfolgt die Einteilung in Nachwuchsstücke (Kitze, Kälber, Lämmer), in Jugendklassen, in Mittelklassen (Schonklassen) und in Reifeklassen.

Der Nachweis über den durchgeführten Abschuß erfolgt auch unterschiedlich. In NÖ. in Form der Abschußliste bis 30. Jänner an die Bezirksverwaltungsbehörde (in einigen Bezirken muß seit mehreren Jahren jedes erlegte Stück Rotwild sofort gemeldet und 24 Stunden innerhalb der Katastralgemeinde zur Besichtigung bereitgehalten werden). In Tirol ist jedes erlegte oder aufgefundene, der Abschußplanung unterliegende Stück Wild binnen 10 Tagen der Bezirksverwaltungsbehörde zu melden, bei welcher für jedes Revier eine Abschußliste geführt wird. In der Steiermark ist jedes erlegte Stück Schalenwild mit einer Wildplombe zu versehen und der Abschuß binnen 3 Tagen dem Hegemeister und dem Bezirksjägermeister mittels Abschußmeldekarte zu melden. Die Abschußliste wird durch 3 Jahre im Revier aufbewahrt und kann von der Behörde eingesehen werden.

Trophäenschauen sind weitere Einrichtungen zur Kontrolle des richtigen Abschusses, leider sagen diese aber nur etwas über das trophäentragende Schalenwild aus.

Jagdhundehaltung: Wird von den meisten Jagdgesetzen gefordert. NÖ verlangt so viele Jagdhunde, als für das betreffende Jagdgebiet Jagdaufseher zu bestellen sind. In Tirol ist für Jagdgebiete über 1000 ha sowie für Jagdgebiete, für die ein Berufsjäger zu bestellen ist, je ein geprüfter Schweißhund oder ein auf Schweißfährte geprüfter Gebrauchshund zu halten. Im Salzburger und Steiermärkischen Jagdgesetz findet man über die Jagdhundehaltung keine Bestimmung. Oberösterreich verlangt für Jagdgebiete bis 1500 ha einen brauchbaren Jagdhund und für Hochwildreviere ab 1000 bis 2000 ha einen für die Schweiß-fährte brauchbaren Jagdhund.

Jagdliche Verbote: Sind in den einzelnen Landesgesetzen meist taxativ aufgezählt. Es ist z. B. verboten:

● Mit Schrot, Posten oder gehacktem Blei auf Schalenwild und Murmeltiere zu schießen;

● auf Schalenwild mit Kugelpatronen zu schießen, die keine der Stärke des Wildes entsprechende, ausreichende, schnell töten-de Wirkung erwarten lassen;

● das Wild zur Nachtzeit (von erlaubten Ausnahmen abgese-hen) zu bejagen oder dabei künstliche Lichtquellen zu verwen-den;

● Bogen, Armbrüste, Schnellfeuerwaffen, Luftdruckwaffen, Waffen mit Schalldämpfer, mit Restlichtverstärker, Infrarot- oder elektronischen Zielgeräten zu verwenden usw.

Den Behörden wird das Recht eingeräumt, z. B. aus Sicher-heitsgründen bei Treibjagden den Schrotschuß auf Rehwild (NÖ), bei Gefahr im Verzuge aus Gründen der Wildbestandsre-gulierung die Bejagung zur Nachtzeit (Stmk.) örtlich und zeitlich begrenzt zu gestatten.

Wildschaden und Jagdschaden: Der Wildschaden umfaßt den innerhalb des Jagdgebietes von jagdbaren Tieren, die nicht der ganzjährigen Schonung unterliegen, auf Grund und Boden und an den noch nicht eingebrachten Früchten sowie an den Haus-tieren verursachten Schaden. Der Schaden an Haustieren ist je-doch nur dann zu ersetzen, wenn der Eigentümer die ihm übli-cherweise zumutbaren Vorkehrungen gegen Wildschäden ge-troffen hat. Der Jagdschaden umfaßt allen Schaden, den der Jagdausübungsberechtigte, seine Jagdgäste, sein Jagdperso-nal oder die Jagdhunde der genannten Personen auf Grund und Boden und an den noch nicht eingebrachten Früchten sowie an Haustieren verursachen (Tirol). Ähnlich definieren die anderen Jagdgesetze diese Schäden. Eigens angeführt sind in den ein-zelnen Jagdgesetzen die Schäden im Wald (an Stämmen, Forst-pflanzungen usw.), deren Bewertung nach forstwirtschaftlichen Grundsätzen vorzunehmen ist.

Die Bewertung von Wild- und Jagdschäden obliegt den Scha-denskommissionen, die auch Schiedsrichter oder Schlichter ge-nannt werden. Nur in Tirol entscheiden über den Ersatz von Wild- und Jagdschäden die ordentlichen Gerichte.

Organisation des Jagdwesens

Interessenvertretung der Jägerschaft sind die einzelnen Lan-desjagdverbände (Jagdwirtschaftskammern) als öffentlich rechtliche Körperschaften mit dem Ziele das heimische Wild zu erhalten, zu hegen und die Jagdwirtschaft zu fördern. Sie wir-ken mit bei der Handhabung jagdrechtlicher Bestimmungen, verfassen Gutachten, fördern die Ausbildung der Jäger und schließen für die Verbandsangehörigen eine Haftpflichtversicherung ab. Eine Jagdkarte kann nur über die Pflichtmitgliedschaft bei einem Landesjagdverband ausgestellt werden.

Die Landesverbände gliedern sich im allgemeinen in den
• Vorstand (Landesjägermeister und Vorstandsmitglieder), der von der Hauptversammlung (Landesjägertag) gewählt wird, und den ebenfalls von der Hauptversammlung gewählten
• Ausschuß, der aus dem Vorstand und einer Anzahl von Ausschußmitgliedern besteht. Die Hauptversammlung wird aus Delegierten der Verbandsmitglieder gebildet. Die Landesverbände richten
• Bezirksgeschäftsstellen mit Bezirksjägermeistern und Hegeringleitern oder Hegemeistern ein. In den Bezirken sind jährlich eine Bezirksversammlung (Bezirksjägertag) abzuhalten und Trophäenschauen zu organisieren.

Fragen:

209 Welcher Grundgedanke findet sich in allen österreichischen Landesjagdgesetzen?

210 Was ist eine Eigenjagd?

211 Was ist ein Genossenschafts- bzw. Gemeindejagdgebiet?

212 Steiermark hat unter „Wild" auch Tierarten aufgezählt, die dort dem Naturschutz unterliegen. Kann für solche Arten auch eine Schußzeit festgesetzt werden?

213 Wie ist die Einteilung des Schalenwildes nach Altersklassen in den Landesjagdgesetzen grundsätzlich geregelt?

214 Was verlangen die Jagdgesetze von Kugelpatronen, die beim Schalenwildabschuß verwendet werden?

215 Hat die Jägerschaft in den einzelnen Bundesländern eine Interessenvertretung?

Erste Hilfe

(Nach Dr. Geissler, Land- und Forstwirtschaftliche Sozialversicherungsanstalt)

Zur ersten Hilfe muß sich jeder verpflichtet fühlen, aber wer helfen will, muß helfen können. Behandlung ist Sache des Arztes.
Hilfsmittel: Sie müssen für Wundversorgung, Blutstillung und Ruhigstellung sowie zur Wiederbelebung in einem Betrieb in geeigneter Form vorrätig gehalten werden. Das verlangen die allgemeinen Sicherheitsvorschriften, die Unfallverhütungs- und sonstigen Arbeitsschutzbestimmungen.
Der *Erste-Hilfe-Kasten* soll enthalten:
Sterile Verbandspäckchen, Mullbinden und elastische Binden, Fingerlinge, Heftpflaster, Dreieckstücher, Schere, Pinzette, Sicherheitsnadeln, Desinfektionsmittel.
Für den Reviergang sollte man immer ein Verbandspäckchen und ein Wundpflaster bei sich tragen.
Wundversorgung: Sie muß auch bei kleinen Verletzungen erfolgen, damit eine Infektion vermieden wird. Wunden dürfen nicht ausgewaschen werden, weil durch das Wasser die an der Hautoberfläche sitzenden Keime in die Wunde verschleppt werden können und Wasser die Blutgerinnung hemmt.
Blutstillung: Erfolgt bei kleinen Wunden unter normalen Verhältnissen innerhalb kürzester Zeit von selbst. Bei stärkeren Blutungen soll man den Verletzten immer hinlegen lassen, um einer Ohnmacht vorzubeugen. Sterile Gaze oder ein Verbandspäckchen werden auf die Wunde aufgedrückt, ist es durchgeblutet, wird eine neue Gazelage aufgelegt, um weiteren Druck auszuüben. Ist die Blutung gestillt, so wird auf den blutdurchtränkten Mull eine neue Lage aufgelegt und diese mit einer Binde festgewickelt, jedoch nicht zu stark; der Puls muß spürbar bleiben.
Schock: Beträchtlicher und rascher Blutverlust führt zu den Erscheinungen des Schocks: Die Haut ist blaß, feucht und fühlt sich kühl an. Der Puls ist jagend. Der Verletzte ringt nach Atem, ist unruhig und ängstlich. Auch Bewußtlosigkeit kann auftreten. Behandlung durch Ruhiglagerung und raschen Abtransport ins Krankenhaus. Beengende Kleidung ist zu lockern, der Verunglückte aber mit Decken gegen Wärmeverlust zu schützen. Bei Bewußtlosigkeit und Erbrechen ist er seitlich zu lagern.
Wiederbelebung: Es soll der Helfer jene Methode anwenden, die er richtig beherrscht. Atmet der Verunglückte nicht, so ist sofort mit der künstlichen Atmung zu beginnen. Den Verletzten soll man nicht allein lassen, aber auch nicht abtransportieren. Nur wenn mehrere Personen anwesend sind, hat eine unverzüglich den Arzt zu holen.
Die einfachste und beste Methode ist die *Atemspende*. Diese besteht darin, daß der Helfer dem Verunglückten seine eigene

Ausatmungsluft entweder auf dem Weg *Mund* zu *Nase* oder *Mund* zu *Mund* langsam einbläst. Der Kopf des Verletzten wird dabei auf eine ebene, horizontale Unterlage gelegt, wobei der Kopf auf keinen Fall herunterhängen darf. Gleichfalls darf auch nichts unter die Schultern des Verunglückten gelegt werden. Sodann kniet der Helfer in Kopfhöhe des Verunglückten seitlich nieder, ergreift mit der einen Hand den Unterkiefer des Verunglückten und drückt diesen gegen den Oberkiefer, während die andere Hand in Höhe des Haaransatzes auf den Kopf gelegt wird. Mit diesem Griff dreht der Helfer den Kopf des Verunglückten so weit als möglich nach rückwärts. Nun atmet der Helfer tief ein, setzt seinen weit geöffneten Mund auf die Nase des Verunglückten und deckt mit der Wange den Mund desselben ab, um dann langsam seine Atemluft dem Verunglückten einzublasen. Hiebei spürt er sofort, ob die Atemwege frei oder durch Fremdkörper verlegt sind. Am Ende der Einblasung gibt der Helfer sofort die Nase des Verunglückten frei, beobachtet, ob sich der Brustkorb des Verletzten wieder senkt und horcht, ob er die Luft wieder entweichen hört. Dieser Vorgang wird fortgesetzt, entweder bis zum Eintreffen fremder Hilfe oder bis zur Wiederkehr der Eigenatmung des Verunglückten. Analog vorzugehen ist bei der Atmung von Mund zu Mund. Es sind bei zusammengepreßten Zähnen lediglich die Lippen des Verunglückten soweit auseinanderzuziehen, daß die Luft eingeblasen werden kann. Die Nase des Verunglückten muß dabei mit Daumen und Zeigefinger der auf der Stirn liegenden Hand zugehalten werden. Aus hygienischen Gründen wird man bei der Beatmung ein entfaltetes Taschentuch oder ein Stück Mull dazwischenlegen.

Setzt der Puls aus und sind auch die Herztöne nicht mehr zu hören, so kann auch der Laie eine *Herzmassage* durchführen, und zwar wird der Helfer mit beiden aufeinanderliegenden Händen in rhythmischen Abständen fest auf die Herzgegend drücken. Diese Herzstöße können bei gleichzeitigem Atemstillstand mit der Mund-zu-Mund-Beatmung kombiniert werden, und zwar werden nach jedem Einblasen der Luft in den Mund des Verunglückten fünf Stöße gegen die Herzgegend geführt.

Ohnmacht: Sie kann eintreten durch körperliche Erschöpfung, seelische Erregung usw.

Bei blassem Gesicht den Kopf tief, bei gerötetem Gesicht den Kopf hochlagern. Tritt Erbrechen ein, so ist der Kopf seitlich zu drehen. Kalte Abreibungen mit Wasser oder Alkohol in der Herzgegend und kalte Umschläge auf den Kopf fördern die Rückkehr des Bewußtseins.

Ertrunkene: Man legt sie mit dem Kopf nach unten über einen erhöhten Gegenstand und schlägt kräftig zwischen die Schulterblätter, um in die Lungen eingedrungenes Wasser zu entfernen. Vorher hat man den Mund von Erde, Schlamm usw. zu reinigen und auch ein künstliches Gebiß zu entfernen. Danach beginne man mit künstlicher Atmung.

Elektrounfälle: Können auch den Helfer in große Gefahr bringen! Sowohl der Verunglückte als auch der Helfer müssen sich außerhalb des Gefahrenbereiches befinden!

Hochspannungsleitungen über 1000 Volt (gekennzeichnet durch einen Blitzpfeil) müssen durch einen Fachmann zuerst abgeschaltet oder stromlos gemacht werden. Bei niedergespanntem Strom soll man den Strom sofort abschalten, indem man den Stecker herauszieht oder die Sicherungen herausschraubt.

Bei Bewußtlosigkeit oder Scheintod (auch bei Blitzschlag) sofort mit künstlicher Atmung beginnen.

Verbrennungen: Sie entstehen meist durch trockene Hitze, *Verbrühungen* durch heiße Flüssigkeiten und heißen Dampf. Festklebende Kleider dürfen nicht entfernt werden, Brandblasen darf man nicht aufstechen oder aufschneiden. Auf die Brandwunden ist ein steriler Verband zu legen. Behelfsmäßig können auch saubere, frisch gebügelte Laken usw. verwendet werden. Keine Brandsalben, kein Öl, keine antiseptischen Mittel anwenden. Den Verunglückten nie allein lassen!

Sonnenstich: Er tritt nur bei direkter Sonnenbestrahlung auf. Kennzeichen sind Kopfschmerzen, Schwindelanfälle, feucht-kalte Haut, manchmal Ohnmacht.

Hitzschlag: Beruht auf einer Wärmestauung. Er tritt besonders bei schwüler Luft, übermäßiger Hitze und stärkerer körperlicher Anstrengung auf. Es kommt zu Schwäche, Schwindelanfällen, Übelkeit; die Haut wird heiß und trocken, die Schweißabsonderung hört auf. Manchmal treten Ohnmacht und Bewußtlosigkeit zugleich auf.

Sowohl bei Hitzschlag als auch bei Sonnenstich bringe man den Kranken an einen schattigen, luftigen Ort. Man öffne die Kleider, ziehe Schuhe und Strümpfe aus. Den Kopf und Körper mit kalten Umschlägen umwickeln. Ist der Verunglückte bei Bewußtsein, kühle Getränke geben, aber keinen Alkohol.

Erfrierungen: Können besonders an vorspringenden Körperstellen, wie Nase, Ohren, Fingerspitzen und Zehen auftreten. Die betroffenen Körperteile dürfen nicht bewegt werden, auch das Abreiben mit Schnee hat sich als schädlich erwiesen. Auch soll man die Verletzten nicht zum warmen Ofen setzen. Man gibt warme, nicht alkoholische Getränke und bedeckt die erfrorenen Körperteile mit keimfreien Schutzverbänden. Blasen nicht öffnen.

Erfrorene so bald wie möglich in einen warmen, aber nicht heißen Raum bringen, ihnen heiße, aber keine alkoholischen Getränke verabreichen, jedoch nur, wenn sie bei Bewußtsein sind. Nasse und beengende Kleider entfernen und den Verunglückten in Decken einhüllen. Sofort einen Arzt verständigen. Wenn die Atmung aussetzt, ist sofort mit künstlicher Atmung zu beginnen.

Vergiftungen

1. Durch Säuren: Man versucht die Säuren zu neutralisieren, indem man in Wasser aufgelöstes doppelt kohlensaures Natron zu trinken gibt.

2. Durch Laugen: Man gibt Zitronensaft oder Essig in Wasser zu trinken, sofern kein Brechreiz besteht. Nachher kann man Milch oder Hühnereiweis geben.

3. Ist die *Art des* getrunkenen *Giftes unbekannt*, verabreiche man mehrere Glas Milch oder Wasser. Ist das Gift keine Säure und keine Lauge, so kann man Erbrechen hervorrufen durch In-den-Mund-Stecken des Fingers oder durch Trinken von mehreren Glas warmen Wassers.

Achtung! Bei Bewußtlosen keinerlei flüssige oder feste Stoffe durch den Mund eingeben!

Bei allen Vergiftungen ist der Arzt schnellstens zu Rate zu ziehen und die nächste Rettungsstelle zu verständigen.

4. Durch Giftschlangenbiß: In Österreich ist die häufigste Giftschlange die Kreuzotter. Der Biß ist durch zwei stärkere, nebeneinanderliegende Bißpunkte und zwei schwächere, darunterliegenden Punkte erkennbar. Der Biß verursacht einen stechenden Schmerz. Es treten Schwellungen, manchmal Atemnot, Schwindel oder Erbrechen auf. Man soll den Patienten sofort ruhig hinlegen, herzwärts von der Bißstelle eine Staubinde anlegen, die jedoch die Blutzufuhr nicht unterbindet. Die Binde ist richtig angelegt, wenn der Arm oder das Bein blaurot verfärbt sind. Mit einem Messer kann man die Bißstelle entweder ausschneiden oder zumindest einen Kreuzschnitt anlegen. Ist die Blutung nicht zu stark, so soll man sie ruhig eine zeitlang bluten lassen, weil dadurch Giftstoffe ausgeschwemmt werden. Die Bißwunde kann auch ausgeglüht werden, am einfachsten, indem man eine brennende Zigarette andrückt. Das Aussaugen der Bißstelle ist gefährlich, wenn der Helfer auch nur kleinste Verletzungen an den Lippen oder der Mundschleimhaut hat. Zu trinken kann man dem Verletzten heißen, starken Kaffee (Mokka) geben. Transport zum nächsten Arzt ist notwendig, damit dieser sofort Schlangenbißserum verabreicht.

Insektenstiche durch Bienen, Hornissen, Wespen usw.:

Höchst gefährlich sind Insektenstiche in den Mund, die Zunge und den Rachen. Es besteht Erstickungsgefahr. In jedem Fall den Patienten sofort zum Arzt bringen bzw. diesen zum Patienten holen. Bei zahlreichen Stichen z. B. durch einen Bienenschwarm soll man den Patienten in ein kühles Bad legen, dem man einige Eßlöffel doppelt kohlensaures Natron zusetzt. Auch Eis kann auf die Stichstellen gelegt werden.

Fremdkörper in der **Luftröhre** wird man versuchen wieder aushusten zu lassen. Unterstützend wirkt tiefes Bücken mit hängendem Kopf, wobei eine Person dem Verunglückten kräftig auf den Rücken schlägt. Kommt der Fremdkörper nicht zum Vorschein, soll man die Versuche einstellen und sofort Arzt und Krankenwagen herbeirufen. Wenn die Atmung aussetzt, muß man mit künstlicher Atmung beginnen.

Augenverletzungen: Sie werden am häufigsten durch Fremd-körper verursacht. Befindet sich der Fremdkörper im Binde-hautsack, dann kann man versuchen, ihn zu entfernen. Hält man das Auge einige Minuten geschlossen, so bewirkt der Fremd-körperreiz eine vermehrte Tränensekretion, die den Fremdkör-per unter Umständen von selbst wegspült. Ist dies nicht der Fall, dann kann man das Unterlid herabziehen und den Fremd-körper mit der Spitze eines sauberen Taschentuches gegen den Nasenwinkel zu schieben versuchen. Sitzt der Fremdkör-per im Bereich der Hornhaut, ist sofort mit keimfreiem Mull ein Augenverband anzulegen und ärztliche Hilfe in Anspruch zu nehmen.

Prellungen, Quetschungen, Zerrungen: Bei Prellungen und Quetschungen der Gliedmaßen kommt es zu Weichteilschwel-lungen und manchmal zur Ausbildung von Blutergüssen. Die betroffenen Stellen sind schwarzblau verfärbt, später wandelt sich die Farbe in grün und schließlich in gelb um.

Zerrungen finden sich am häufigsten im Bereich von Gelenken. Diese sind in ihrer Beweglichkeit schmerzgehemmt.

Prellungen und Quetschungen kann man durch Umschläge mit kaltem Wasser (ohne Zusätze) selbst behandeln. Bei Zerrungen mit gleichzeitiger Verletzung von Bändern oder der Gelenkkap-sel ist ärztliche Behandlung unbedingt notwendig.

Bei Prellungen des Brustkorbes genügt ein fester Verband mit-tels eines Handtuches; hustet der Verletzte aber Blut aus, ist sofort ärztliche Hilfe in Anspruch zu nehmen.

Knochenbrüche und **Verrenkungen:** Bei Verdacht eines Kno-chenbruches oder einer Verrenkung soll die vorgefundene Lage niemals gewaltsam verändert werden, weil dadurch der Scha-den nur noch vergrößert werden kann. Den Knochenbruch ein-richten darf nur der Arzt. Ist kein Arzt vorhanden und muß ein Transport erfolgen, so ist das gebrochene Glied ruhig zu stel-len. Zum Schienen können behelfsmäßig auch Holzlatten oder Baumäste verwendet werden.

Schädelbrüche: Bei jeder Kopfverletzung, bei jedem Sturz oder Schlag auf den Schädel muß mit der Möglichkeit einer Ge-hirnverletzung gerechnet und danach gehandelt werden.

Der Verletzte ist immer liegend zu transportieren. Bei Bewußtlo-sigkeit ist er auf die Seite und der Kopf etwas tief zu lagern, da-mit Blut und Erbrochenes aus Mund und Nase ausfließen kön-nen. Die Mundhöhle ist frei zu machen und ein künstliches Ge-biß zu entfernen. Arzt und Rettung sofort verständigen.

Wirbelbrüche: Klagt der Verletzte nach einem Sturz über Schmerzen im Rücken, muß man an einen Wirbelbruch denken und danach handeln. Der Verunglückte soll in der Lage, in der er aufgefunden wurde, auch transportiert werden. Unter größter Schonung soll der Verletzte auf eine flache, harte Unterlage ge-bettet werden (Brett, Tür usw.). Tragbahren dürfen nur dann verwendet werden, wenn sie eine flache, steife Bespannung ha-ben.

Bei jeder unvorsichtigen Bewegung besteht die Gefahr, daß das Rückenmark durch die gebrochenen Wirbelknochen verletzt wird. Die Folge einer solchen Verletzung kann eine nicht wieder gut zu machende Lähmung oder sogar der Tod sein (besonders bei Halswirbelbrüchen).

Brustkorbverletzungen: Bei offener Brustkorbverletzung ist häufig die Lunge verletzt. Sie sinkt zusammen, das Herz wird nach der gesunden Seite verdrängt und es entsteht ein lebensbedrohender Zustand. Durch einen luftdichten Abschluß der Wunde kann der Verunglückte gerettet werden. Der luftdichte Abschluß erfolgt durch breite Leukoplaststreifen, durch Pergamentpapier oder die wasserdichte Hülle der Verbandspäckchen. Zum Transport wird der Verletzte in halb sitzender Stellung auf die verletzte Seite gelagert.

Stumpfe Bauchverletzungen: Durch Zerreißung von Leber, Milz oder großen Gefäßen kommt es zur inneren Verblutung. Der Verletzte wird sehr blaß, die Atmung wird rasch und oberflächlich, der Puls jagend und klein. Der Bauch ist bretthart gespannt und sehr druckschmerzhaft.

Die Beine des Verunglückten sind anzuwinkeln und eine Rolle in die Kniekehle zu schieben. Bei Erbrechen ist der Verletzte auf die Seite zu legen oder zumindest sein Kopf auf die linke Seite zu drehen. Für raschen Abtransport in das nächste Krankenhaus ist zu sorgen. Bei offenen Bauchverletzungen dürfen der vorgefallene Darm oder sonstige Organteile niemals in die Bauchhöhle zurückgeschoben werden. Man bedeckt sie mit steriler Gaze. Besteht auch nur der Verdacht einer Bauchverletzung, so dürfen weder Medikamente noch Flüssigkeiten oder Nahrungsmittel verabreicht werden.

Transport: Nicht die schnellste Überführung in ein Krankenhaus ist das Wichtigste, sondern der schonendste und zweckmäßigste Transport. Dies gilt besonders bei schwer geschockten Patienten. Hat man die Möglichkeit, telefonisch einen Arzt oder einen Krankenwagen herbeizurufen, so vergesse man nicht, genaue Angaben über den Unfallort, an dem sich der Verletzte befindet, zu machen. Nach Möglichkeit soll immer die Krankentrage zum Verunglückten und nicht der Verunglückte behelfsmäßig zum Rettungswagen getragen werden. Beim Transport des Verunglückten ist darauf zu achten, daß der Verunglückte, wenn er nicht bei Bewußtsein ist, unbedingt in Seitenlage liegt. Falls notwendig, ist der Verunglückte anzugurten. Behelfsmäßig kann man den Transport auch mit Hilfe eines Stuhls durchführen, der von 2 Personen getragen wird.

Mit Hilfe des *Rautek*-Griffs kann eine Person allein einen Verletzten aus dem Gefahrenbereich bergen. Dabei wird der am Rücken liegende Verletzte am Nacken gefaßt und in sitzende Stellung gebracht. Dann greift der Helfer unter beiden Achseln durch, packt einen Unterarm, zieht den Verletzten gegen die Brust und hebt ihn hoch. Die Beine schleifen nach, während der Helfer rückwärts geht.

Alpines Notsignal: Es wird sechsmal in der Minute ein sicht- und hörbares Zeichen (Rufen, Schießen, Blinken, Blasen) gegeben und sodann eine Pause von einer Minute angeschlossen.
Telefonischer Notruf in ganz Österreich: Feuerwehr 122, Polizei 133, Rettung 144.

Fragen:

216 Woran erkennt man einen Schockzustand?

217 Wie kann einem Verunglückten, der nicht mehr atmet, die Atemspende gegeben werden?

218 Soll man nach einem Giftschlangenbiß die Bißstelle mit dem Mund aussaugen?

219 Wie ist ein Verletzter bei Verdacht auf einen Wirbelbruch zu transportieren?

220 Kennen Sie Telefonnummern für den Notruf?

Antworten

1 Der Lebensraum bzw. der Standort, wo eine Pflanzenart wachsen, eine Tierart leben kann

2 Das Sozialgefüge von Tieren (Pflanzen) einer Art in einem bestimmten Gebiet, die eine gewisse Fortpflanzungsgemeinschaft bilden

3 Gras — Heuschrecke — Frosch — Schlange — Storch

4 Produzenten, Konsumenten, Reduzenten (Zersetzer)

5 Die (Sonnen-)Energie

6 Weil sie anpassungs- und widerstandsfähig sind

7 Immer mehr weibliche Tiere nehmen nicht auf, Leibesfrüchte sterben ab und daher werden weniger Junge zur Welt gebracht

8 Bei den Neugeborenen (1. Lebensjahr) mit rund 50—80 %

9 Weil der überlebende Rest der Jugendklasse von guter Kondition ist und an "Erfahrung" gewonnen hat

10 Weil andere Sterblichkeitsfaktoren umso stärker wirksam werden

11 Auerwild, Trappe, Schwan, Kranich, Trutwild, Adler, Uhu

12 Schwarzwild

13 Geweihe werden jährlich abgeworfen, Gehörne wachsen bis zum Lebensende weiter

14 Nahrung wird durch Bakterien aufgeschlossen

15 Alle unsere Schalenwildarten

16 Der leichte Röhrenknochen

17 Mauser. Dem Haarwechsel (Verfärben)

18 Schwimmenten liegen höher im Wasser und haben den Pürzel nach oben gerichtet. Tauchenten liegen tiefer im Wasser und haben den Pürzel nach unten gerichtet

19 Mit 11—14 Jahren

20 Das Stangenende teilt sich in mehr als zwei Enden

21 Grandeln

22 Sie beginnt im September

23 Parkartig

24 Er schlägt sich eine Brunftgrube, in die er näßt und in der er sich niedertut

25 Ja, da sie miteinander eng verwandt sind

26 Die alten und kranken

27 Kleine Spieße oder Knöpfe, die ab Herbst geschoben werden

28 P 3 ist bis zum 14. Monat dreiteilig, später zweiteilig

29 Zur Einstandsmarkierung

30 Es entnimmt aus dem Nahrungsangebot nur bestimmte, zusagende Teile

31 Das in der Brunft befruchtete Ei entwickelt sich erst ab Ende Dezember

32 Jung verfärbt zuerst und verfegt zuletzt
33 Die Hörner werden nicht abgeworfen. Auch die weiblichen Tiere tragen Hörner
34 In Jahresringen
35 Gams sind tagaktiv
36 Pfeifen
37 Schnecken
38 Einzeln oder in eigenen Sprüngen
39 Aus dem Aostatal in Italien
40 Schwarzwild ist kein Wiederkäuer
41 Haderer (Oberkiefer) und Gewehre (Unterkiefer)
42 Es ist ein Allesfresser
43 Paarungszeit. Oktober—März und Hauptzeit November—Dezember
44 Das „Gebrech" ist das Maul mit den Zähnen, das „Gebräch" der durchwühlte Boden
45 Sie wachsen lebenslang weiter und müssen immer abgenutzt werden
46 Aufnehmen der Blinddarmlosung zur besseren Auswertung von Vitaminen in der Nahrung
47 Im März
48 Dreiläufer, Halbhase, Quarthase
49 Er erhält einen reinweißen Balg
50 Nein
51 Myxomatose
52 Die Jungen der Kaninchen sind Nesthocker, die Jungen der Feldhasen sind Nestflüchter
53 Schlafend im Bau
54 Zu den Wühlmäusen
55 Drei schwarze Ringe und schwarzes Ende an der Rute
56 Wegen der Tollwut
57 Fleischfresser; hauptsächlich Mäuse, Niederwild, daneben Beeren und Früchte
58 Ranz. Januar bis Anfang März
59 Siebeneinhalb Wochen
60 Mit der Falle
61 Baummarder gelber, unten runder Kehlfleck, Steinmarder weißer, bis zu den Vorderläufen gegabelter Kehlfleck
62 An der starkriechenden Losung
63 Großwiesel und Mauswiesel
64 Das Mauswiesel
65 Nachts
66 Das Auerwild
67 Durch forstliche Maßnahmen und Balzplatzbeunruhigung
68 April bis Mai
69 Lichter Wald, Heide, Feuchtgebiete
70 Durch Kreuzung zwischen Auer- und Birkwild
71 In Mischwäldern
72 Steppenartig. Große Feldflächen mit genügend Deckung
73 Tierisches Eiweiß in Form von Insekten

74 Der Familienverband bleibt als „Volk" unter der Führung des Hahnes und des Althuhns beisammen und trennt sich erst zur Paarzeit im nächsten Frühjahr wieder
75 Deckung, Feld, Wasser
76 Im Frühjahr
77 Ringeltaube, Türkentaube, Turteltaube, Hohltaube
78 Ringeltaube, Türkentaube
79 Die Türkentaube
80 Die Waldschnepfe im Frühjahr und zufällig im Herbst
81 Lagerschnepfen
82 Er dient zum Stechen von Würmern und Insekten aus dem weichen Boden, daher auch der Name „Stecher"
83 März—April
84 Bekassine oder Sumpfschnepfe
85 Der Höckerschwan (aber ganzjährig geschont)
86 Graugans
87 Die Stockente
88 Schwimmenten und Tauchenten
89 Reihzeit; Februar—März
90 Erpel Juni—Juli, Enten August; Frühjahrsmauser etwa März
91 Sie sind dann flugunfähig
92 Sie darf nur mit einem guten Hund ausgeführt werden
93 Die Raben- und die Nebelkrähe
94 Die Saatkrähe hat einen hellgrauen Ring um die Schnabelwurzel, der Schnabel der Rabenkrähe ist durchgehend schwarz
95 Der Steinadler
96 Breite Schwingen, kurzer, breiter Stoß
97 Rauhfußbussard, Wespenbussard
98 Kurze Schwingen, langer, schmaler Stoß
99 Der männliche Habicht (Terzel) ist viel kleiner als das Weib (gilt für alle Greifvögel)
100 Mittelgroße bis große Waldungen
101 Der Sperber
102 Turmfalke
103 Aas
104 Sie horsten am Boden in feuchten Streuwiesen und Mooren
105 Nein. Sondergenehmigungen für Einzelabschuß von Mäusebussarden in begründeten Fällen auf Antrag
106 Auf Wildkrankheiten
107 Wildseuchen
108 Durch die Tierkörperverwertungsanstalt und durch unschädliches Beseitigen (Vergraben oder Verbrennen)
109 Erkennen von Krankheiten am lebenden Wild
110 Auf Magen-Darmparasiten
111 Auf Rachen-Dasselbremsen oder Lungenwürmer
112 Endoparasiten und Ektoparasiten
113 Magenwürmer, Lungenwürmer, Leberegel
114 Trichinen

115 Die Räude
116 An gelben Knötchen an Leber, Lunge, Milz und Darm
117 Unmittelbare Kontakte vermeiden, in Plastiksack verpak-
ken und an Untersuchungsstelle geben
118 Durch vorbeugende Impfung
119 Kaninchen
120 Ja
121 Der Leiteransitz besteht aus einem offenen Sitz, die Kanzel ist rundum geschlossen
122 Holme einkerben, Querstangen an den Enden abflachen,
in die Holme einlassen und mit mindestens zwei gegen-
einanderstehenden Nägeln befestigen
123 Buschieren ist die kurzräumige Arbeit des Hundes in
übersichtlichem Gebäude, beim Stöbern sucht der Hund
weiträumig
124 Schrot, das in einem flachen Winkel auf die Wasseroberfläche auftrifft, wird nach oben abgelenkt und fliegt weiter
125 Auf Niederwild und auf Schwarzwild
126 Eine gültige Jagdkarte bzw. Jagdgastkarte
127 Das Wild wird nicht laut getrieben, nur von einem oder
wenigen Helfern. Bejagt wird Fuchs oder Schalenwild
128 Weil bestimmte Laute nachgeahmt werden, die das Wild
zum Zustehen veranlassen
129 Im Winter zur Ranzzeit
130 Zur Setz- und Aufzuchtzeit
131 Lebendfangende und totfangende Fallen
132 Alle Eisen, die bei Betreten ausgelöst werden, nicht unversehrt fangen oder nicht sofort töten. Vor allem Tellereisen
133 Richtig Ansprechen
134 Warten, bis das Wild krank genug geworden ist, mindestens aber eine halbe Stunde
135 Der Fangschuß
136 Er wird verknotet
137 Sie werden ausgedrückt
138 Es muß auskühlen
139 Weil man bei Schalenwild außer Schwarzwild die Decke
vom Wildpret ohne Messer, sondern durch Schlagen mit
den Fingerknöcheln trennt
140 Hauptbruch; Leitbruch, Anschußbruch, Fährtenbruch,
Standplatzbruch, Wartebruch, Warnbruch, Inbesitznahmebruch, „letzter Bissen", Erlegerbruch, Standesbruch
141 Geräusch; wenn der Erleger die Trophäe selbst abschlägt,
auch Hirn und Lecker
142 Regulieren der Wildbestände, richtiger Auswahlabschuß
143 Richtiger Altersaufbau und richtiges Geschlechterverhältnis beim Schalenwild
144 Der Frühjahrsbestand vom 31. März
145 2—3 Stück pro 100 ha
146 Es handelt sich um einen zehn Jahre alten oder älteren
Hirsch
147 Höchstens 10—12 Stück pro 100 ha

148 5 Jahre und älter
149 Es sollen hauptsächlich Frischlinge und schwache Über-
     läufer, kranke und unterdurchschnittliche Stücke erlegt
     werden
150 Es soll aus Rauhfutter, Saftfutter und Kraftfutter bestehen
151 Druschrückstände
152 Fasanen in Remisen und Feldgehölzen, Rebhühner auf
     freiem Feld
153 Die Landtage
154 Wenn diese Gebiete für die Erholung und Vermittlung
     von Wissen über die Natur besonders geeignet sind
155 Nur mit behördlicher Bewilligung
156 Ja, vom 1. März bis 30. September
157 Sie dürfen nicht von ihrem Standort entfernt, beschädigt
     oder vernichtet werden
158 Die zuständige Bezirksverwaltungsbehörde
159 Mindestens 10 m²
160 Anlage und Pflege von Hegeinseln, Wildäckern, Wildwie-
     sen
161 Kartoffel, Zuckerrübe, Runkelrübe
162 Bessere Deckung, Äsung in nahrungsarmen Zeiten für das
     Niederwild
163 Baumschulen, Obstgärten, Gemüsefelder, Weingärten
     und Tabakfelder
164 Schwarzwild
165 Sie benagen junge Obstbäume und sonstige Hölzer
166 Er bildet Schutzzonen vor Lawinen, Erdrutschen und Ero-
     sion
167 Die Entstehung eines Jungwaldes durch natürliches An-
     fliegen von Baumsamen
168 Fichte, Tanne, Kiefer, Lärche, Buche, Eiche
169 Wenn die natürlichen Äsungsgrundlagen nicht vorliegen
     und es seinen natürlichen Äsungsrhythmus nicht mehr
     einhalten kann
170 Niederwildjagd, Nachsuche
171 Gute Nase, Spurwillen, Schärfe, Nervenfestigkeit, Gehor-
     sam
172 Schweißhunde
173 Der Deutsch-Wachtelhund
174 Der Bayrische Gebirgsschweißhund
175 Dachshunde, Deutsche Jagdterrier
176 Impfung, Entwurmen
177 Sie kann zum Darmverschluß führen
178 Die Infektionskrankheiten: Staupe, Hepatitis, Leptospiro-
     se, Weil'sche Krankheit, PARVO-Virus-Krankheit, Toll-
     wut
179 Hüftgelenksdysplasie
180 Konsequenz
181 Frühestens mit einem halben Jahr
182 In den Jagdgesetzen der Länder und im Waffengesetz

183 Flinten mit einer Gesamtlänge von weniger als 90 cm oder mit einer Lauflänge von weniger als 45 cm

184 Langwaffen sind Schußwaffen von mehr als 60 cm Gesamtlänge — Flinten ausgenommen

185 Bei gleicher Schußentfernung treffen bei gröberem Schrot weniger Schrotkörner auf das Ziel, sie haben aber noch mehr Energie (Durchschlagskraft); bei feinerem Schrot treffen mehr Schrotkörner auf das Ziel, sie verlieren aber schneller an Energie

186 Es gibt Hülsenlängen von 65 mm, 67,5 mm, 70 mm und 76 mm. Hülsen von 67,5 mm dürfen aus Patronenlagern für 65 mm und 70 mm-Patronen verschossen werden, alle anderen nur aus den für sie bestimmten Patronenlagern. Besonders das Verschießen von jeweils längeren Patronen aus kürzeren Patronenlagern ist gefährlich (Laufsprengung!), aber auch kürzere Patronen aus längeren Patronenlagern sollte man allenfalls nur ausnahmsweise verschießen (Gefahr der Bleiablagerung am Übergang vom Patronenlager zum Lauf, dadurch mit der Zeit Gefahr zu hohen Gasdrucks — Laufsprengung!)

187 Vor allem für das sportliche Tontaubenschießen (Trap), jagdlich allenfalls für den Fuchsansitz oder die Wasserjagd

188 Kaliber 12 bedeutet, daß 12 kalibergroße Bleikugeln dem Gewicht eines englischen Pfundes entsprechen.

189 2,5 mm Schrotgröße = 25 m wirksame Reichweite, 250 m Gefahrenzone; 3 mm Schrotgröße = 30 m wirksame Reichweite, 300 m Gefahrenzone; 3,5 mm Schrotgröße = 35 m wirksame Reichweite, 350 m Gefahrenzone usw.

190 Posten sind Schrote von 5 mm (und mehr) Durchmesser, die früher auch bei uns zum Schuß auf Schalenwild verwendet wurden; Flintenlaufgeschosse sind zylindrische Einzelgeschosse von Kalibergröße, die aus Schrotläufen verschossen werden können. Die Verwendung von Posten zum Schuß auf Schalenwild ist verboten, die von Flintenlaufgeschossen erlaubt

191 Büchsengeschosse können bis zum Ende ihrer Flugbahn, u. U. mehrere Kilometer weit, tödlich wirken; die jagdliche Schußentfernung wird daher weniger durch ihre nachlassende Wirkung im Ziel als vielmehr durch die mit der Entfernung abnehmende Treffgenauigkeit begrenzt

192 Sie sollen — bei mäßiger Wildbretzerstörung — möglichst viel Energie abgeben und so möglichst ein schlagartiges Verenden (paariger Schock durch Ein- und Ausschuß!) des Wildes herbeiführen; bleibt das Wild dennoch nicht „auf dem Anschuß", so soll das Geschoß eine Schweißfährte liefern, die die Nachsuche erleichtert

193 Für Rot- und Steinwild 2300 Joule, für das übrige Schalenwild 980 Joule auf 100 m

194 9,3 bezeichnet das Kaliber (Nennkaliber = abgerundet)

in mm, 74 bedeutet die Hülsenlänge in mm. R bedeutet, daß es sich um eine Patrone mit Rand handelt

195 Weil die „S"-Patrone in ihrem Kaliber etwas stärker ist als ihre Vorgängerin und dadurch die Gefahr einer Laufsprengung besteht

196 Unterschiedliche Laborierungen der gleichen Patrone haben allenfalls zufällig dieselbe Treffpunktlage; selbst Patronen der gleichen Laborierung, aber unterschiedlicher Fabrikation oder Fertigungsserie können in der Treffpunktlage Abweichungen zeigen. Daher: Vor der Verwendung neuer Munition immer Kontrollschuß machen!

197 Einstteckläufe sind Läufe für Munition kleinen Kalibers, die in Läufe großkalibriger Waffen gesteckt werden können. Heute sind es meist kleine Kugelläufe für das Kaliber 22 Winchester Magnum, die mehr oder weniger vorübergehend — im Schrotlauf einer kombinierten Waffe (Büchsenflinte, Drilling) verwendet werden, so daß mit der Visiereinrichtung für den Kugellauf ein präziser Schuß mit der „kleinen Kugel" möglich ist

198 Es gibt Abzugssicherungen, die nur die Betätigung des Abzugs verhindern (am wenigsten sicher), Stangensicherungen, die auf die zwischen Abzug und Schlagstück liegenden Stangen einwirken (sicherer) und Schlagstücksicherungen (noch sicherer), die auf die Schlagstücke (= unsichtbaren Hähne) wirken. 100 %ig sicher ist die Kipplaufwaffe nur in entladenem und geöffnetem Zustand

199 Schnellfeuerwaffen sind bei der Jagdausübung verboten

200 Der staatliche Beschuß, vorgenommen durch die Beschußämter, dient als Sicherheitsmaßnahme gegen Konstruktions- oder Materialfehler der Waffe. Man erkennt ihn durch die in Lauf und Verschluß eingeschlagenen Beschußzeichen

201 Eine Schußwaffe „führt", wer sie bei sich hat

202 Weil er bei der Jagdausübung im Besitz einer gültigen Jagdkarte sein muß und damit zum Führen von Jagdwaffen berechtigt ist

203 Im allgemeinen darf der Waffenpaßinhaber zwei Kurzwaffen erwerben

204 „Zum Jagd- und Forstschutz". Auf Wild darf man dabei nur schießen

a) als „Fangschuß" — also auf kurze und kürzeste Entfernung auf bereits schwer verletztes oder krankes Wild;

b) beim Fangschuß auf Schalenwild verlangen manche Gesetze eine Mindest-Mündungsenergie von 250 Joule und 8,5 mm Kaliberdurchmesser

205 Man nimmt das Magazin heraus, repetiert dann eine möglicherweise noch im Lauf befindliche Patrone heraus und vergewissert sich dann, daß keine Patrone mehr im Lauf ist. Erst dann schließt man die Pistole wieder

206 Offensive Pulver sind für Schrot- und progressive für Kugelpatronen

207 E_{100} bezeichnet die Auftreffenergie eines Geschosses nach 100 m Flugbahn

208 Weil in beiden Fällen die Flugbahn des Geschosses durch die spitzwinkelige Einwirkung der Erdanziehungskraft gestreckter ist als bei einem waagrechten Schuß, bei dem sie senkrecht zur Flugbahn einwirkt

209 Das Jagdrecht ist untrennbar mit dem Eigentum an Grund und Boden verbunden

210 Eine Eigenjagd ist allgemein eine zusammenhängende Fläche im Eigenbesitz von mindestens 115 ha (200 Joch)

211 Genossenschafts- bzw. Gemeindejagdgebiete sind die im Bereiche einer Gemeinde (Katastralgemeinde) gelegenen Grundstücke, die von der Behörde nicht als Eigenjagd anerkannt wurden

212 Bei der Festsetzung von Schußzeiten für Wild, das dem Naturschutz unterliegt, ist in der Steiermark der Naturschutzbeirat zu hören

213 Grundsätzlich wird bei der Einteilung des Schalenwildes nach Altersklassen zwischen männlichem und weiblichem Wild unterschieden. Innerhalb der Geschlechter erfolgt die Einteilung in Nachwuchsstücke (Kitze, Kälber, Lämmer), in Jugendklassen, in Mittelklassen (Schonklassen) und in Reifeklassen

214 Eine der Stärke des Wildes entsprechende, ausreichende, schnell tötende Wirkung

215 Interessenvertretung der Jägerschaft sind die einzelnen Landesjagdverbände (Jagdwirtschaftskammern) als öffentlich rechtliche Körperschaften mit dem Ziele, das heimische Wild zu erhalten, zu hegen und die Jagdwirtschaft zu fördern

216 Erscheinungen des Schocks sind eine blasse Haut, die sich feucht und kühl anfühlt. Der Puls ist jagend. Der Verletzte ringt nach Atem, ist unruhig und ängstlich. Auch Bewußlosigkeit kann auftreten

217 Indem der Helfer dem Verunglückten seine eigene Ausatmungsluft entweder auf dem Weg Mund zu Nase oder Mund zu Mund langsam einbläst

218 Nein, denn es kann für den Helfer gefährlich sein, wenn er auch nur kleinste Verletzungen an den Lippen oder der Mundschleimhaut hat

219 Der Verunglückte soll in der Lage, in der er aufgefunden wurde, auch transportiert werden. Unter größter Schonung soll der Verletzte auf eine flache, harte Unterlage gebettet werden. Tragbahren dürfen nur dann verwendet werden, wenn sie eine flache, steife Bespannung haben

220 Telefonischer Notruf in ganz Österreich: Feuerwehr: 122, Polizei: 133, Rettung: 144.

Stichwortverzeichnis

Verwendete Literatur:
(Jagdlicher Teil)

„Einführung in die Grundbegriffe der Wildökologie" von Dr. Gerhard Anderluh, Klagenfurt, Selbstverlag.

„Erste Hilfe" von Dr. Franz A. Geissler, Land- und Forstwirtschaftliche Sozialversicherungsanstalt, Wien, Selbstverlag.

„Fauna Europas" von Harry Garms, English Verlag, Wiesbaden 1985.

„Hubertus Jahrbuch" 1988, Hubertus Verlag Wien

„Die Weidmannssprache" von Gutt, Landbuch Verlag Hannover 1985.

„Lexikon der Weidmannssprache" von Zeiss, Hubertus Verlag.

„Jagdprüfungsbehelf" Österreichischer Jagd- und Fischerei-Verlag 1982.

„Jagd in Österreich" Abschnitt: Jagdgesetzgebung in Österreich von MR Dr. Sepp Allinger, Fürlinger Verlag Wien – München – Zürich 1964.

„Österreichischer Jagdgebrauchshunde-Verband" Wien, Informationsschrift von Frau Ilse-Maria Kettner.

„Österreichs Weidwerk" 1/89, Wildbretgewichte von Dipl.-Ing. Hermann Prosinagg.

„Wild und Weidwerk der Welt" Seite 619, Fürlinger Verlag Wien – München – Zürich 1955.

125
J A H R E
1864　1989　**Mannlicher**

Jagdgefährte

Seit Jahrtausenden hat die Menschheit versucht, ihre Waffen zu perfektionieren. Sie sind verlängerter Arm, größere Kraft, geschärfte Sinne. Auf eine Waffe muß Verlaß sein wie auf sich selbst. Die auf Generationen zurückgehende Erfahrung im Waffenbau, das ständige Streben nach technischem Fortschritt und die Liebe zum Detail haben die Steyr Mannlicher zu einem Begriff für Kenner und Liebhaber von Jagd- und Sportwaffen gemacht. Heute stehen für die Jagd zwei Modellreihen zur Verfügung. Steyr-Mannlicher und Steyr-Mannlicher-Luxus. Diese geben jedem Waidmann die Sicherheit für jedes Revier das Steyr-Mannlicher-Modell zu wählen, auf das er sich voll verlassen kann.

Verkauf ausschließlich im Waffengeschäft

Steyr Mannlicher Ges.m.b.H.,
A-4400 Steyr, Postfach 1000

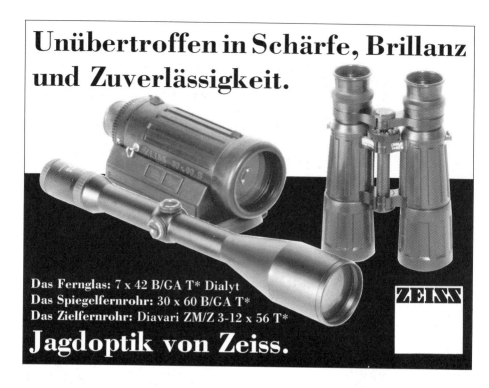

Freiheit erleben!

SUZUKI

Der Geländewagen
mit geregeltem 3-Weg-Katalysator!
Kraftvoller 47-kW/64-PS-Motor.
Mehr Leistung. Mehr Umweltfreundlichkeit.
Mehr Fahrkomfort. Mehr Spaß.

Ab S 169.900,–

unverb. empf. Listenpreis inkl. MWSt.

SUZUKI samurai

SUZUKI Automobile sind umweltfreundlich und fahren Normalbenzin bleifrei
Kraftstoffverbrauch nach ECE: Stadt: 8,9 l, 90 km/h: 7,9 l, 120 km/h: 8,4 l.
100 SUZUKI-Händler in Österreich laden Sie zur Probefahrt ein!

SUZUKI AUSTRIA
Wasserfeldstraße 15
5020 Salzburg